PAX Aircraft Cabin Structure & Flight Safety

항공기
객실 구조 및
비행 안전

Preface

가을의 중반에 서서 2021년 8월, 개정판을 마무리 하던 중 문득 서울시 강서구의 파란 하늘을 바라보니 대한항공 CS300(A220-300) 비행기 한대가 멋진 비행운을 그리며 날아가고 있었다. 2년 8개월 전 저자는 분명히 기내에 책임자로 있었고 탑승한 객실승무원, 승객의 안전과 최상의 기내서비스를 제공하기 위해 40,000ft 상공에서 이리저리 객실을 순회하며 고군분투하고 있었다.

3만3천 비행시간 그리고 31년 10개월 비행 …… 현재 속도의 여객기로 지구를 882 바퀴 도는 시간이다.

처음 보는 분마다 어떻게 긴 세월을 비행기와 함께 지냈냐고 매우 의아해 하지만 찰나와 같은 시간이었고 비행 중 기뻤던, 슬펐던, 어려웠던, 보람느꼈던 일이 융합되어 정말 길 다고 느낀 적은 한 번도 없었다.

이제 비행의 날개를 접고 지상에서 미래의 객실승무원을 양성하고 있어 더욱 더 보람을 느끼고 있지만 국내에 최신 형 항공기 기종의 객실구조 및 비행안전 지침서가 전무하여 이 책을 집필하게 되었다. 교재를 만드는 작업이 순조롭지는 않았지만 예비항공인을 위한 정성과 헌신의 입장에서 수많은 날들을 열정으로 되새김하여 이제 지금까지 볼 수 없었던 최신 항공기 객실구조 관련 지식을 듬뿍 담은 새로운 객실구조개론이 다시 한번 후학의 손에 넘어가는 대장정의 막을 내렸다.

본서의 특징은
- 국내 최초로 2022년 국내 하늘을 날고 있는 모든 항공사 최신형 항공기 구조/비행안전 내용을 반영하였고 이제 국내 대한항공, 에어부산 및 저비용항공사가 대량으로 구입하

여 운항하게 될 A321neo LR항공기 및 대한항공, 에어프레미아 항공사의 B787 드림라이너 그리고 하이에어의 ATR 72-500 비행기에 대해 정확한 사진을 통해 현장학습을 실시할 수 있다.

- 정확하고 풍부한 최신 사진을 통해 학생의 이해력 증진에 중점을 두었다.
- 국내에서 이제까지 전혀 볼 수 없었던 FSC/LCC 보유 항공기 전부 객실구조 전반 및 비행안전 내용을 체계적으로 다룬 전문 항공 객실구조 및 비행안전 교재이다.
- 본서를 충실히 학습하면 객실승무원 자격으로 실제 기내 비행근무 비행안전에 관한 현업을 정확히 수행할 수 있으며 항공사 입사 후 항공 OJT 및 기내 객실 구조 이해 및 수행에 전혀 무리가 없다.
- 2021년~2022년 코로나 19 펜대믹 시대를 맞이하여 알아야할 항공기내 감염 예방수칙 및 감염 승객 처치방법에 대해 수록하여 비행 안전 부문에서도 예비승무원들이 항공사의 코로나19 유행병 처리절차까지 학습할 수 있는 최신판으로 거듭나게 되었다.

이 책은 국내 최초 모든 FSC/LCC 항공기 객실 구조 및 비행 안전을 집필한 교재로 항 공사 객실승무원과 항공사 지상직이라는 소중한 꿈이 가슴에서 용솟음치는 예비승무원·지상직 요원, 현직승무원 그리고 국내항공사의 객실승무원 업무에 대해 강의하고 가르치는 전국 항공 및 관광관련 학과 교수님께 큰 도움이 될 수 있기를 바라는 마음이 정말 간절하다.

끝으로 어려운 출판 환경임에도 불구하고 이 책의 출판을 담당해주신 한올출판사 대표님과 국내외 상공에서 함께 숨쉬며 고락을 함께 했던 국내 대형항공사 선후배 여러분 그리고 바쁜 교내일정에도 불구하시고 본서 감수에 애써주신 세명대학교 박기하 교수님, 백석예술대,한양여대 서승혜 교수님께 머리 숙여 깊은 감사의 마음을 전한다.

저자 **최 성 수**

Contents

Chapter 01
여객기

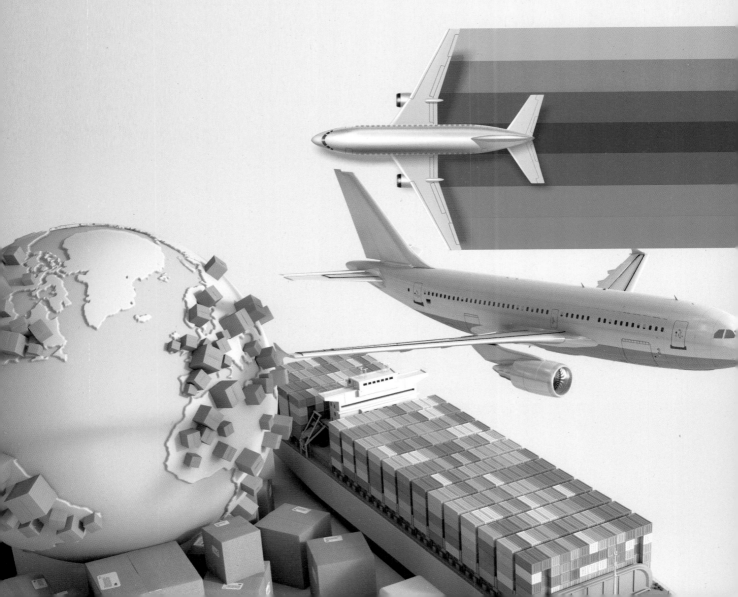

CONTENTS

01. 여객기란 무엇인가?

여객기란?

여객기는 인마나 물류를 수송하기 위한 비행기로, 비행기 중 가장 역사가 오래된 것 중 하나이다. 최초의 비행기는 라이트 형제가 개발했으나, 글라이더에 가까워 현대의 여객기와는 큰 차이가 있다. 이후 민간 항공기는 여객기보다는 화물 배송(특히 우편물 배달) 분야에서 발전하다가 1930년대 말엽에 미국의 더글라스 사에서 전설의 기종인 DC-3을 런칭하면서 여객기 시장이 급속도로 팽창했다. 그리고 승객 수송을 주로 하며, 동체 하부 같은 특정 부분에 화물을 추가 적재하는 유형의 기체를 여객기, 화물 수송이나 공중강습부대, 물자 등을 투하하는 군 작전에 주로 쓰이는 기체를 수송기로 세분해서 부르기 시작하였다.

여객기의 정의는 국가에 따라 다르지만, 일반적으로 20명 이상의 승객을 태울 수 있거나 자체 중량 22,680킬로그램(50,000파운드) 이상의 비행기를 말한다.

여객기 기내시설

일반적으로 대형 제트 여객기는 날개가 아래쪽에 있고 그 밑에 엔진이 매달려 있다. 이는 엔진과 객실 사이를 멀리 하여 소음문제를 줄이기 위해서이다. 소형 여객기들은 항공기 높이가 낮다 보니 이렇게 할 경우 땅에 내려와서는 엔진을 끌고 다닐 위험이 있으므로 엔진을 동체 뒤쪽에 매달고, 엔진을 피하여 수평 꼬리날개를 수직꼬리날개 위쪽에 설치한다.

둥근 동체에 평평한 바닥을 깔게 되면 필연적으로 위아래로 공간이 구분되는데 위쪽 공간은 객실로, 아래쪽 공간은 화물칸으로 쓰인다. 승객과 화물 배치는 아무렇게나 하지 않고 반드시 무게 중심을 고려하여 둔다. 그래서 여객기는 좌석이 비어도 승객을 앞에서부터 채우지 않는 것이다.

단, 중소형기의 경우 동체 지름이 너무 작아 바닥을 깔면 동체 하부에 화물칸

이 남지 않는 경우가 많다. 이런 경우 동체 가운데에 벽을 치고, 뒷부분에 화물을 적재한다.

최근 여객기의 경우 크기에 따라 와이드보디(광동체 : WIDE BODY), 내로보디(협동체 : NARROW BODY)로 구분하기도 한다. 그 기준은 대부분 화물칸 화물을 탑재할 때 ULD(탑재용기)를 이용하느냐 하지 않느냐에 따라 구분하기도 하고, 승객이 탑승하는 기내 복도가 2개냐 1개냐로 구분하기도 한다. 동체는 화물과 승객이 자리를 차지하다 보니 연료는 동체가 아니라 대부분 날개 안에 들어가 있다.

여객기에는 일반적으로 일등석, 비즈니스석, 일반석 등 여러 종류의 좌석이 있다. 대개 비상구 열 바로 뒤쪽에 앉는 승객은 다른 좌석 승객에 비해 추가적으로 더 넓은 다리 공간을 누릴 수 있다. 반면, 비상구 열 바로 앞쪽에 앉는 승객은 보통과 마찬가지로 좁은 다리 공간에 좌석조차 뒤로 눕혀지지 않는 경우도 많다. 국내선은 일반적으로 비즈니스석과 일반석의 두 등급으로 나뉘며, 국제선은 비즈니스석, 일반석 두 등급 혹은 일등석, 비즈니스석, 일반석 세 등급으로 나뉜다.

▲ 아시아나 여객기 A330-300 여객기 기내 모습

퇴역 후 여객기

인간을 포함하여 모든 생물체는 나이가 들면 언젠가 "하늘나라로 별이 되어 떠나게 된다."

동화책에 나오는 이야기이지만 엄연히 비행기나 항공기도 수명을 다하면 버려져야 한다. 원래 비행기에는 정해진 수명이라는 것은 없다. 망가질 때까지 부품을 바꾸어가며 수리에 수리를 거듭해가며 사용할 수 있고 지금까지는 그렇게

▲ 모하비 사막의 비행기 묘지

해왔지만 근래에 환경문제가 끼어들면서부터 양상이 달라지기 시작했다.

비행기의 평균수명은 일반적으로 20년 정도라고도 한다. 부품 교환이나 정비, 수리를 거듭해가면서 좀 더 장기간 사용하더라도 언젠가는 퇴역을 해야 하는데 드문 기종이나 기체라면 박물관 등에 전시되기도 하고 레스토랑 같은 곳에 전시용으로 팔려 나가기도 하지만 대부분은 리사이클링이 가능한 부품만 뜯어내고 스크랩 처분하여 버리게 된다.

02. 국내 운항되는 여객기의 종류

ATR72-500(하이에어)

ATR 72-500 항공기는 프랑스의 항공기 제조회사인 ATR에서 제작한 단거리용 쌍발 터보프롭 항공기이다. 약 72인승의 이 항공기는 미국의 아메리칸 항공의 자회사인 아메리칸 이글 항공에서 미국 국내선에 주로 사용하고 있는 기종이다. 대한민국에서는 하이에어 항공사에서 도입해 운용 중이다.

현재 국내선을 운항중인 하이에어(Hi-Air) 항공사가 3대를 도입하여 김포-울산, 사천, 제주 노선에 운항하고 있으며 소형 항공운송사업자로 등록하여 50석 이하의 항공기만 운행할 수 있도록 허가를 받았다, 따라서 72석을 장착할 수 있음에도 불구하고 50 좌석만 세팅하여 타항공사 대비 여유롭고 편안함을 느낄 수 있다. 하이에어는 울릉도,흑산도 공항 취항을 목표로 하고 있다.

현재 국내 하이에어(Hi-Air) 항공사의 보유항공기는 총3대 이며 이후 매년 2대씩 도입하여 2025년에는 16대를 운영할 계획이다. 제트터보 프롭기인 ATR72는 단거리 노선에 최적화된 기종으로 안전성과 경제성이 검증되어 전세계 소형항공기 시장을 주도하는 기종이며 국내에는 흑산도, 울릉도, 연평도 등 도서지역에도 취항하여 주민들과 관광객들에게 편의를 제공할 예정이고 일본 규슈지역을 시작으로 일본 전역 및 중국 산동지방으로 취항지를 확대하여 국제선 단거리 노선망을 점진적으로 확충할 목표를 가지고 있다.

▲ 하이에어 울산 취항 시승기념

▲ 김포공항 주기장에 주기되어있는 하이에어 ATR72-500

CS300(A220-300, 대한항공)

캐나다의 봄바디어(Bombardier) - 이 회사는 제주항공기 초기에 사용한 항공기종으로 비교적 잘 알려져 있는 Q400 기종과 현재 국내 에어포항 항공사가 사용하는 CRJ200 항공기를 생산하고 있어 우

Bombardier CS300
short haul airliner

wingspan:	35.1 m	(115.1 ft)
length:	38.0 m	(124.6 ft)
height:	11.5 m	(37.7 ft)
range:	4,100 km	(2,200 nm)
speed:	870 km/h	(470 kt)
ceiling:	12,500 m	(41,000 ft)
maximum takeoff weight:	59,600 kg	(131,100 lb)
unit cost (2011):	$45 - $50 M	
passenger load:	120 (2 class)	150 (1 class)

▲ CS300(A220-300)

리에게도 그리 낯설지 않다. 뉴스에서 보았듯이 이번에 대한항공이 계약하였고 2017년부터 도입하는 항공기종이 바로 C Series로 CS300(A220-300) 기종이다. C 시리즈는 봄바디어가 일반 민간 항공기 시장에서 보잉이나 에어버스와 경쟁할 수 있는 기종이기에 그 성능에 있어서 미래 지구촌의 관심이 집중되고 있다. 이러한 기종과 주 경쟁 기종이라고 한다면 보잉의 B737 시리즈, 에어버스의 A320 정도를 언급할 수 있다.

Boeing 737-800(대한항공, 진에어, 제주항공, 이스타항공, 티웨이항공)

▲ Boeing 737-800

B737의 모든 시리즈 중에서도 압도적인 1위이며, 아직도 생산 중이다.

2015년 3월 현재, 우리나라에서도 대한항공이 17대, 제주항공이 18대, 진에어 12대, 티웨이항공이 10대, 이스타항공이 6대 등 모두 60여 대나 되는 737-800형을 보유하고 있다.

이 다수의 비행기로 단거리 국제선과 국내선을 운항 중이다.

Boeing 737-900(대한항공)

▲ Boeing 737-900

알래스카 항공. 737-800형에서 동체 길이를 연장한 형태이다. 인기가 없어 단종된 757과 체격이 동급이고, 대한항공에서 운용 중이다.

Boeing 737-900ER(대한항공, 이스타항공)

737-900형의 항속거리 연장판(Extend-
ed Range)으로 인도네시아의 라이언 항공,
대한항공, 이스타항공에서 위의 Boeing
737-900형과 함께 운용 중이다.

▲ Boeing 737-900ER

B787-9(Dreamliner, 대한항공, 에어프레미아)

보잉 787 드림라이너(영어: Boeing
787 Dreamliner)는 보잉사의 중형 쌍
발 광동체 여객기다. 보잉 757 및
보잉 767을 대체하는 모델이다.(쌍
발 광동체-엔진이 두 개 있고 복도가 두 개 있는 중
대형 비행기를 말한다.)

보잉사 항공기 중 최초로 동체
대부분에 고강도 탄소복합 재료를
사용한 비행기이며 개발 코드는
본래 7E7(효율성 Efficient, 경제성 Economic
친환경 Environment)이었으나, 2005년
1월 28일 787로 변경하였다. 역사
상 가장 짧은 기간 동안 가장 많이
판매된 광동체 항공기이기도 하

BOEING 787

▲ B787-9

다. 최대 항속거리 15,700km다. 즉, 연료가 바닥나서 추락하기까지 최장거리를
비행한다고 가정하면 서울에서 뉴욕까지 논스톱으로 운항하고 다시 태평양의 반
을 비행할 수 있는 능력이 있다고 평가되고 있다.

Boeing 777-200, 300(대한항공, 아시아나, 진에어) / Boeing777-300ER(대한항공,진에어)

보잉에서 개발한 중·장거리용 광동체 쌍발 여객기이다. B777, 트리플 세븐이라고 부른다. B737과 더불어 에어버스에게 따라잡히다 슬슬 추월당하는 분위기까지 보였던 보잉을 다시 일으켜 세운 주역이기도 하다. 그러나 B787로 침체 중으로 B737이 보잉의 중단거리 노선 수요를 맡는다면 B777은 상징성만 강한 B747을 제치고 보잉의 장거리 노선 수요를 책임지고 있다.

Boeing 747-8i(대한항공)

대한항공은 2021년까지 운항했던 B747-400을 모두 화물기로 운용하기로하고 보잉의 차세대 점보 여객기 B747-8i를 국내 최초로 도입했다.

대한항공이 보잉의 차세대 점보 여객기 B747-8i를 국내 최초로 도입했다. 대한항공은 이번 B747-8i 도입으로 B747-8 기종의 여객기와 화물기(B747-8F)를 모두 운영하는 최초의 항공사가 됐다. B747-8i는 기존 B747-400 기종보다 길이가 5.6m 길어졌으며, 현존하는 대형 항공기 중 가장 빠른 마하 0.86의 속도를 자랑한다. 최대 14시간에 1만4815km까지 운항할 수 있다. 또 연료 효율성은 16% 높이고 이산화탄소 배출은 16% 줄였다. 대한항공은 B747-8i를 도입하면서 B747-400보다 30여 석 늘어난 368석의 좌석을 배치해 승객들에게 여유로운 공간을 제공할 계획이다. 객실 디자인도 업그레이드했다. 퍼스트클래스와 프레스티지클래스에는 각각 코스모 스위트 2.0과 프레스티지 스위트 좌석을 장착했다.

Airbus A320/ A321neo/ A330 계열(대한항공,아시아나,에어부산)

에어버스가 야심차게 내놓은 737급 협동체 여객기. 에어버스의 유일한 협동체이다. 318, 319, 320, 321의 4종이 있으며 숫자가 낮은 순서대로 동체 길이가 짧다. 항속거리가 가장 긴 모델은 A319로 중간 기착 없이 대서양 횡단 비행이 가능하며, 대한민국 기준으로는 오스트레일리아 케언스까지 갈 수 있다.

AIRBUS A330(대한항공, 아시아나항공)

에어버스에서 개발한 중·장거리용 광동체 쌍발 여객기. 대당 가격은 A330-200의 경우 2억 1,610만 달러. A330-300의 경우 2억 3,940만 달러이다. 준수한 외모, 잘빠진 동체 덕에 항공기 사이에서 여신이라고 불리기도 한다. 실제로도 같은 쌍발기인 777이 약간 통통하면서 남성적인 외모를 보이는 데 반해, A330은 가늘고 잘 빠진 외모를 자랑한다. 그 외에 비행기를 남성형으로 지칭하는 일부 마니아들은 미남 등으로 부르기도 했다는데, 실제로

보면 형제기이자 4발기인 A340에 비해서도 상당히 균형잡힌 몸매를 지니고 있기 때문인 듯하다.

AIRBUS A380 (대한항공, 아시아나항공)

에어버스에서 개발한 장거리용 대형 여객기. 장거리용 대형 여객기의 젊은 황제로 보잉 747과 함께 국제선 여객기의 상징 같은 존재. 최고속도가 0.88마하, 약 1,078km/h이고 장거리 항행속도는 0.85마하, 약 1,041km/h에 달한다. 별명은 디지털 돼지 또는 비만 돌고래이다.

03. 미래의 여객기

미래의 비행기는 크게 세 가지 방향으로 발전하고 있는 것으로 보인다.

첫 번째는 얼마나 편하게 가느냐 하는 것이고, 두 번째는 얼마나 많은 승객을 태우고 얼마나 멀리 가느냐 하는 것이며, 세 번째는 얼마나 빠르고 조용하게 가느냐 하는 것이다. 현재까지 많은 연구가 이루어지고 있어 2026년 이후에는 상기 3가지 조건을 모두 만족시킬 수 있는 아래와 같은 여객기가 상용화될 것이다.

▲ 미래의 창문 없는 비행기

▲ 미국 마이애미 대학 항공우주센터에서
  설계한 미래의 여객기

▲ 미국 NASA에서 설계한 미래의 우주 여행 비
  행기

▲ 미국 NASA에서 설계한 미래의
  비행기2

대한항공 + 아시아나항공

★ 대한항공 : KOREAN AIR / KAL / KE
★ 보유대수 : 253대

티웨이항공

t'way

★ 티웨이항공 : T' WAY AIR / TWB / TW
★ 보유대수 : 27대

에어프레이마

★ 에어프레미아 : AIR PREMIA (HSC-하이브리드 서비스 캐리어 Hybride Service Carrier) APZ / YP
★ 보유대수 : 2대

이스타항공(회생절차 시행중)

> ★ 이스타항공 / 이스타젯 : EASTAR JET / ESR / ZE
> ★ 보유대수 : 10대

제주항공

> ★ 제주항공 / 제주에어 : JEJU AIR / JJA / 7C
> ★ 보유대수 : 44대

진에어

> ★ 진에어 : JIN AIR / JNA / LJ
> ★ 보유대수 : 28대

에어부산

AIR **BUSAN**

> ★ 에어부산 : AIR BUSAN / ABL / BX
> ★ 보유대수 : 24대

에어서울

> ★ 에어서울 : AIR SEOUL / ASV / RS
> ★ 보유대수 : 6대

코리아익스프레스(KOREA EXPRESS AIR)항공-운항중단

> ★ 코리아익스프레스항공 : KOREA EXPRESS AIR-KEA
> ★ 보유대수 : 비치크래프트 2대, 엠브라에르 ERJ-145 1대, 항공기 평균기령 약 17년.

하이에어(Hi-Air)

> ★ 하이에어 : HGG / 4H
> ★ 보유대수 : 3대

ATR72-500
(하이에어)

CONTENTS

01. ATR72-500 객실구조

국내 소형항공사인 하이에어(Hi-Air) 항공사에서 운영하고 있는 ATR72-500 항공기는 프랑스 에어버스 자회사인 ATR사 에서 제조한 소형 항공기이며 ATR72 라는 뜻은 항공기내 72석의 좌석을 장착할 수 있어 72라는 숫자를 붙이게 되었다. 또한 아래와 같은 5가지 독특한 특징을 가지고 있다.

- 터보프롭 (프로펠러를 사용하여 추진력을 얻는다. 국내유일)
- High Wing Type (고익기: 주날개가 동체 상부에 위치하여 시야가 좋다. 국내유일)
- 연비,경제성이 좋다.
- 이착륙 시 긴 활주로가 필요하지 않다. (울릉도,흑산도등 도서지방 운항에 적합. 국내유일)
- 도어에 Escape Slide가 장착되지 않아 비상시 그냥 탈출하면 된다.(지면으로부터 높이가 낮음)

국내에서 운항하는 ATR72-500 항공기에는 72석의 좌석이 아닌 50석의 승객용 좌석과 2개의 승무원용 Jump Seat(전방, 후방 각1개)가 장착되어 있으며 이러한 이유 때문에 국내에서도 좌석간의 간격이 넓어 안락하고 편안한 항공여행을 즐길 수 있게 되었다.

따라서 소형항공기 이지만 FSC(Full Service Carrier) 못지않게 쾌적한 실내를 자랑하고 있다.

▲ 쾌적한 객실전경

PSU-Passenger service unit

머리위 독서등은 누르면 점등, 한번더 누르면 소등하게 되어있고 에어컨 송풍구(Eye ball)은 입구가 회전식으로 되어있어 입구를 돌리면 켜지고 반대편으로 돌리면 차가운 바람이 막아지게 되어있다. 승무원호출은 빨간색 버튼을 누르면 된다.

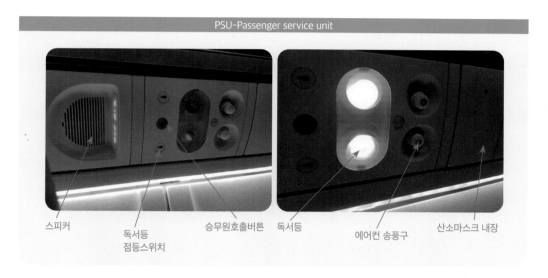

PSU-Passenger service unit

스피커   독서등   승무원호출버튼 독서등   에어컨 송풍구   산소마스크 내장
         점등스위치

오버헤드빈-Overhead Bin

오버헤드빈(Overhead Bin)은 일반 항공기와 마찬가지로 아래쪽 손잡이를 당기면 위로 열어지는 형태를 가지고 있다. 다른 항공사에서는 전혀 볼 수 없는 협찬광고하는 홍보물이 부착되어있는 모습을 볼 수 있다.

인터폰 시스템-Interphone System

　　FAP(Flight attendant panel-모든 항공기의 사무장 Jump Seat에 설치되어 있고 주로 객실조명,온도,도어닫힘상태등을 한눈에 볼 수 있는 화면)에 설치되어 있으며 객실 내 승무원과 조종실에 연락할 수 있고 기내방송을 위한 인터폰이 설치되어있다. 사용법은 인터폰을 들고 상단 하드키(HARD KEY)에 표시되어있는 ATT(객실승무원간 통화), CALL(조종실과 통화), PA(Public Address-기내방송), EMER(Emergency-비상신호) 버튼을 누르고 PTT 버튼을 누른 후 업무를 수행한다.

인터폰 시스템-Interphone System

❶ 앞쪽 승무원에게 연락할 경우 누른다

❷ 조종실에 연락할 경우 누른후 PTT 버튼을 누르고 통화한다

❸ 기내방송할 경우 누른다음 PTT 버튼을 누른 상태에서 방송을 한다.

❹ 비상상황을 조종실에 알릴 경우 누른다.

❺ PTT(Push To Talk)버튼 … 방송을 하거나 전화통화를 할 때 눌러야 송신이 된다.

02. ATR72 도어(DOOR) 구조

도어-DOOR

국내 하이에어 항공사가 운항하고 있는 ATR72-500 항공기의 객실내 비상구
는 객실 전방에 2개, 객실 후방에 2개 설치되어있고 이중 사다리가 장착된 왼쪽
후방 Entrance Door는 승객 탑승과 하기를 위한 출입구로 사용되고 항공기 오
른쪽 후방 Service Door는 지상직원에 의해 케이터링 및 승객화물이 탑재되는
출입구로 사용된다. 항공기 모든 도어에 Escape Slide가 설치되어 있지 않다. 그
이유는 높이 6피트(1.83m)미만 높이에 장착된 비상구에는 비상탈출장치를 장착
하지 않아도 되는 운항기술기준에 근거한 것이다. 본 항공기의 높이는 4.4피트
(1.35m)이다.

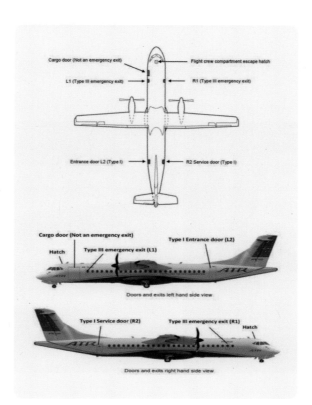

• ATR72-500 L2 DOOR 열린 모습과 명칭

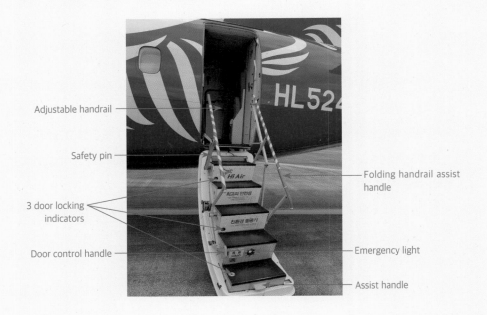

Adjustable handrail

Safety pin

3 door locking
indicators

Door control handle

Folding handrail assist
handle

Emergency light

Assist handle

• ATR72-500 L2 DOOR 닫힌 모습과 명칭

Folding handrail
assist handle

Door control
handle

Safety pin

3 door locking
indicators

Emergency light

Adjustable handrail

ATR72-500 항공기 정상시 도어개방 절차

- 일반적으로 도어를 열고 닫는것은 외부에서도 가능하나 목적지 도착 후 객실 승무원이 도어를 개방하려면
  ① Door control handle을 들어올린 후
  ② 도어를 바깥쪽으로 밀게 되면 평형메커니즘에 의해 도어가 내려가게 된다.
  ③ 손잡이의 Safety Pin을 Folding Handrail Hole에 고정시킨다.
  ④ 승객하기

- 도어를 닫으려면
  ① 사진의 왼쪽 Folding Handrail의 Assist Handle을 잡아당겨 도어를 위로 올린다.
  ② Door control handle을 도어가 완전하게 잠길 때 까지 아래로 당긴다.
  ③ Locking Indicator 3곳이 Green 색으로 변한 것을 확인한다.
  ④ Safety Pin은 비상탈출에 대비하여 반드시 제거하고 "비행 중 위치"에 보관한다.

- SAFETY PIN 위치(지상) :
  DOOR OPENA HANDRAILO 위로 올라온다. → 손잡이 고정

- SAFETY PIN위치(비행 중) :
  DOOR OPENA HANDRAILO 아래쪽을 향한다. → 비상탈출에 대비

▲ 세이프티 핀-지상위치

▲ 세이프티 핀-비행 중 위치

ATR72-500 항공기 비상시 도어개방 절차

항공기 전면에 L1, R1도어가 있음,벽면 앞쪽은 화물칸이고 더 앞쪽은 조종석임

▲ 전면에 L1, R1 도어가 설치되어있고 사진 후면에 L2, R2 도어가 설치 되어있음

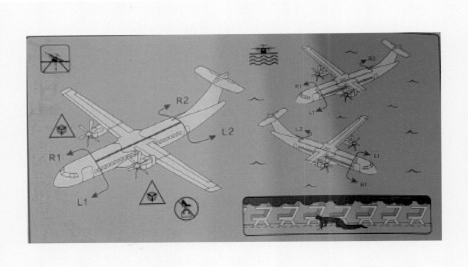

- 비상착륙, 비상착수 시 모든 출입구(L1, R1, L2, R2)사용가능
- 비상착수 시에는 항공기 왼쪽날개가 물에 잠겼을 경우 L1, R1도어는 사용가능하나 뒤편 도어는 R2도어만 사용가능, 반대로 오른쪽 날개가 물에 잠겼을 경우 뒤편 도어는 L2 도어만 사용가능하다.

L1, R1 DOOR-Emergency Exits

L1, R1 비상구 도어를 개방하는 절차 ❶ 외부상황을 점검한 다음, ❷ 도어 상부, 하부 손잡이를 잡고 안쪽으로 당겨 도어를 동체에서 분리, ❸ 분리된 도어를 바깥쪽으로 던지고 탈출한다.

L2 DOOR-Entrance Door

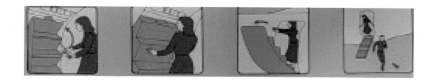

L2 도어는 주 출입구 역할을 하는 비상구로서 ❶ 도어 오른쪽에 장착되어있는 노란색 Door Control Handle을 위로 밀어올린 후 ❷ 도어를 바깥쪽으로 세게 밀면 도어의 자체무게로 인해 개방 ❸ 개방된 후 계단을 이용하여 탈출한다.

R2-Service Door

R2 도어는 서비스 Items, Meal Cart 등을 탑재하는 작업 시 사용하는 도어이며 항공기 내부에서 Safety Pin을 꽂으면 도어는 바깥에서 열리지 않으므로 비행 전 비상탈출을 대비하여 반드시 제거 하여야 한다.

❶ Door Control Handle을 몸 쪽으로 당긴 후 왼쪽으로 돌리며 동체의 고정
　 장치(Hook)에 걸릴때까지 바깥으로 민다.

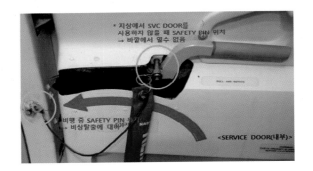

❷ Gust Lock을 눌러 Door를 Unlock 시킨다.
도어를 안으로 당기고 Door Control Han-
dle을 오른쪽으로 돌린다. 완전한 닫김을 확
인하기위해 2개의 Green Locking Indicator
의 녹색을 확인한다.

 03. ATR72 갤리구조 및 화장실

갤리 - GALLEY

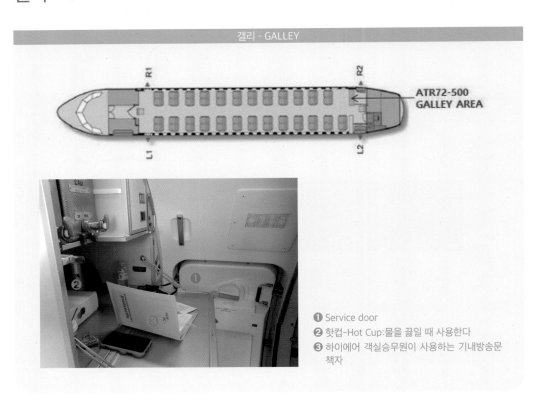

❶ Service door
❷ 핫컵-Hot Cup:물을 끓일 때 사용한다
❸ 하이에어 객실승무원이 사용하는 기내방송문
책자

항공기 오른쪽 후방 R2 Service Door에 설치되어 있는 갤리는 음료수만 준비할 수 있는 넓지않은 공간만 확보되어 있으며 기존 대형항공기와 달리 식사와 주류 등을 준비하는 공간은 아니다.

화장실 - Lavatory

기내화장실은 항공기 객실 후방 좌측에 1개 설치되어 있으며 소형 항공기답게 공간이 약간 부족한 듯 보이나 화장실에서 필요한 모든 기본장비(열감지형 소화기, 연기 감지기…)는 전부 갖추고 있다고 볼 수 있다.

화장실 : Lavatory

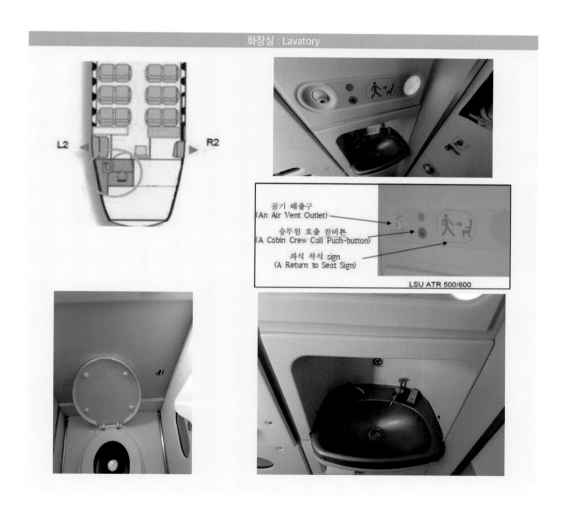

객실승무원 탑승 시 유의사항

- ATR72 항공기는 객실전방,후방에 각각 1명의 객실승무원이 탑승하고 있으며 앞쪽에 착석하고 있는 객실승무원은 객실을 바라보고 착석하고 있다. 이때 객실승무원 좌석(Jump Seat)은 동체 좌측에 들어가 있는바 점프시트(Jump Seat)를 꺼낼 때 소음이 발생하지 않도록 유의해야하며 승객과 마주보고 있기 때문에 표정과 착석 자세에 유의해야한다. 저자가 탑승 했을때는 서산 H대 항공관광과 출신 객실승무원이 앞쪽에 저자와 마주보고 있어 여러 가지 대화를 나눈적이 있었다.

- 객실 내 화장실(Lavatory)은 항공기 뒤쪽에만 1개 설치되어있고 면적이 좁아 화장실 냄새가 발생하지 않도록 유의한다. 무안, 울산, 여수, 제주를 비행 시 최소 비행시간이 1시간 이상인 경우가 있어 화장실 청결에 유의해야 한다.

- 승객과 승무원은 뒤쪽 도어를 이용해서 타고내리는 방식이며 우천,강설 시 계단에서 미끄러지지 않도록 각별히 유의해야 한다.

- 기내방송 시 프로펠러 소음으로 인해 명확히 전달되지 않는 부분이 발생하곤 한다. 특히 소음이 비교적 있는 앞쪽 객실승무원이 기내방송 시 정확하고 큰 소리로 방송할 수 있도록 해야 한다.

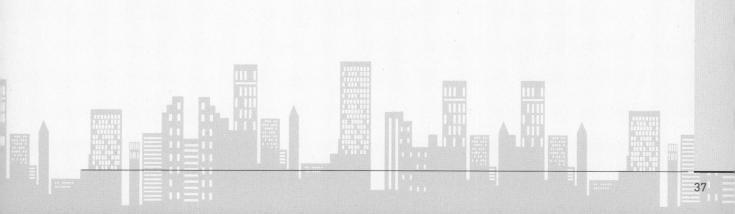

chapter 03
CS300
(A220-300, 대한항공)

CONTENTS

CS300(A220-300) 기종은 캐나다 봄바디어 제작사에서 생산한 항공기로 길이 38.0m, 높이 11.5m, 너비 35.1m, 동체 폭 3.7m의 제원을 지녔다. 순항속도는 829km/h, 최대운항거리는 130석 기준 5,463km 수준으로 단거리를 탄력적으로 운항하는 데 적합하도록 설계됐다.

또한 CS300(A220-300) 기종은 단일통로(single-aisle) 시장을 겨냥해 130~150석 규모로 설계된 항공기이며 좌석은 비즈니스석의 경우 2-2, 이코노미석의 경우 2-3 형태로 배정되고 대당 가격은 6,500만 달러(약 660억원) 수준이다. 비록 B737, A320보다는 약간 공급석이 적고, 운항거리도 4,000~5,000킬로미터 정도로 B737, A320 의 5,000~6,000킬로미터에는 다소 못미치는 기종이긴 하지만 비행 운항속도 측면에서는 이들과 거의 비슷한 마하 0.78~0.82 정도의 성능을 보여주고 있다. 게다가 연료효율이 좋고 소음과 지구촌의 관심사인 이산화탄소 배출을 줄인 차세대 친환경 항공기 중 하나로 꼽힌다.

SCHEDULED TO ENTER
AIRLINE SERVICE IN 2014

Bombardier CS300

short haul airliner

wingspan:	35.1 m	(115.1 ft)
length:	38.0 m	(124.6 ft)
height:	11.5 m	(37.7 ft)
range:	4,100 km	(2,200 nm)
speed:	870 km/h	(470 kt)
ceiling:	12,500 m	(41,000 ft)
maximum takeoff weight:	59,600 kg	(131,100 lb)
unit cost (2011):	$45 - $50 M	
passenger load:	120 (2 class) 150 (1 class)	

　재미있는 것은 B737, A320보다는 다소 작은 크기이다 보니, 기내 배열 좌석도 사뭇 다른 모습을 보여준다. B737이나 A320 기종은 대개 좌우 3개씩 한 열에 6석의 좌석 배열이지만, CS300(A220-300) 기종은 좌우가 2석, 3석으로 한 열에 5석 좌석 배열이다. 비즈니스 클래스를 운영한다면 120석 정도, 아니면 국내선에서 최대 승객을 많이 운송하기 위해 모든 클래스를 일반석으로 개조한다면 145석 정도 된다.

CS300 External Dimensions

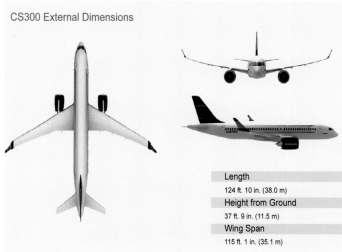

Length
124 ft. 10 in. (38.0 m)
Height from Ground
37 ft. 9 in. (11.5 m)
Wing Span
115 ft. 1 in. (35.1 m)

제작사	캐나다 봄바디아 항공기 제작사
운항사	대한항공(Korean air)
취항노선	중국, 일본 등 단거리 노선
항공기 길이	38.7m
항공기 높이	11.5m
항공기 폭	35.1m
최대항속거리	6,112km
순항속도	850km/h
좌석수	127석(PY25/ Y102) PY: 프리미엄 이코노미 클래스
최소탑승승무원	4명
Door	총 4개 (Single lane escape slide type)
Overwing exit	총 2개 (Single lane escape slide 장착)
Escape slide 장착	거트바(Girt bar) 타입
휴대폰 좌석 충전기	있음(In seat power system)
개인용 모니터	없음
PA우선순위	조종실 ▶ L1 Door ▶ L2 Door
감압	객실고도 14,500에 다다르면 산소마스크 떨어짐
기내조명	구역별 조절불가
기내온도	구역별 조절가능
승객용 산소마스크	머리위 천장에서 떨어짐/ 화학반응식-13분간 산소공급

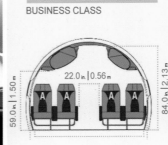

01. CS300(A220-300) 기종 객실구조

CMS (Cabin Management System)

항공기 객실 내 온도조절, 조명조절, BGM, 독서등, PAX CALL, DOOR 상태 표시, CABIN READY 기능을 수행하며 점프시트 상단에 설치되어 있다.

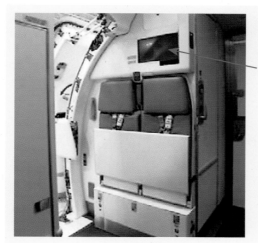

CS300 기종 CMS

CMS에 표시되는 객실 내 CALL의 색깔

CMS에 표시되는 각종 Call의 색을 종합적으로 정리해 보면 아래와 같다.

●노란색 : 화장실 호출

●파란색 : 승객호출

●고동색 : 화장실 연기감지

●초록색 : 기내방송

●빨간색: 비상신호

Color	Description
	Lavatory call
	Passenger call
	(Steady) – Lavatory smoke detector fault
	(Flashing) – Lavatory smoke detector activation
	Passenger Address (PA)
	(Steady) Crew call – Normal
	(Flashing) Crew call – Emergency

CABIN ADVISORY LIGHTS

PSU (Passenger Service Unit) 명칭

❶ Attendant Call Light
❷ Oxygen Panel
❸ Ordinance Sign Panel
❹ Reading Light On/Off
❺ Reading Light
❻ Fresh Air Ventilation Hole
❼ Speaker
❽ Overhead Video Display (OVD)

PSU(Passenger Service Unit)

승객의 머리위에 장착되어 있는 편의시설이며 독서등, 에어컨, 스피커, 비디오, 산소마스크, 승무원호출버튼, No Smoking 과 Fasten Seat Belt Sign 사인으로 구성되어 있다.

02. CS 300 (A220-300) 기종 DOOR

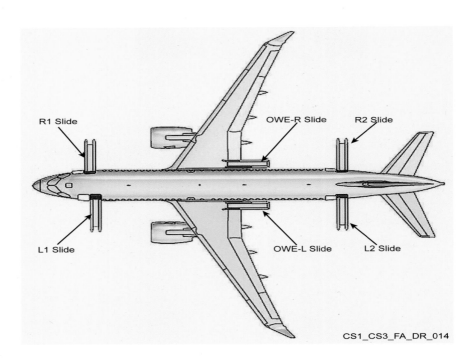

R1 Slide
OWE-R Slide
R2 Slide
L1 Slide
OWE-L Slide
L2 Slide

CS1_CS3_FA_DR_014

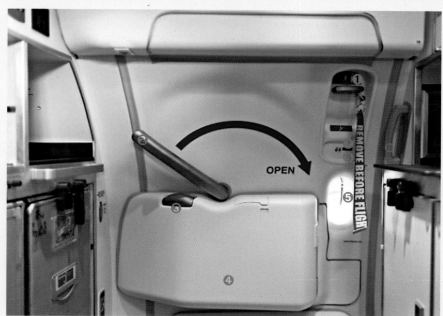

L1, L2, R1, R2 총 4개의 도어가 항공기에 장착되어 있으며 모두 Single Lane Slide가 장착되어 있다. Overwing Window Exit은 왼편, 오른편 각각 1개씩 장착되고 역시 Single Lane Slide가 장착되어 있다. 따라서 CS300(A220-300) 기종에는 주 탈출구 4개, 부 탈출구 2개 등 모두 6개의 탈출구가 장착되어 있다. 도어의 자세한 명칭은 다음과 같다.

CS300(A220-300) 도어 명칭 및 기능설명

CS300(A220-300) 도어 명칭 및 기능설명

❶ Door Mode Select Panel-Escape Device를 정상에서 팽창위치, 또는 팽창위치에서 정상위치로 변경할 때 사용한다.

❷ Door Operation Handle-도어를 열고 닫을 때 사용한다.

❸ Gust Lock Release Lever-열린 도어를 닫을 경우 도어잠김을 해제해야 하는데 이 경우 사용한다.

❹ Slide Bustle-Escape Slide가 담겨져 있다.

❺ Viewing window-항공기 외부상황을 확인할 때 사용한다

❻ Warning Flag-대한항공 도입항공기에는 없는 사양이다.

❼ Door Locking Indicator-도어의 닫힘상태를 알려준다.

- 열림 : 빨간색   - 닫힘 : 녹색

❽ Door Assist handle-도어를 열고 닫을 때 추락방지 위해 잡는 손잡이이다.

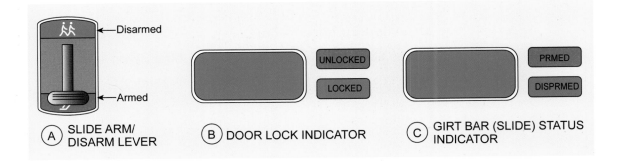

정상 시 도어 개방 방법

① "Fasten Seat Belt Sign"이 꺼진 것을 확인한다.

② Door Mode가 정상위치(Girt bar indicator가 Disarmed, 초록색)인 것을 확인한다.

③ Door Assist handle을 잡고 Door Operation Handle을 "open" 쪽으로 돌린다.

④ Door가 동체에 Gust Lock될 때까지(찰깍 하는 소리가 남) 힘껏 바깥쪽으로 민다.

정상 시 도어 닫는 방법

① Assist Handle을 잡고 도어 가운데 Gust Lock Release Handle을 당겨 Gust Lock을 해제한다.

② Gust Lock Release Handle을 잡고 도어를 항공기 내부쪽으로 당긴다.

③ Door가 거의 닫히면 Door Operation Handle을 열림의 반대방향으로 돌려 도어를 닫는다.

④ Door Locking Indicator가 "Green, Locked" 상태인지 확인한다.

비상 시 도어 개방 방법

① 외부상황 파악 및 Door Arming Lever가 Armed 상태인지 확인한다.

② Door Assist Handle을 잡고 Door Operation Handle을 열림 방향으로 힘껏 돌린다.

③ 도어는 자동으로 열리며 Escape Slide도 자동으로 팽창한다.

④ 만일 Escape Slide가 자동으로 팽창하지 않으면 도어 우측 하단에 붙어있는 Manual Inflation Handle을 세게 잡아당긴다.

⑤ 객실승무원은 Escape Slide의 사용 가능 여부를 확인한 후 승객을 탈출시킨다.

Escape Slide 팽창형식

CS300(A220-300) 항공기의 Escape Slide 팽창형식은 B737 항공기는 객실승무원이 직접 손으로 거트바를 올리고 내리면서 도어 슬라이드 모드를 정상위치, 팽창위치로 조정하나 CS300(A220-300) 기종은 도어에 장착되어 있는 Door Arming Lever를 Armed 위치로 놓았을 때 Slide Bustle 하단의 거트바(Girt Bar)가 아래로 내려가면서 도어바닥 Girt Bar Fittings에 걸리게 된다. Girt Bar는 Escape Slide와 연결되어 있기 때문에 이 상태에서 문을 열면 Escape Slide가 Slide Bustle에서 빠져나오고 그 무게로 인해 아래로 떨어지며 내부 가스 압력에 의해 Escape Slide가 팽창하게 되는 것이다.

도어 하단의 거트바 고정장치 : 팽창위치로 놓으면 거트바가 이곳에 걸리게 된다.

❶ ❷ Girt Bar Fittings
❸ B737 기종 Girt Bar Fitting
❹ B737 기종 Girt Bar

▲ Remove intermal cover

▲ Pull handle

▲ Overwing emergency exit
swing open

❶ Viewing Window ❷ Removable Cover ❸ Exit Handle ❹ Life Line Stowage
❺ Manual Inflation Handle ❻ Overwing Exit Actuator ❼ Hinge

Overwing Exit Slide 팽창

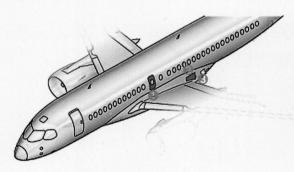

▲ Overwing Window Exit

❶ Overwing Window Exit
❷ Evacuation Slide
❸ Overwing Window Exit을 개방하면 Escape Slide가 이곳에서 팽창하여 나오게 된다. 즉, 슬라이드가 도어에 붙어있는 타입이 아니라 동체에서 나오게 된다는 것이다. B777-300 시리즈 NO3 도어 슬라이드와 동일하다.
❹ External Handle
❺ 항공기 외부에서 바라본 Overwing Window Exit이다. 외부에서 열 수 있는 장치가 도어 하단에 달려 있다. 외부에서 개방할 때는 Escape Slide가 팽창하지 않도록 설계되어 있다.

Overwing Window Exit 사용방법

① 작동커버를 벗겨내고 핸들을 아래쪽으로 힘차게 잡아 당긴다.

② Overwing Window Exit이 자동으로 열리며 동체에서 나오는 Escape Slide도 자동으로 팽창한다.

③ Escape Slide가 자동으로 팽창하지 않을 경우에는 도어 상단에 장착되어 있는 Manual Inflation Handle을 세게 잡아 당긴다.

④ 객실승무원은 Overwing Window Exit의 Escape Slide의 사용 가능 여부를 확인한 후 승객을 탈출시킨다.

Overwing Window Exit

Overwing Window Exit의 Escape Slide는 항상 팽창위치로 세팅되어 있으며 객실승무원이 정상/팽창위치로 조작할 수 없고 정비사에 의해서 조작할 수 있다. 만일 외부에서 Overwing Window Exit을 개방할 경우 슬라이드는 팽창하지 않는다.

03. CS300(A220-300) 핸드셋(Handset-Interphone)

CS300(A220-300) 기종의 핸드셋(인터폰)은 객실승무원 간, 객실승무원와 운항승무원 간, 기내방송 시, 비상신호 발신에 사용되며 최신형 LCD 화면으로 표시되고 부드러운 터치감으로 정평이 나있다.

핸드셋의 사용방법은 타 기종과 동일하게 내부의 다이얼과 메뉴버튼을 눌러 사용한다.

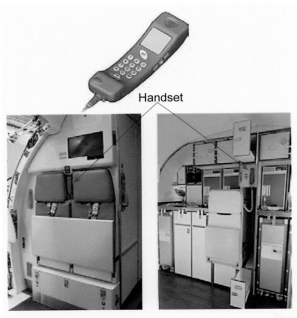

Handset

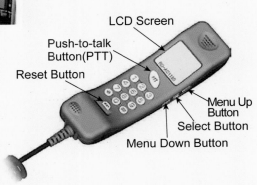

LCD Screen
Push-to-talk Button(PTT)
Reset Button
Menu Up Button
Select Button
Menu Down Button

CS300(A220-300)
핸드셋

코드	착신지
1*PA	기내방송 시 사용한다.
21	조종실과 통화 시 사용한다.
22	앞쪽 승무원과 통화 시 사용한다.
23	뒤쪽 승무원과 통화 시 사용한다.
24	뒤쪽 오른편 승무원과 통화 시 사용한다.
2*	운항승무원 포함 모든 승무원과 통화 시 사용한다.
2#	모든 객실승무원과 통화 시 사용한다.
29	비상신호

04. CS300(A220-300) 갤리(Galley)

CS300(A220-300) 기종에는 B737 기종과 동일하게 앞쪽(FWD)과 뒤편에 각각 1개씩의 갤리가 장착되어 있다. 아래의 사진에는 Galley1, Galley2, Galley3, Galley4로 되어 있어서 자그마한 비행기에 갤리가 4개 설치되어 있는 것으로 착각할 수 있으나 실제 B737 기종과 동일하게 2개로 생각하면 된다. 또한 갤리 시설도 타 기종에 비해 특이한 점은 후방 갤리 내 전향식 점프시트가 장착되어 있어서 이·착륙 시 후방근무 승무원이 사용하는 점이다.

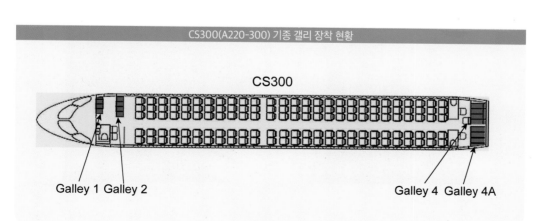

CS300(A220-300) 기종 갤리 장착 현황

CS300

Galley 1 Galley 2   Galley 4 Galley 4A

▲ 앞쪽 갤리

❶ 후방 갤리에 설치되어
있는 객실승무원용 점
프시트
❷ Gallery Contract
Pannel
❸ R1 Door

▲ 뒤쪽 갤리

▲ FWD GALLEY

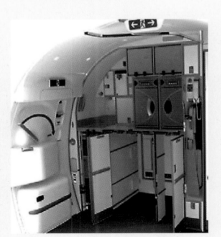

▲ AFT GALLEY

05. CS300(A220-300) 화장실

　해당 항공기에는 앞쪽에 1개, 뒤쪽에 1개 총 2개의 화장실이 설치되어 있다. 화장실의 구조는 다른 항공기와 특별한 차이점은 없으나 비록 소형 항공기이지만 온보드 휠체어(On Board Wheelchair)를 이용하면서 사용할 수 있도록 넉넉한 공간이 특이하다. 또한 각각의 화장실에는 연기감지기(Somke Detector), 소화기(Fixed Fire Extinguisher), 산소공급장치(Fixed Oxygen)가 설치되어 있다.

CS300(A220-300) 화장실

▲ LAVATORY SMOKE DETECTOR

❶ Status Indicator(green-정상작동여부표시)
❷ Horn Cancel Switch(화재경보 취소용)
❸ Buzzer(화재경보 발생기)
❹ Self-Test Switch(작동 시운전 스위치)
❺ Nozzle End Caps(하단 오른쪽 소화기는 화장실 휴지통 내부에 설치되며 휴지통내 온도가 상승하면 자동으로 분사된다)

(빨간색 표식이 연기감지기와 소화기가 장착되어 있는 위치임)

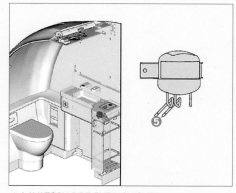

▲ LAVATORY FIRE EXTINGUISHER

06. CS300(A220-300) 객실승무원 탑승근무 시 유의사항

서비스 측면

- 소형 항공기 특성상 복도가 비교적 좁아 기내 서비스 시 승객에게 음료나 뜨거운 물을 쏟지 않도록 주의해야 한다.

- 승객이 만석일 경우 화장실 사용이 어려울 수도 있다. 비행 중 줄이 길어질 수 있으니 객실브리핑 시 화장실 이용승객을 앞, 뒤 화장실로 분산하는 요령이 필요하다.

- 좌석배열이 2/3열로 배치되었을 경우 오른편 가운데 손님을 기내서비스 시 Skip하기 쉬우므로 꼼꼼하게 한 분 한 분 서비스할 수 있도록 점검하는 자세가 필요하다.

Flight Safety 측면

- 항공기 뒤편 근무 객실승무원은 이착륙 시 갤리 중앙에 설치되어 있는 점프시트에 항공기 앞쪽을 바라보고 착석해야 하므로 접어져서 보관되어 있는 점프시트의 개방절차에 대해 비행 전 반드시 숙지해야 한다.

- 항공기 내 모든 Escape Slide는 Single Lane Type이고 Overwing Window Exit에도 Single Lane Escape Slide가 장착되어 있다. 비상탈출 시 정확한 사용법을 사전에 숙지하고 있어야 한다.

- Overwing Window Exit은 객실승무원이 슬라이드 모드를 사용하여 팽창,정상위치로 변경하는 것이 아니라 항상 팽창위치로 되어 있고 내부에서 문을 열면 바로 항공기 동체 외부에 장착된 Single Lane Escape Slide가 팽창하게 된다. 만일 외부에서 구조의 목적으로 문을 열 때에는 팽창되지 않도록 되어 있다.

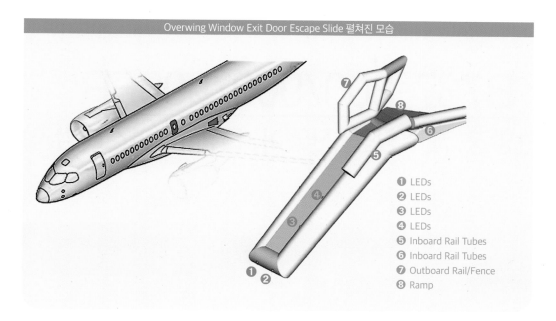

Overwing Window Exit Door Escape Slide 펼쳐진 모습

❶ LEDs
❷ LEDs
❸ LEDs
❹ LEDs
❺ Inboard Rail Tubes
❻ Inboard Rail Tubes
❼ Outboard Rail/Fence
❽ Ramp

Chapter 04

B737-800/900/900ER

(대한항공, 제주항공, 진에어, 티웨이, 이스타항공)

CONTENTS

01. 항공기 특징과 제원

대한항공 / 진에어 / 제주항공 / 이스타항공 / 티웨이항공 / B737-800

B737-800은 700 시리즈에 비해 동체가 길고 날개 위 비상구가 L/R SIDE 2개씩 설치되어 있다.

B737-800 제원

- 제작사 : BOEING company, U.S.A
- 평균 좌석간격 : 32인치
- 전체 길이 : 39.50m
- 최대이륙중량 : 79.015kg
- 평균주행속도 : 850km/h
- 좌석수 : 186석 또는 189석
- 날개 폭 : 35.79m
- 꼬리날개 높이 : 12.50m
- 항속거리 : 5.130km
- 엔진 : CFM56-7B26×2

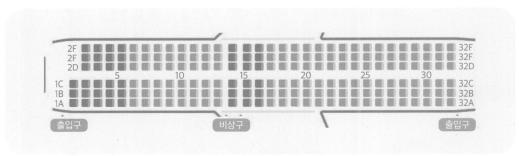

▲ B737-800 좌석배치도(KE)

▲ 제주항공 B737-800 객실 모습

대한항공 B737-900 / B737-900ER

B737-900은 800 시리즈에 비해 동체가 약간 길며 기타 기내시설은 거의 동일하다.

B737-900 제원

- 승객 : 180~200석
- 동체길이 : 42.1m
- 높이 : 12.5m
- 날개길이 : 117.5 ft(35.7m)
- 최대연료적재 : 7.837 US gal(29,660L)
- 순항속도 : 마하 0.78(828km)

- 엔진 : CFM 56-7
- 폭 : 34.4m
- 최대이륙중량 : 187.700 lb(130kg)
- 화물 : 1.852 cu ft(52.5cu m)
- 순항고도 : 41.000 ft(12.500m)
- 항속거리 : 5,925km

이스타항공에서는 보잉737-900ER 항공기를 새로 도입하였다. 이 비행기는 기존의 대한항공 B737-900 항공기와 비상구 타입이 다르게 설계되었다. 기존의 B737 기종은 비상구가 앞뒤 주출입구 4개, 날개 위 비상구 4개였으나 190석 이상 장착되는 B737-900ER 기종은 추가 비상구 설치 권고에 따라 주출입구가 2개 추가되어 주출입구 6개(NO1,2,3), 날개 위 비상구 4개인 것이 특징이다.

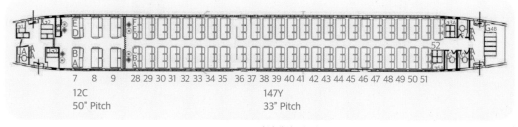

12C
50" Pitch

147Y
33" Pitch

▲ B737-900 좌석배치도(KE)

▲ 대한항공 B737-900 객실 모습

이스타항공 B737-900ER 추가로 설치된 DOOR

▲ 내부에서 본 NO3 도어

▲ 도어 열린 모습

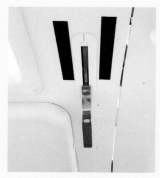

▲ 도어 핸들(닫힘)

▲ 도어 핸들(열림)

※ B737-900ER 항공기 NO3 DOOR에는 Escape Slide가 설치되어 있어 도어를 열면 바로 팽창된다.
  (No 3 Door는 Overwing Exit 과 제일 뒤편 Door 사이에 설치되어 있다.)

02. B737 NG 객실 구조

(현재 국내에서 운항되는 B737 기종은 전부 NG이다.)

▲ 최신형으로 설비된 B737-800

◀ 대한항공 B737-800 전체조경

※ B737-800/900 기종은 항공기 앞뒤로 GALLEY, 화장실이 설치되어 있으며 OVERWING EXIT를 포함해 총 8개의 비상탈출구가 장착되어 있으나, 이스타항공 보유 900ER인 경우 213석이 장착되어 있고 OVERWING EXIT을 포함하여 총 10개의 비상탈출구가 장착되어 있다.

B737-800/900 항공기의 차이점

- B737-800 : 날개 위 비상구가 각각 2개씩 설치되어 있고, 동체가 700 시리즈보다 약간 길다.

- B737-900 : 날개 위 비상구가 각각 2개씩 설치되어 있고, 동체가 800 시리즈보다 약간 길다.

- B737 NG와 클래식의 가장 큰 차이점은 아날로그와 디지털로 특징지어지는 기술적 차별성이다. 클래식에 비해 NG는 조종사가 고개를 들지 않고도 모든 상황을 확인할 수 있는 헤드업 디스플레이(HUD, Head-up Display) 장치, LCD 조종석 계기판, 공중충돌방지장치, 돌풍감지레이더 등 향상된 첨단 전자장비가 장착되어 클래식에 비해 안전성이 대폭 향상되었다.

또한 B737 NG의 엔진은 친환경 엔진으로 클래식과 비교해 탄소배출 및 소음이 감소했고 운항 성능 또한 대폭 향상돼 B737 NG는 클래식보다 시간당 50km 더 빠른 속도로 목적지까지 이동할 수 있다.

B737 NG(B737-600기종 이상을 NG: Next Generation) 기내시설

▲ 기내청소 위한 전기공급장치
주로 기내 청소용으로 사용한다.

▲ 기내 엔터테인먼트 조절장치
항공기 뒤편 헤드빈(Head Bin)에 설치되어 있다.

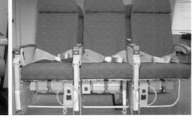

▲ 좌석에 설치된 전기공급장치(INSEAT POWER SYSTEM-ISPS)
비행 중 승객이 가지고 있는 전자기기에 전원을 공급하기 위해 승객 좌석에 장착된 전원공급장치를 말한다.
상위 클래스에는 전 좌석에 장착되어 있으며 일반석은 좌석열단위에 1개 정도 장착되어 있다.

▲ 기내 Fasten Seatbelt Sign

▲ 기내 조명조절장치

▲ Overhead

▲ OVERHEAD PSU
(Passenger Service Unit) 확대사진

각종 CALL LIGHT 위치 및 점등된 모습과 설명

▲ Passenger Call NO **1**

▲ Master Call Display에 NO **2**
나타난 PAX 콜 신호

▲ 화장실 콜 NO **3**

▲ 탈출유도등 NO **4**
(Emergency Light)

▲ Fasten Seat Belt Sign NO **5**

▲ Galley 내 Belt Sign NO **6**

▲ 화장실 내 Belt Sign NO **7**

▲ 화장실 내 NO **8**
승객호출버튼

NO ❶ Passenger Call은 승객이 누르면 승객의 머리 위에는 주황색이 점등되고

승무원 스테이션은 파란색으로 점등된다.

NO ❷ Crew Station에 PAX Call 점등된 모습(파란색으로 점등된다.)

NO ❸ 화장실 Call Light 점등된 모습(화장실 콜은 호박색등이 점등된다.)

NO ❹ B737 비상탈출용 좌석옆 하단에 설치되어 있는 Emergency Light 점등된 모습

※ EMERGENCY LIGHT는 좌석옆 하단에 점등되며 조절 스위치는 L2 스테이션에 비치되어 있다.
비상사태 발생 시 객실은 전기가 공급되지 않아 매우 어두운 상태가 예상되므로 승객은 무의식적
으로 불빛을 따라 이동하게 된다.

NO ❺ B737 좌석벨트사인 점등된 모습

NO ❻ 갤리 내 Fasten Seat Belt Sign 점등 모습. 객실승무원을 위한 Fasten Seat Belt
Sign이므로 Fasten Seat Belt Sign이 점등되면 모든 객실승무원들은 객실로 나
가서 승객의 좌석벨트를 확인해야 한다.

만일 Fasten Seat Belt Sign이 2회 점등되면 객실승무원도 기내서비스 업무를 즉
시 중단하고 Jump Seat이나 가까운 좌석에 착석하고 좌석벨트를 착용해야 한다.

난기류 통과 후 Fasten Seat Belt Sign이 꺼지면 다시 객실 본연의 업무로 복귀하면 된다.

NO ❼ 기내 화장실에도 Fasten Seat Belt Sign이 점등된다. 이때 안전상 화장실 사용을 금하므로 유의한다.

NO ❽ 승객이 화장실에서 승무원의 도움을 필요로 할 때 누르는 Call Button이다.

유형	색	상황
Passenger Call	Blue	승객이 승무원을 호출함
Attendant Call	Red	승무원이 승무원을 호출함
Lavatory Call	Amber	화장실 내 승객이 승무원을 호출함

B737 NG 기내 방송장치-PRE RECORDED EQUIPMENT

PRE RECORDED EQUIPMENT란 객실의 기내 안내방송 중 제2 또는 제3외국어(중국어, 러시아어, 몽골어, 이탈리아어, 독일어 등)를 사전에 녹음하여 기기 내 저장해 두었다가 한국어/영어방송에 이어 틀어주는 객실 내 자동안내방송장치이다. 항공기 마다 설치되어 있고 장치가 없는 기종은 카세트테이프(Cassette Tape)를 이용하여 외국어 방송을 하기도 한다.

▲ B737 기내 사전 녹음된 방송장치　　▲ BOARDING MUSIC 장치　　▲ 기내 방송장치 목록-PRE RECODING ANNOUNCEMENT LIST

- 기기작동은 반드시 기내 책임자급 승무원이 실시한다.
- PRE RECORDED EQUIPMENT의 START Button을 누른 후 반드시 주의깊게 청취하고 목적과 다른 방송이 실시될 경우 즉시 수정한다.
- 담당 승무원은 목적에 맞는 방송이 실시되는지 여부를 기기 앞에서 대기하며 청취한다.
- 중국/일본/러시아/몽고 등 해당 국적의 현지승무원이 탑승하면 현지승무원의 육성 방송이 우선되나, 현지승무원이 탑승하지 않았을 때 사용한다.
  (해당 기기는 반드시 사전점검을 하여 필요 시 적절하게 사용할 수 있도록 한다.)
- B737 NG 기종의 PRE ANNOUNCEMENT SYSTEM은 작동반응시간이 길어 충분한 시간적 여유를 가지고 준비해야 기다림 없이 필요 즉시 사용할 수 있다.

B737 육성 방송장치-INTERPHONE 및 표준신호

기내에서 객실승무원 상호 간에 의사소통을 가능하게 해주는 시스템이며 인터폰 실시를 위한 HAND SET 설비는 조종실 및 객실의 각 STATION PANEL에 있다.

❶ 상대방의 음성을 듣는 수화기
❷ 숫자버튼
❸ 송화기

❹ PTT버튼 : Push To Talk, 누르고 통화나 방송을 실시한다.

B737 기종의 인터폰 사용은 다음과 같다.

- 기내방송 시 : 8번을 누른다.(사진에는 너무 많이 사용하여 8번이 지워짐)
- 조종실호출 : 2번을 누른 후 PTT 버튼을 누르고 이야기한다.
- 승무원호출 : 5번을 누른 후 PTT 버튼을 누르고 이야기한다.
- 비상신호 : 2/2/2를 누른다.(2번 3회)
- 긴급신호 : 2/2를 누른다.(2번 2회)
- 사용 후 : Reset 버튼을 누른다.
- 항공기 비상사태 발생시 B737 기종은 Evacuation Horn이 없으므로 조종실에서 인터폰을 사용하여 탈출지시를 한다.

기종별 긴급신호	B737 비상신호	B737 긴급신호
	2.2.2 (2버튼을 3회 누른다.)	2.2 (2버튼을 2회 누른다.)

비상신호(Emergency sign)와 긴급신호(Urgent sign)의 차이

- 비상신호 : 항공기 순항중 객실 내 테러, 기내난동, 응급환자 발생 시 운항승무원을 포함한 전 객실승무원에게 비상사태를 알리기 위한 신호
- 긴급신호 : 항공기 고도가 10,000ft 이하 비행 시 객실승무원이 항공기의 이상이나 객실안전에 문제가 있을 때 운항승무원에게 긴급히 알리기 위한 신호

긴급신호 : 2번 버튼을 2회 누른다.

비상신호 : 2번 버튼을 3회 누른다.

03. 객실 DOOR 구조 및 작동법

Door 기본 모습

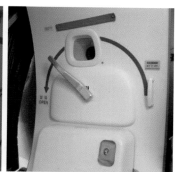

▲ B737 Door 닫힌 모습   ▲ B737 Door 열린 모습

▲ B737 DOOR 외부에서 여는 모습   ▲ B737 DOOR 내부에서 닫는 모습   ▲ B-737 DOOR LATCH

※ DOOR LATCH [Gust Lock Release Lever(Button)] : 도어를 닫을 때 힘차게 눌러야 동체에 Gust Lock되어 있는 잠김이 풀린다.
Door Latch는 힘있고 강하게 누른다.

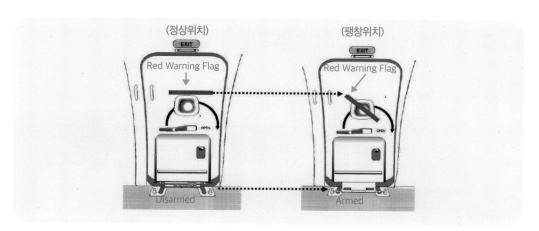

▲ ESCAPE SLIDE 팽창을 위한 GIRT BAR 및 RED WARNING FLAG 설치 절차

B737 NG DOOR OPEN 절차

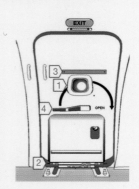

❶ 외부 상황 정상 확인
- Door Viewing Window를 통하여 외부직원에게 수신호를 보낸다.

❷ Door Mode 정상 확인
- 기내 바닥에서 분리한 Girt Bar가 Door의 고정장치에 잘 걸려 있는지 확인한다.

❸ Red Warnig Flag 확인
- Door Viewing Window 상단에 부착되어 있는지 확인한다.

❹ Door Open
- Door Operation Handle을 화살표 방향으로 천천히 돌려 Door를 Open한다.

B737 NG DOOR 비상시 작동법

❶ VIEWING WINDOW를 이용하여 외부상황을 파악한다.
❷ GIRT BAR가 팽창위치(ARMED POSITION)에 있는지 확인한다.
❸ ASSIST HANDLE을 잡고 DOOR OPERATION HANDLE을 화살표 방향으로 완전히 돌려 문을 연다.
❹ ASSIST HANDLE을 잡은 채로 DOOR가 동체에 완전히 GUST LOCK될 때까지 민다.
❺ DOOR 턱 하단의 우측에 있는 MANUAL INFLATION HANDLE을 잡아 당긴다.

※ Gust Lock : 모든 항공기 Door는 완전히 개방하면 Door가 동체에 고정되어 바람이나 외부충격을 가해도 스스로 닫히지 않게 된다. 이렇게 도어가 동체에 완전히 고정되는 것을 Gust Lock 이라고 한다. Gust Lock 상태를 풀기위해서 Door Latch=Gust Lock Release Button(Lever)를 눌러주어야 한다. Door Latch를 누르지 않으면 천하장사가 시도해도 Door가 닫히지 않는다.

B737-700/800/900 DOOR 열고/닫는 동작

닫기(DOOR CLOSE)

STEP**1** ▲ DOOR LATCH를 누른다.

STEP**2** ▲ DOOR를 힘껏 당긴다.

STEP**3** ▲ 도어 핸들을 잠김위치로

열기(Door Open-Girt bar가 정상위치로 되어있고 Red Warning Flag가 수평상태 확인 후)

STEP**1** ▲ Door operation handle을 열림위치로 힘껏 젖힌다.

STEP**2** ▲ Door operation handle을 잡고 도어를 바깥쪽으로 민다.

STEP**3** ▲ 열린 Door를 오른쪽으로 힘껏 민다.

STEP**4** ▲ LATCH가 걸릴 때까지 Door를 밀어준다.

항공기 도어 오픈(Door Open)절차

항공기 비상사태가 아닌 경우 항공기 도어(Door)를 열 때 Escape Slide의 오 작동(Misinflation)이 발생할 가능성이 매우 높기 때문에 많은 주의가 필요하며 도어를 취급하는 승무원은 원칙과 절차를 준수하여야 한다.

항공기 도어(Door)는 객실승무원이 내부에서 여는 경우와 지상직원에 의해 바깥에서 열어주는 경우가 있는데 일반적으로 B737 기종을 제외한 모든 항공기는 지상직원이 바깥에서 열어주는 것을 원칙으로 한다.

이러한 이유는 B737(Slide 모드를 레버로 작동시키는게 아니라 Girt bar를 사용하여 수동으로 장착) 항공기를 제외한 모든 항공기는 비상탈출 시 사용하는 Escape Slide가 객실승무원의 실수로 팽창위치에 있더라도 항공기 외부에서 도어를 열면 자동적으로 정상위치로 변경되어 Escape Slide가 팽창하지 않기 때문이다. 즉, 승무원의 실수에 의한 Escape Slide의 오팽창(Misinflation)을 방지하기 절차라고 생각하면 좋다.

따라서 다음과 같이 항공기 내부에서 여는 절차와 항공기 외부에서 여는 절차를 구분하여 설명하기로 한다.

Door Latch=Gust Lock Release Button(Lever)(도어를 닫을 때 눌러서 Gust Lock을 풀어주는 장치)는 기종별로 상이하나 모든 비행기에 장착되어 있다. 사진은 B737 기종의 도어 Latch이다.

항공기 내부에서 도어를 여는 경우

① 외부에 지상직원이 대기하고 있으나 외부에서 항공기 도어 여는 방법을 모르고 게이트(Gate) 환경상 외부에서 열 수 없는 경우
② 외부에 지상직원이 없고 비정상 상황 등으로 인해 도어를 반드시 내부에서 열어야 할 경우
③ B737 항공기

항공기 내부에서 도어 여는 절차

① 담당 승무원은 객실사무장/캐빈매니저에게 인터폰으로 보고한다.
② 객실사무장/캐빈매니저는 기장에게 보고하고 허가를 득한 후 Door Slide Mode 정상상태를 재확인하고 Door Open을 허가한다.[단 B737 기종인 경우 원칙적으로 내부에서 도어를 여는 것이 원칙이므로 항공기 도착 후 기장이 좌석벨트(Fasten Seat Belt Sign)를 Off 하는 것을 기장의 허가로 간주한다.]
③ 도어를 여는 승무원은 해당 도어 담당 승무원 또는 객실사무장/캐빈매니저가 지정한 승무원을 '도어조작 승무원'과 '도어관찰 승무원'으로 임명하여 2인1조로 구성한다.
④ 도어조작 승무원은 항공기 도어를 열기 전 모든 도어관찰 승무원이 들을 수 있도록 아래 명령어를 큰 소리로 말하면서 해당 부분을 손가락으로 가리킨다.

▲ 외부상황 정상　　　　　　▲ 도어모드 정상　　　　　　▲ Door Open

항공기 외부에서 도어를 여는 경우 절차와 수신호

B737 기종을 제외한 모든 항공기에 해당하며 항공기가 게이트나 외부 주기장에 완전히 정지 후 기장이 좌석벨트(Fasten Seat Belt Sign)사인을 Off하게 되면 외부에서 대기하고 있던 지상직원이 항공기 도어에 3차례 노크를 한 후 도어에 장착

되어 있는 Viewing Window를 통해 객실승무원의 수신호를 기다리게 된다. 이때 항공기 내부에 있는 승무원은 엄지손가락을 위로 세워 도어를 열어도 된다는 표시를 한다. 만일 항공기 내부사정이나 여압장치가 완전히 정리되지 않은 상태 또는 좌석벨트(Fasten Seat Belt Sign)사

외부에서 열어도 좋다는 승무원 신호

외부에서 열지 말고 대기하라는 승무원의 신호

▲ 항공기 Viewing Window를 통해 지상직원에게 보내는 승무원의 수신호

인이 꺼지지 않은 상태에서 지상직원이 문을 열려고 하면 Viewing Window를 통해 양손의 검지를 엇갈리게 하여 거부의사를 분명하게 표시해주고 내부의 상태가 정리될 때까지 대기하게 한다.

도어 슬라이드 모드(Door Slide mode) 변경방법

객실사무장/캐빈매니저가 슬라이드 모드 변경방송을 실시함과 동시에 변경한다. 2017년 5월부터 대한항공에서는 기내방송을 이용한 도어 슬라이드 모드 변경방송을 실시하지 않고 객실사무장이 변경시점에 인터폰으로 전 승무원을 호출한후, 아래의 문장과 같이 도어 슬라이드 모드 변경을 지시하고 인터폰을 종료한다. 잠시 후 다시 인터폰으로 전 승무원을 호출하여 담당 승무원이 모드를 변경한 사항을 순서에 의거 도어담당 승무원이 객실사무장에게 보고하는 것으로 시행하고 있다. 즉, 객실내부, 승객은 절차에 따른 기내방송을 듣지 않게 되어 있다. 바뀌게된 이유는 승무원이 방송을 실시하게 되면 승객이 시청하고 있는 비디오 화면이 정지되어 불편하다는 고객서신이 많이 접수되어 변경하게 되었다. 인터폰으로 슬라이드 모드 변경을 지시하는 절차는 동일하며 아래와 같다.

슬라이드 모드변경 방송 예-KE

제1단계 : Cabin Crew Door Side Stand By.

제2단계 : Safety Check.

제3단계 : 객실사무장이 모든 승무원에게 인터폰 이용하여 Call 한다.

제4단계 : 제일 뒤편 승무원부터 'L5, L4, L3, L2 …… 이상없습니다.'를 순서대로 객실사무장에게 연락한다.(항공기가 2층 구조로 되어 있는 A380인 경우 L5. L4, L3, L2, UL3, UL2, UL1 이상없습니다. …… 순으로 연락한다.)

슬라이드 모드변경 방송 예-OZ

제1단계 : 전 승무원은 Door Side로 위치하고 오른쪽 출입문 안전장치를 팽창(정상)위치로 변경하십시오.

제2단계 : 왼쪽 출입문 안전장치를 팽창(정상)위치로 변경하십시오.

제3단계 : 각 Door별 담당 승무원이 PA를 이용해 "출입문 안전장치를 팽창(정상)위치로 변경하고 상호 확인했습니다."라고 보고한다.

- DOOR MODE 변경 절차 철저 준수
  - 'STOP', 'THINK' and 'Arming lever 위치확인' 절차 준수
  - 반드시 CROSS CHECK 절차를 준수할 것
- DOOR OPEN 시 2인1조 작동 절차 준수
  - 특히, B737의 경우, 승객 하기 순서 준수를 위해 사무장 1인이 DOOR를 작동하는 사례 금지

B737-700/800/900 항공기 슬라이드 모드 변경

B737 항공기 팽창위치

❶ B737 항공기의 팽창위치는 빨간색의 Red Warning Flag를 Viewing Window에 가로질러 설치한다.

❷ Bracket(s) 거트바 고정장치
❸ B737 항공기의 팽창위치는 GIRT BAR를 바닥에 설치되어 있는 Bracket(s)에 넣어 고정시킨다.

항공기 객실 구조 및 비행안전

B737 팽창위치(Automatic/Armed Position) : 도어 하단의 거트바(Girt Bar)를 바닥에 설치되어 있는 Bracket(s)에 건 후 Red Warning Flag를 Viewing Window를 가로질러 놓는다.

B737 정상위치(Manual/Disarmed Position) : 도어하단 Bracket(s)에 장착되어 있는 거트바(Girt Bar)를 슬라이드 Bustle에 장착시킨 후 Red Warning Flag를 Viewing Window 상단과 수평하게 놓는다.

- Door Mode 변경 시 Girt Bar는 고정장치에 정확하게 장착
- Door Open 시 Girt Bar 정상위치 반드시 재확인 후 Open

Mark 일치 및 고정

B737 항공기 정상위치

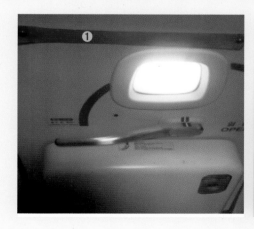

❶ B737 항공기의 정상위치는 Red Warning Flag를 Viewing Window에 수평으로 놓는다.

❷ B737 항공기의 정상위치는 슬라이드 Girt Bar를 Bracket(s)에서 꺼내어 도어에 고정 시킨다.
❸ Bracket(s)

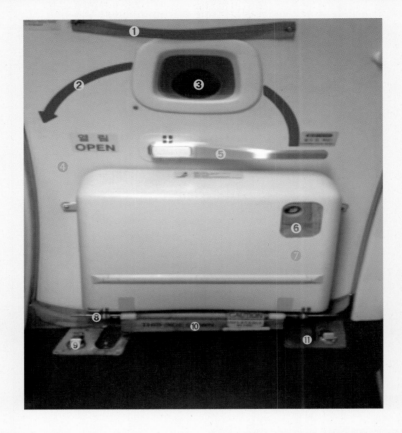

❶ Red Warning Flag
❷ 도어핸들 돌리는 방향표식
❸ Viewing Window
❹ Door
❺ Door Operation Handle
❻ 도어 슬라이드 팽창 압력 게이지

❼ Escape slide bustle(탈출미끄럼대가 보관되어 있는 곳)
❽ Girt Bar
❾ Bracket(s)
❿ Escape Slide
⓫ 도어 바닥 물 배수구

DOOR 용어정리

DOOR는 항공기에서 출입구 또는 비상시 탈출구 등으로 사용하기 위해 장착되어 있다. 주로 EXIT로 표시되며 불빛으로 표시된다.

- Door Assist Handle : 항공기 문을 열거나 닫을 때 객실승무원의 안전확보를 위해 잡는 손잡이이다.

- Door Latch=Gust Lock Release Button(Lever) : 항공기 Door를 닫을 때 문을 항공기 동체로부터 풀어주는 누름장치이다.

- Door Operation Handle : Door를 열고 닫는 손잡이를 말한다.

- Slide Bustle : Door 하단부의 불쑥 튀어나온 사각형 형태의 부분으로 Escape Slide가 들어 있다.

- Escape Device : 비상사태 발생 시 승객과 객실승무원을 항공기로부터 빠르고 안전하게 탈출시키기 위한 장비를 말한다. 장비에는 Slide/Slide Raft가 있다.

- Girt Bar : Escape Device를 항공기 Floor에 고정시키거나 분리시키는 스테인리스 막대기이다. Girt Bar가 항공기 바닥에 고정되어 있는 상태를 Armed Position(팽창위치), 분리되어 있는 상태를 Disarmed Position(정상위치)이라 한다.

- Viewing Window : 항공기에서 비상탈출 시 사용하는 창문을 말하며 Door 중단이나 상단에 설치되어 있고 비상탈출 시에는 반드시 외부상황을 이 창문을 통하여 확인하고 Door를 작동한다.

- Pneumatic Power : 항공기 Door가 팽창위치에서 문을 열 경우 Door Open을 지원해주는 압축공기의 힘을 말한다.

- Raft : 항공기 비상착수 시 항공기로부터 탈출하여 생존할 수 있는 구명보트를 말하며, 서바이벌 Kit이 장착되어 있다

- Gust Lock : 항공기 문이 완전히 열렸을 때 문을 동체에 고정시켜주는 장치이다.

- Gust Lock Release Button : 항공기 Door를 닫을 때 문을 항공기 동체로부터 풀어주는 누름장치이다.

- Assist Handle : 항공기 문을 열거나 닫을 때 객실승무원의 안전확보를 위해 잡는 손잡이이다.

- Safety Strap : 항공기 문이 열려 있는 상태에서 승무원이나 조업원의 추락방지를 위해 설치하는 안전끈이다.

- Slide Gas Bottle Gage : 탈출용 슬라이드를 팽창시킬 수 있는 압력을 나타내주는 장치이다.

- Slide : 비상사태 조우 시 승객과 승무원을 안전하게 항공기로부터 탈출시키는 미끄럼틀을 말하며, 1인용 슬라이드와 2인용 슬라이드가 구분되어 설치되어 있다.

- Red Warning Flag : B737 기종에 설치되는 빨간색 띠로 팽창위치에서는 Viewing Window를 가로질러 설치하고, 정상위치에서는 Viewing Window를 방해하지 않도록 위쪽에 수평으로 설치한다.
- Bracket(s) : B737 기종에서 Girt Bar를 Floor에 고정시키는 금속장치이다.

B737 OVERWING EXIT

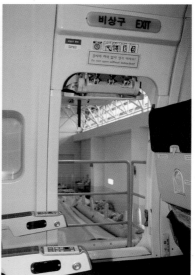

▲ B737 날개 위 보조출입구(OVERWING EXIT)
Overwing Exit은 주날개 위 동체에 좌, 우 2개씩(700 기종은 1개씩) 설치되어 있으
며 비상사태 시 객실 중앙에 앉아 있는 승객의 긴급탈출을 위해 사용된다.

B737 OVERWING EXIT HANDLE ▶
빨간색 핸들을 당기면 비상구는 바깥쪽 위로 올라가며
슬라이드의 팽창은 없다. 따라서 승객들은 날개 위 탈출표시를 따라 탈출한다.

▲ OVERWING EXIT 열린 모습

▲ 창문커튼은 아래서 위로 작동한다
(다른 창문 커튼은 위에서 아래로 작동).

▲ 바깥으로 열린 탈출구 모습

- Overwing Exit는 주변 승객에 의해 Taxing이나 이륙 전 호기심에 의해 종종 Open되는 경우가 발생하니 객실승무원은 비상구 브리핑 시 항상 날개 위 탈출구의 작동시기에 대해 브리핑하여야 한다.

- Overwing Exit 옆에 설치돼 있는 좌석에는 좌석 간의 간격은 타 좌석에 비해 넓으나 등받이를 눕힐 수 있는 장치가 없다. 승객에게 먼저 고지하여 불편함이 없도록 한다.

- OVERWING EXIT은 CANOPY TYPE이므로 비상구 위쪽 부위를 축으로 하여 바깥쪽으로 열린다.

OVERWING EXIT 작동법

손바닥을 위로 하고 덮개 안쪽으로 손을 넣어 손잡이를 잡고 아랫방향으로 힘껏 잡아 당기고 놓는다. Overwing Exit는 Canopy Type으로 Exit 상단부위를 축으로 하여 항공기 바깥쪽으로 올라가며 열린 후에는 동체에 고정된다.

- 비상시 Overwing Window Exit는 비상구 좌석에 착석한 승객들이 직접 열어야 하므로 비상구 좌석승객 브리핑 시 Overwing Exit 작동법에 대해 설명하여야 한다.
- 항공기 비상착륙 시 승객들을 날개 위쪽에 표시된 화살표 방향으로 탈출하도록 하여야 한다.
- 비상 착수 시에는 뒤쪽 Escape Hatch의 Frame으로부터 Escape Strap을 꺼내어 항공기 날개 위에 설치된 고리에 고정한 후 승객들의 탈출 경로를 항공기 전방으로 유도한다.
- 일반적으로 비상 착수 시에는 항공기 날개 뒤에 파편이 많아 탈출하는 승객들이 부상을 입기 쉬워 반드시 날개 전방으로 탈출할 수 있도록 유도한다.

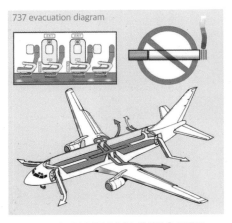

▲ B737-700/800/900 비상탈출 도해도

▲ OVERWING EXIT을 좌측에서 본 모습

OVERWING EXIT은 주날개 위에 좌, 우 각각 2개씩 총 4개가 설치되어 있으며(B737-700은 좌, 우 각각 1개씩 설치) 비상탈출 시 객실 중간위치에 있는 승객들의 주된 탈출구로 이용된다.

04. B737 GALLEY 구조 및 시설

갤리 모습

      B737 기종에는 앞뒤에 승무원용 Galley가 설치되어 있으며, 시설과 구조는 다음과 같다.

▲ 이스타항공 B737-800 항공기 갤리

▲ 대한항공 B737 항공기 GALLEY 전경

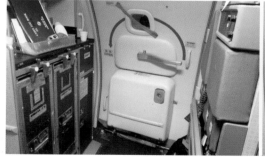

▲ FWD L SIDE GALLEY

▲ FWD R SIDE GALLEY

▲ B737 기내식 CART SETTING 모습

▲ B737 GALLEY 내 얼음보관장소

B737 기종 Galley에 장착된 시설

B737 기종 Galley에는 다음과 같은 시설이 장착되어 있다.
Coffee maker, Oven, Water Faucet, Water Drain, Hot Cup, Circuit Breaker, Serving Cart 및 보관장소, Meal Cart 및 보관장소, 얼음보관장소, 서비스용품 보관장소, Warmer(해당 기종), Extension Shelf, Water Shut Off Switch

B737 GALLEY 내 물공급/배수장치(Water Faucet & Drain)

항공기가 지상에 주기되어 있을 경우 갤리 내 Drain에 버린 물이나 음료는 기화되지 않은 채 바로 항공기 외부로 배출되기 때문에 지상 조업원이나 정비사의 부상예방을 위해 물이나 음료를 버리지 말아야 한다. 또한 장비유지를 위해 Drain에는 순수한 물만 버려야 하며 항상 청결한 상태를 유지한다. 갤리에 물을 공급하는 장치를 Water Faucet라 하고 사용한 물을 외부로 방출시키는 구조물을 Drain이라 한다.

B737 GALLEY 내 워머(WARMER)

WARMER는 기내식 서비스에 사용할 빵, 타올, 집기를 WARMING하는 데 사용하며 스위치를 작동시키면 일정한 온도를 유지하며 보온된다. Warmer 내부에는 화재예방 및 안전을 위해 가연성 있는 물질을 절대 보관해서는 안 된다.

GALLEY 내 오븐, 커피메이커(OVEN & COFFEE MAKER)

Coffee Maker나 Water Boiler를 켜기 전에는 화재예방 및 장비유지를 위해 반드시 Air bleeding을 해야 한다.

이착륙 시에는 반드시 Coffer Maker의 Pot이 비어 있어야 하고 Hot Plate의 전원이 꺼져 있는가를 확인해야 한다.

※ Air bleeding : 전원을 켜기 전 Coffee Pot을 이용하여 미리 물을 빼어 Tank 내 기포를 제거하는 것

▲ B737 OVEN

▲ 커피메이커

▲ 커피제조용 팩 넣는 위치

OVEN 조절 스위치는 TIME TO PAST 방식으로 10분을 작동시키고자 하면 12분 정도에 놓아야 원하는 시간이 정확히 작동될 수 있으며 기세팅된 시간이 경과하면 버저가 울리게 되어 있다.

OVEN 내부는 오븐 작동 시 고열이 발생하는 관계로 화재 및 고장방지 위해 종이, 비닐, 면소재 등 인화성 물질을 절대로 보관해서는 안 되며 상당히 뜨겁게 달궈진 상태이므로 반드시 오븐작업용 장갑을 사용하여 화상을 입지 않도록 한다.

▲ B737 OVEN 조절 스위치 - 정해진 시간이 되면 자동으로 멈추며 경고음

B737 OVEN 스위치 작동모습

▲ B737 NG OVEN 내부모습　　　　　　　▲ OVEN 내부와 작동 Timer Switch

갤리 내 서킷브레이커(CIRCUIT BREAKER)

전원차단 과부하 현상 발생 시 자동으로 튀어나오며 일반 가정집의 휴즈라고 생각하면 동일하다. 화재 시나 필요 시 설비의 해당 Circuit Breaker를 잡아 당긴다.

★ 전원 재연결 : 과부하 현상이 제거된 후 Circuit Breaker를 누른다.
　　화재 진압 후에는 재연결하지 않는다.

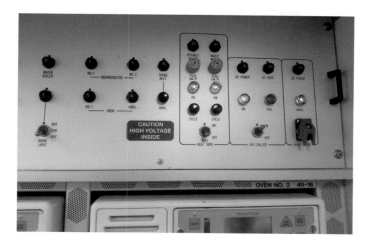

B737 GALLEY 내 쓰레기통, Galley 내 설치된 Water Shut Off Valve

- 쓰레기통이 협소하니 부피 큰 오물은 넣지 말고 Cart 빈 공간을 이용하여 처리한다.
- Water Shut Off Switch는 물 공급 Line의 근처에 위치하며, Water Shut Off Valve 위치를 나타내는 표식이 붙어 있다.
- 해당 Galley 내 물 공급을 차단하며 누수현상이 일어나면 Water Shut Off Switch의 Valve Handle을 Closed(Off) 위치에 놓으면 물의 공급이 차단된다.

▲ B737 GALLEY 내 쓰레기통

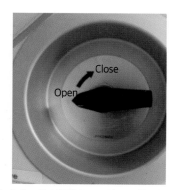

▲ Galley 내 설치된 Water Shut Off Valve

▲ B737-900 AFT Galley 전경

GALLEY에 설치돼 있는 Extension Shelf 사용법

- 설치된 Extension Shelf는 이착륙 시 반드시 LATCH(걸쇠)를 이용하여 고정하여야 한다. 용도-GALLEY 선반이 협소하여 서비스 준비할 공간확대를 위한 것이며 사용할 때는 Latch를 풀고 앞으로 당기면 펼쳐지며 사용 후 접어 놓을 때는 밀어서 안으로 넣고 Latch를 잠그면 된다.(자동으로 잠기지 않는다.)
- Extension Shelf가 제대로 고정되지 않으면 착륙 시나 이륙 중단 시 앞으로 빠져나와 승객의 탈출통로를 막는 경우가 발생한다.

접이용 선반이 펼쳐진 모습

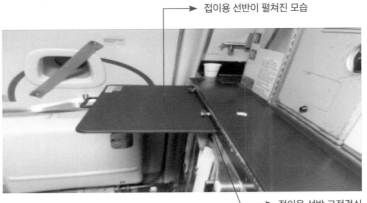

접이용 선반 고정걸쇠

05. 화장실 구조 (LAVATORY)

화장실 시설

- B737 NG 항공기는 FWD 1곳, AFT 2곳 설치되어 있다.

- 승객이 화장실 안에서 도움을 청하는 CALL BUTTON을 사용했을 경우 객실승무원은 지체 없이 승객의 불편이 없도록 즉각 응대해야 한다. 객실승무원 STATION에는 주황색으로 점등된다.

- 이착륙 시 화장실 점검은 필수이며 승객이 화장실에 잔류하고 있는 상태에서 항공기의 이착륙은 불가하므로 즉시 기장에게 보고하고 필요한 조치를 받아야 한다.

- B737 기종은 기내식 서비스 종료 후 화장실을 이용하는 승객이 많으므로 객실 브리핑 전 승객의 적절한 안배를 위해 사전준비를 해야 한다. (앞쪽 상위클래스 화장실 사용 허용 여부에 관한)

- B737 기종의 뒤쪽 화장실에 냄새가 나는 경우가 종종 발생되어 주변 승객에게 불편을 끼치게 되는 경우가 발생하니 지상에서 반드시 점검하여 불쾌한 냄새가 나지 않도록 한다.

- 단거리 비행(QUICK TURN FLIGHT)일 경우 비행 중 화장실 점검이 힘든 경우가 많다. 따라서 지상에서 충분량의 화장실 용품을 비치하여 승객에게 불편을 끼치지 않도록 한다.

▲ 화장실 전경

▲ 파란색-찬물, 빨간색-더운물

▲ 쓰레기통과 승객호출용 버튼

▲ 승객호출용 버튼 누른 모습

▲ 화장실 내 승객호출버튼 신호

화장실 내 연기감지기(SMOKE DETECTOR)

▲ 연기감지기

- 위치 : 화장실 천장(외장형임)
- Test : Smoke Detector 내의 Selft-est Switch를 누른다.
- 연기감지 시 발생하는 현상
  - 해당 화장실로부터 고음의 경고음이 지속적으로 발신된다.
  - Smoke Detector 내 빨간색 Alarm Indicator Light가 점등된다.
- Reset
  - Smoke detector 내 Reset Hole에 끝이 뾰족한 물체를 넣어 누르면 Horn이 Off된다.
  - Alarm Indicator Light는 연기가 완전히 소개될 때까지 계속 점등된다.

화장실에서 Smoke Detector가 작동했을 경우

- 즉시 해당 화장실의 화재발생 여부를 점검한다.
- 화장실 내의 승객 유무를 파악한다.
- 승객이 흡연하였을 경우 담배꽁초의 불씨가 완전히 꺼졌는지를 승무원이 직접 육안으로 확인한 후 기장에게 보고한다.
- 흡연한 승객이 발견된 경우 흡연을 즉시 제지하고 흡연은 불법행위임을 정중하고 단호히 경고한다.

06. 비행 객실승무원 탑승근무 시 유의사항

SERVICE 측면

- 앞뒤 GALLEY 내 설치되어 있는 비상구 하단에 음식물, 기내식 부스러기, 쓰레기 및 음료의 일부가 치워지지 않고 방치되어 악취유발요소가 될 수 있

으니 지상 조업 시 조업원에게 확실하게 고지하여 청결유지하는 습관이 있어야 한다.

- 기내 화장실이 앞쪽에 1개, 뒤쪽에 1~2개밖에 설치되어 있지 않아 많은 승객들이 한꺼번에 이용하면 상당한 혼잡이 발생되니 객실 브리핑 시 절차에 대해 논의할 필요가 있다.

- 화장실이 앞뒤로 배치되어 있어 기내 식사 서비스 후 긴 줄을 적당히 통제할 필요가 있다. 식사 후 너무 긴 줄이 발생할 때 비즈니스 클래스 승객의 양해를 구하고 해당 화장실을 잠시 사용할 수 있도록 배려한다.

- 다른 기종과 달리 WATER BOILER가 장착되지 않아 뜨거운 물 사용 시 사전준비가 필요하며 앞 GALLEY 내 장착되어 있는 커피메이커는 이륙 후 사용할 수 없는 상태로 되는 경우가 많아 지상에서 충분한 Air Bleeding이 요구된다.

- 뒷편 화장실 환기가 잘 되지 않아 비행 중 화장실 냄새를 유발할 수 있으니 지상 조업 시 조업원에게 상기 내용을 고지하고 적절한 조치를 취해야 한다.

- 개인별 AVOD가 장착 안 된 비행기가 많아 뒤편에서 영화 및 상영물 조작시 테이프나 CD를 승객 머리 위로 떨어뜨릴 가능성이 있어 각별한 주의를 요한다. 특히 여성 객실승무원이 조작 시 성희롱이나 신체 노출의 가능성이 있으니 유의하자.

- 착륙 시 뒤편 GALLEY 내 중앙에 위치한, MEAL CART의 LOCKING 상태가 불량할 경우 복도로 튀어나와 승객을 다치게 할 위험성이 있다.(이런 사례가 몇 건 발생하여 심각한 문제로 대두된 적이 있다.)

- GALLEY 내 냉장고시설이 없어 냉장 필요성이 있는 기내식이나 음료의 보관에 유의해야 한다.

- 단거리 QUICK TURN 비행에 주로 투입되는 기종이기 때문에 왕복분 기내식을 인천공항에서 함께 탑재하는 경우가 많다. IN BOUND 기내식의 위생 상태 및 보관에 유의해야 한다.

- 각 GALLEY 내 설치돼 있는 쓰레기통의 입구 및 용량이 적어 쓰레기 버릴 때 좁은 입구에 객실승무원의 손을 다치지 않도록 조심해야 하며 특히 국내

선 음료 페트병 같은 부피가 큰 쓰레기는 사용하고 남은 MEAL CART 내 보관하여 하기할 수 있도록 한다.

- 객실승무원이 기녹음된 방송장치(Pre Recoded Announcement)를 사용하게 될 때 장치의 작동시간에 일정 시간이 소요되므로 충분한 시간적 여유를 가지고 실시하는 것이 좋다.

SAFETY 측면

- ESCAPE SLIDE가 타 기종 대비 GIRT BAR로 되어 있어 장착, 장탈 시 정확한 동작이 요구되며 반드시 CROSS CHECK 필요하다.
- 승객의 짐을 기내에 보관할 때 기내 HEAD BIN이 타 기종과 달리 좁아 모든 승객의 큰 가방을 일시에 보관하기 힘들다. 따라서 승객 탑승 전 지상직원과 사전 협의하여 승객의 휴대수화물의 적정성을 미리 규제하는 것이 안전하다.
- GALLEY가 신형기종 대비 상당히 좁아 기내 업무 시 부딪히고 피해를 입힐 수 있으니 서로의 배려와 협조가 필요하며 모든 승무원이 GALLEY에서 일시에 작업하기 적합하지 않은 공간이니 GALLEY 업무에 미가담 승무원은 준비할 동안 객실에 나와서 승객의 요청사항을 해결하는 것이 좋다.
- 비상구 좌석의 등받이가 고정되어 있어 모르고 탑승하는 승객에게 사전안내가 필요하다.
- 날개 위 비상탈출구가 승객의 호기심을 자극해 이착륙 또는 TAXING 중 개방손잡이를 당길 위험성이 있어 사전안내가 반드시 필요하다.
- 비행기 DOOR 잠김장치가 최신형 항공기와 달리 디지털로 표시되지 않아 2016년 1월 3일 발생한 진에어 이륙 후 회항 사건 같은 미잠김 사례가 발생할 수 있고 이는 이륙 시 이륙중단의 비상사태를 야기할 수 있다. 따라서 승객 탑승 전 DOOR의 완전한 잠김상태를 재확인해야 한다.
- 협동체인 관계로 중간에 복도가 하나밖에 없어 기내 이동 시 각별한 주의가 필요하다.

- Overhead Bin의 용량이 작아 승객의 많은 짐을 한꺼번에 보관하기 어렵다. 따라서 승객 탑승 전 지상직원에게 이런 사실을 고지하고 승객의 과다한 짐 은 화물칸으로 이동시킬 수 있도록 해야 한다.
- 이착륙 시 뒤편 JUMP SEAT에 착석하는 객실승무원은 후향 좌석에 착석하게 되어 항공기 앞쪽을 보기가 힘든 상태이며 이는 비상시 승객통제 및 관리에 어려움이 있다. 따라서 착석 전 면밀한 객실점검 후 착석하는 것이 좋다.

Sterile Cockpit이란?

비행중요단계(Critical Phases of Flight)에서는 운항승무원의 업무에 방해를 줄 수 있는 객실승무원의 어떠한 행위도 금지한다.

- 항공기의 지상이동 및 비행고도 10,000ft(3,048m) 이하에서 운항하는 시점을 "비행 중요단계"라고 규정하며 객실승무원은 이/착륙 시 Fasten Seat Belt Sign sign on/off 및 기내 표준신호를 이용하여 비행중요단계 의 시작과 종료를 알 수 있다. 쉽게 말하면 지상이동 및 비행고도 10,000ft (3,048m) 이하에서 객실승무원에 의한 조종실 연락을 제한하는 것을 "Sterile Cockpit"이라 한다.
- 객실승무원은 비행단계 중 항공기 이륙 전 지상이동(TAXING), 이륙(TAKE OFF), 착륙(LANDING), 착륙 후 지상이동(TAXING) 및 이륙 후/착륙 전 10,000ft(3,048m) 고도 이하에서 일체의 조종실 업무 방해행위를 하지 말 아야 한다.
- 하지만 객실승무원은 보고의 실시 및 지연이 비 행안전과 직결되는지 여부를 파악하기 어렵기 때문에 안전에 관련된 사항 또는 위급상황 발생 시 아래의 긴급신호를 이용하여 운항승무원에 게 연락을 취할 수 있다. 기장은 안전을 고려하 여 객실승무원과 통화 여부를 결정할 수 있으며 즉각 응답이 어려운 경우 가능한 빠른 시간 내 에 객실승무원에게 연락한다.

AIRBUS A320 / A321 neo / A330-200, 300

(대한항공, 아시아나항공, 에어부산, 에어서울)

CONTENTS

항공기 특징과 제원

A320/321 neo 기종의 특징

- 당시 베스트셀러 비행기였던 B727 기종에 비해 연료소모 대폭 감소
- 플라이 바이 와이어(Fly by Wire) 비행제어시스템 적용
- 항공기관사 필요 없이 기장/부기장 2명으로만 운영
- 복합소재로 제작되어 있어 비행기 자체 중량을 줄일 수 있다.
- 적재된 연료를 이용한 무게 중심 제어기능

▲ 아시아나 A320

▲ 에어부산 A321

1970년대의 오일 쇼크 이후, 에어버스는 항공기의 연료소비를 최소화할 필요가 있었다. 따라서 에어버스는 플라이 바이 와이어(fly-by-wire) 비행제어, 복합소재 기체, 적재된 연료를 이용한 무게 중심 제어, 글래스 칵핏, 항공기관사가 필요 없이 기장-부기장의 2명으로만 조종되는 시스템을 실현했다. 결과적으로, A320은 보잉 727의 절반 정도의 연료만 소모한다. 대한항공은 A321 NEO 50대를 순차적으로 도입한다.

A330-200/300 기종의 특징

- 항속거리가 다른 기종에 비해 상당히 길고 중거리, 단거리에 해당하는 국제선/국내선을 취항하고 있다.
- 동체에 비해 크기가 상당히 큰 Winglet이 설치되어 있어 연료절감 효과가 뛰어나다.
- 운항성능과 연료효율이 타 기종에 비해 월등히 높아 이산화탄소 배출이 낮아 탄소 저감효과를 낼 수 있다.
- 친환경적이고 고성능이기 때문에 비용은 줄이고 효율을 높일 수 있다.
- 항공기 소음이 비교적 적다.

▲ 대한항공 A330-200

▲ 대한항공 A330-300

에어버스 A300은 세계 최초의 중거리 쌍발 광동체형 항공기인데, 쌍발은 양 옆 날개에 달려 있는 제트엔진이 두 개라는 의미이고, 광동체형은 광폭동체 항공기(Wide-body-aircraft)라고 부르는데 항공기 내부에 복도가 두 개 존재하는 폭이 비교적 넓은 대형 여객기를 말한다.

에어버스 A300이 처음으로 엔진 두 개로 광동체 여객기를 만들었으며, A300은 에어버스를 일으킨 기종이자, B747 다음으로 많이 쓰이는 모델이 됐다.

▲ 대한항공 A330-300 정면 모습

A320 객실배치도, 제원

▲ 아시아나 A320 : 빨간색 Overwing Exit 부분이 321과 차이점임

▲ 아시아나 A320 객실모습

A320 제원

- 아시아나항공 보유대수 : 8대, 에어부산 6대
- 좌석수 : 156석
- 경제운항속도 : 841km/h
- 최대운항거리 : 4,000/4,611km
- 최대운항시간 : 5:01/5:45hr:mn
- 최대운항고도 : 12,131m
- 길이 : 37.57m
- 높이 : 11.76m
- 날개 폭 : 34.10m

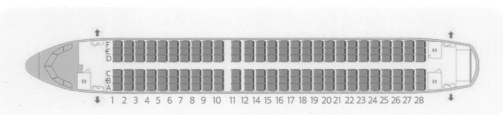

▲ 아시아나 320 객실배치도

아시아나 A321 객실배치도, 제원

▲ 아시아나 A321 : 빨간색 Overwing Exit 부분이 320과 차이점임

▲ 아시아나 A321 객실모습

A321 제원

- 아시아나항공 보유수 : 2대, 에어서울 6대, 에어부산 17대
- 23대 좌석수 : 200석, 177/191/171/195석
- 경제운항속도 : 841km/h
- 최대운항거리 : 2,092/4,232/4,592/4,797km
- 최대운항시간 : 2:37/5:14/5:41/5:56 hr:mn
- 최대운항고도 : 11,918/12,131m
- 길이 : 44.51m
- 높이 : 11.76m
- 날개 폭 : 34.1m

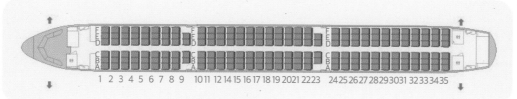

▲ 아시아나 321 객실배치도

A321 neo LR(대한항공, 아시아나항공, 에어부산)

- neo는 '새로운 엔진사양'이라는 'New Engine Option'의 약자이고 LR은 '항속거리증대'를 뜻하는 'Long Range'의 줄임말이다. 에어버스사에서 제작하였고 A320 family의 발전형이다. 2019년부터 대한항공에서는 50대, 에어부산에서는 5대, 신생항공사인 프레미아 항공에서는 737MAX와 A321 neo 기종 중 고심하고 있다.

- 에어버스사에서 보잉사의 B737 MAX의 대항마로 제작된 차세대 항공기로 전 세계 항공사에서 주문이 급증하여 상당히 많이 제작되고 있으며 2019년부터 국내에도 상당히 많은 숫자가 보급될 예정인 항공기이다.

- 차세대 GTF엔진을 탑재해 연료소비는 20% 감소시켰고 소음은 75% 감소시켰으며, 이산화탄소 배출량은 50% 감소시켜 친환경 항공기로 제작되었다.

- A321 neo LR 좌석수 : 약 230석 3-3배열(기존 737 기종과 동일)

- A321 neo LR 도어장착 : 8개(주문사양에 따라 변경될 수 있음)

- A321 neo LR 갤리장착 : 2개(전, 후)

- 화장실 : 전방1개, 후방2개(항공사 주문사양에 따라 변경될 수 있음)

A321 neo LR 객실구조

A321 neo LR 객실은 국내 FSC, LCC 항공사별로 원하는 사양에 의해 차이가 있지만 약 230석 전후로 장착될 예정이다.

▲ 일반석 장착 모습

▲ 비즈니스 클래스의 모습

▲ 일반석 클래스 모습

▲ PSU-Passenger Service Unit : 머리위 승객 편의장치

도어(Door)

▲ 승객의 주탑승구인 L1 DOOR

▲ 뒤편 갤리 내 주도어 : Main Door 모습

A321neo LR 항공기가 230석 이상 장착될 경우 아래와 같은 도어가 OVER-WING EXIT 대신에 장착된다. 다른 도어와 차이점은 도어내부에 Escape Slide 가 들어있는 Bustle이 없고 비상탈출 시 도어모드를 팽창위치(Armed)에 두고 문을 개방하면 동체에서 Escape Slide가 팽창하면서 나오게 된다.

주도어(Main Door)와는 달리 탈출미끄럼대가 장착되는 부위에 아무것도 없는 형태이다. 따라서 본 도어의 Escape Slide는 동체에서 팽창되어 나온다.

슬라이드모드 팽창위치/ 정상위치: Armed / Disarmed 변경

▲ 정상위치 : Disarmed

▲ 팽창위치 : Armed

❶ 노란색으로 표시된 손잡이를 사진과 같이 들어 올리면 정상위치로 전환된다. 일부 항공사는 객실승무원의 주의를 환기하기 위해 노란색 부분을 글자로도 표시한다.(ARMED 글자 중 RME 부분이 일치되지 않으면 정상위치 이다.)
❷ 노란색 손잡이를 아래로 내려서 상기와 같은 수평상태를 만들면 팽창위치로 전환된다.이러한 상태에서 도어손잡이를 위로 들어올리면 Escape Slide가 팽창되게 된다.

갤리(Galley)

❶ 캐리어박스 탑재공간
❷ 뜨거운물 나오는곳
❸ 오븐
❹ 조종실
❺ 커피메이커
❻ 접이형 선반평소에는 안에 접어져 있다가 필요시 당기면 선반이 된다.
❼ Meal Cart 탑재공간
❽ 빨간색으로 되어있는 부분은 카트 고정 장치이다.

A321neo LR 항공기는 객실승무원이 사용하는 갤리가 앞뒤로 2개 장착되어 있다. 본 사진은 항공기 앞쪽에 장착되어 있는 갤리이다.

항공기 뒤편 갤리

▲ 항공기 뒤편 갤리

앞쪽에 장착되어 있는 갤리와 동일한 구조이며 화장실 2개가 바로 오른편에 설치되어있는 것이 특이하다.

화장실(Lavatory)

A321 neo LR 항공기의 화장실은 앞(1개), 뒤(2개 : 제1화장실, 제2화장실)로 장착되어 있으며 신형 항공기답게 내부는 현대식으로 설비되어 있고 뒤편에 장착되어 있는 화장실은 내부에 제1화장실과 분리되어 있는 벽을 열면 장애인승객이 사용하기 쉽도록 화장실이 통합되어 충분한 공간이 형성된다.

A321 neo LR 항공기의 화장실

❶ 뒤편 제1화장실

❷ 뒤편 제2화장실 : 이곳으로 들어가서 화장실 벽을 터면 공간이 넓어진다.

❸ 승무원용 점프시트 : 비행 중 잘 사용하지않기 때문에 공간을 줄이기위해 승무원좌석이   화장실문에 설치되었다.

❹ 점프시트 고정장치

▲ 화장실 내부모습

▲ 화장실 세면대 : 왼편 꼭지는 액체비누가 공급되는 장치

대한항공 A330-200(ER 포함, ER-Enhanced Airplane) 객실배치도, 제원

▲ 대한항공 A330-200

▲ 대한항공 A330-200 객실모습

A330-200 제원

- 제조사 : Airbus
- 순항속도(km/hr) : 879
- 항공기 길이(m) : 58.37
- 높이(m) : 17.3
- 최대운항거리(km) : 11,795
- 장착 좌석수 : 218
- 날개 폭(m) : 60.3

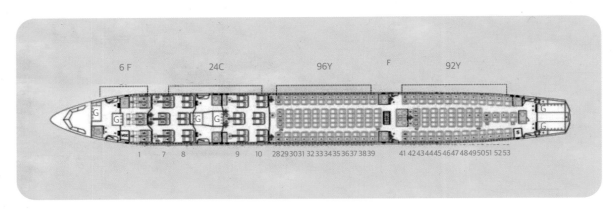

▲ A330-200 객실배치도

대한항공 A330-300 객실배치도, 제원

▲ 대한항공 A330-300

▲ 대한항공 A330-300 객실모습

A330-300 제원

- 제조사 : Airbus
- 순항속도(km/hr) : 879
- 항공기 길이(m) : 63.69
- 높이(m) : 16.83
- 최대운항거리(km) : 9,217
- 장착 좌석수 : 276
- 날개 폭(m) : 60.3

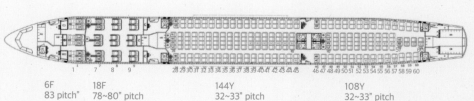

| 6F | 18F | 144Y | 108Y |
| 83 pitch" | 78~80" pitch | 32~33" pitch | 32~33" pitch |

G : Galley **S** : Stowage **C** : Closet **A** : Attendant Jump Seat ◆ : LCD Monitor ◉ : Baby Bassinet

SEAT	CABIN	GALLEY(ATLAS)	IFE SYSTEM(i5000)	기내 위성전화
• F/CLS : Sleeper • C/CLS : Prestige Sleeper • Y/CLS : Y/CLS Normal Seat	• Exit Door 간섭 : 46AH • 화장실 주변 : 288CFG, 45/46BG, 60BD/FG • NO Window : 45AH	• HL7701/02/09/10/20 : ATLAS • HL7524/25/40/50~54/84~87 : KSSU	• 연결편 환승정보 제공 • Digital 신문 서비스 • Audio Book 서비스	• 좌석용 전화기 : 없음 • 벽면용 전화기 : 4개 • HL7701/02/09/10/20 : 위성전화 미장착

▲ A330-300 객실배치도

02. 객실 구조

A330 최신형 항공기 점검 창(FAP)

객실점검 FAP System

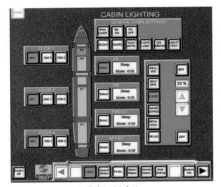

▲ Cabin Lighting

FAP(Flight Attendant Panel)은 NO1 DOOR에 설치되어 있는 Touch Screen 방식의 Cabin Control System이다.

FAP의 주기능으로서는 DOOR의 상태, PRE ANNOUNCEMENT 실시기능, 객실온도, 객실조명, ELS(Emergency Lighting System), BGM(Back Ground Music)을 조절할 수 있다.

객실조명은 FR/PR/EY FWD/EY AFT로 나누어 조절할 수 있다. 조명변경 시 약 10초에서 5분 정도의 시간이 소요되며 전체 조명을 끄거나 키려면 MAIN ON/OFF SWITCH를 이용하여 조절한다.

객실 DOOR 및 ESCAPE SLIDE 점검

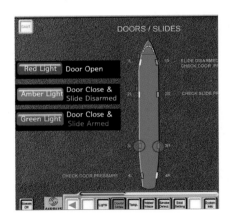

FAP 하단의 DOOR/SLIDE 버튼을 누르면 도어의 닫힘상태 및 Slide Armed를 확인할 수 있으며 DOOR 상태는 빨간색(열림), 호박색(닫혀 있으나 Slide Disarmed), 초록색(도어 닫혀 있고 Slide Armed)으로 표시된다.

객실온도

구역별 터치 스크린 형식으로 온도를 낮추거나 올릴 수 있으며 온도 조절 구역은 6구역으로 나누어져 있으며 9열은 Heated Air Outet이 있어서 개별 조절이 가능하다.

● Heated Air Outet : PR과 EY/CLS의 온도차를 최소화하기 위하여 자동으로 온도를 감지하여 작동하는 지능형 온도조절장치

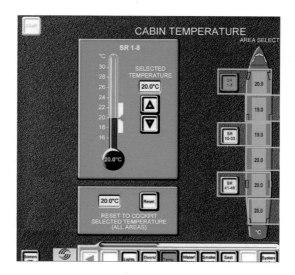

객실 오물량 지시화면

비행기에 설치되어 있는 물탱크 잔량과 오물탱크의 잔량을 확인할 수 있다.

● 항공기 출발 시 사무장은 반드시 정해진 용량의 음용수가 탑재되어 있는가, 오물탱크는 비워져 있는가를 반드시 확인하여야 한다.

● 음용수 부족으로 항공기 객실서비스에 지장을 준 사례가 있으므로 부족

시 객실 정비사에게 추가 탑재를 요구하여야 한다.

● 오물탱크를 비우지 않았을 때 비행 중 오물수거에 문제가 생기기 때문에 큰 불편을 겪을 수 있으므로 지시화면을 통하여 재확인한 후 출발한다.

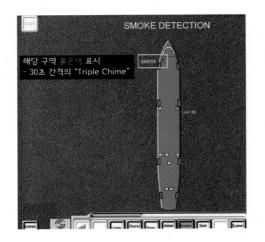

화재감지시스템

화장실이나 승무원 휴게소에서 화재 발생 시 30초 간격의 "딩딩딩"하는 경고음이 울린다. 객실승무원은 즉시 해당 구역의 화재발생 여부를 점검하여야 한다.

승객 호출 CALL 조절

승객좌석의 Call 시스템을 일시적으로 작동하지 못하게 하는 장치이며, 비행 중 모든 시스템을 끄지 않고 작동시키는 것이 일반적이다.

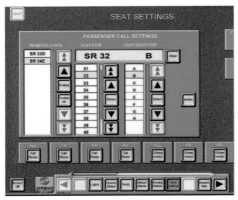

▲ Seat Settings

AIP(Attendant Indication Panel)

A330 항공기에서 AIP 위치는 모든 Station에 설치되어 있고 승객 Call일 경우 Call Button을 누른 위치 표시 확인, 핸드셋 작동 관련 메시지, 비상시 탈출 신호 관련 메시지, Smoke Detector 관련 메시지를 표시한다.

- 조종실, Cabin 비상연락 시 : 빨간색 Indicator 점등
- 일반 Call : 녹색 Indicator 점등

녹색표시등 —
빨간색표시등 —

AAP(Additional Attendant Panel)

A330 항공기에서 AAP의 위치는 L2, L4에 설치되어 있고 주기능은 탈출신호와 화장실 연기감지장치를 끌 때 사용한다.

위성전화

- A330 비행기 내에는 벽면에 AT&T사의 위성전화기가 3~4대 설치되어 있다.
- 지상의 기지국 무선망을 이용하는 핸드폰과 다르게 위성을 이용하여 비행기와 지상 간을 연결하는 송수신시스템이다.
- 전화연결은 일반 핸드폰에 비해서 다소 시간이 소요되며(30~62초) 공명현상이 발생하기도 한다.
- 통상 2~5명의 사용자가 기내에서 동시에 사용할 수 있다.
- 지상에서 비행기로의 송수신은 보안 및 승객의 불편 등으로 인해 금지되어 있다.
- 이착륙 시에는 금지한다.

위성전화 요금 정산방식

■ 통화요금

- 통화 시작 ~1분까지 : $ 8.98 일괄 부과됨
- 1분 이후 통화요금 : $ 0.65 추가됨　　**EX** 1분 6초 통화 시 : $ 9.63 부과됨

※ 통화 연결까지 30~60초까지 소요되며 통화 전에는 요금 미부과됨

■ 신용카드

- VISA, MASTER, AMERICAN EXPRESS, DINERS, JCB(단, Debit card는 사용 불가함)

위성전화 사용 시 주의사항

- "ON" 버튼을 누른 후 화면에 메뉴가 표시될 때까지 천천히 기다린다.
- 화면 지시에 따라 버튼을 천천히 작동한다.
- 사용 가능한 신용카드인지 확인 후 오른쪽 홀에 넣고 천천히 통과시킨다.
- 화면에 "Wait on Satcom"이 표시되면 정상적으로 연결 중이다.
- 전화가 정상적으로 걸리면 LINE CONNECTED라고 나타난다.
- 위성의 위치 또는 기상에 따라 연결이 안 될 수도 있으니 시간을 두고 재시도한다.

A300 항공기에 설치되는 위성전화 종류

▲ 좌석용 전화기(핸드셋 겸용)

▲ 벽면용 전화기

AVOD Master Power Switch 조작방법

　　Master Power Switch란 승객이 시청하는 모든 AVOD(Audio Video on demand)의 전원을 끌 수 있는 스위치를 말하며 비행 중 승객이 영화시청, 음악, 게임을 할 수 없는 비정상적인 상황이 발생하여 시스템을 초기화할 수 있는 스위치를 말한다. 따라서 비행 중 Master Power Switch Off는 신중하게 결정하여 사용 하여야 한다.

▲ Master Power Switch

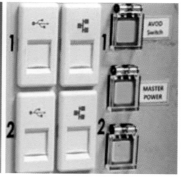

▲ Master Power Switch(A330-200ER)

기내 설치된 AVOD SYSTEM의 POWER를 OFF하는 방법

● AVOD SYSTEM을 OFF하기 위해서는 반드시 시청하는 구역의 승객에게 먼저 양해를 구하고 기내 방송을 통하여 AVOD OFF가 된다는 공지를 실시하여야 하며, 정해진 순서에 따라 AVOD OFF 작업을 수행하여야 한다.

● 만일 그렇지 못하면 AVOD SYSTEM에 치명적인 오류가 발생해 기내에서 SYSTEM 복구하는 데 어려움을 겪을 수 있다.

● 평균 SYSTEM 복구시간은 AVOD SYSTEM OFF 후 20~25분 정도 소요된다.

● 따라서 AVOD SYSTEM 전원 OFF는 신중히 결정하여야 한다.(보통 지상의 객실정비사와 위성 전화로 시스템의 현상을 설명하고 지시하는 절차 및 순서를 철저히 따라야 한다.)

● 보통 Toggle Switch의 Cover는 항상 덮어두어 부지불식간의 오작동을 방지해야 한다.

ISPS : A330 비행기 좌석 아래 전기공급시스템

(ISPS : In-Seat Power System)

ISPS는 휴대용 전화기, 노트북 등 승객이 소지한 휴대용 전자기기에 전원을 공급하기 위해 사용되며, 상위클래스에는 좌석당 1개, 일반석에는 1열당 1개가 장착되어 있으며 최신형 항공기에 모두 설치되어 있다.

▲ A330-200/300 항공기 좌석에 설치된
전기공급장치(INSEAT POWER
SYSTEM)

휴대폰이나 노트북 사용에 편리하도록 충전장치가 상위클래스 모든 좌석, 일반석 2자리에 한 개씩 설치되어 있어 기내에서 별도의 충전장치를 이용할 필요가 없어 편리함을 추구했다.

A332-200/300 일반석 표준좌석

일반석 모든 좌석에는 AVOD SYSTEM이 설치되어 있고 특이한 사항은 좌석에 옷걸이가 부착되어 있다.

비상구 좌석은 일반 좌석과는 달리 AVOD SYSTEM을 좌석 밑에서 꺼내게 되어 있다.

▲ 일반좌석

▲ 비상구 좌석

장애인용 시설(Movable Aisle Arm Rest)

일반석 좌석에는 움직일 수 있는 팔걸이가 부착되어 있어서 장애인 운송 시 편리를 도모할 수 있다. A330 기종을 포함하여 신형 모든 항공기 일반석 좌석에는 움직일 수 있는 팔걸이가 부착되어 있어서 장애인 운송 시 편리를 도모할 수 있다. 장애인용 암레스트는 먼저 팔걸이 하단 내부에 설치돼 있는 잠금해제 버튼을 누르고 암레스트를 들어 올리면 되며, 원위치로 돌아가면 자동적으로 잠김 형태로 변한다.

▲ Movable Aisle Armrest

  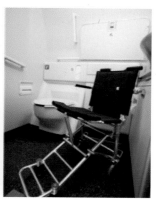

▲ 장애인용 화장실 / On-Board Wheelchair

A330-200/300 인터폰 및 기내 방송장치 내/외부

기내 인터폰 사용방법

- 정해진 두 자리 코드를 누른 후 통화한다.
- Reset을 시키기 위해서는 Reset 버튼을 누르거나 원위치시킨다.
- 인터폰 사용 중에는 PTT 버튼을 누를 필요가 없이 통화한다.
- 비상신호는 PRIO CAPT 버튼을 눌러 기내 비상상황이 발생함을 알리며, 비정상 상황이 발생하였음을 모든 객실승무원에게도 알리기 위한 신호이다.(이때 객실과 조종실에 3회의 High-Low Chime이 울리며 Master Display Panel에 붉은색이 점등된다.)

- CAPT : 조종실을 호출할 때 누른다.
- ALL ATT : 모든 객실승무원을 호출할 때 누른다.
- CREW REST AREA : 객실 내 승무원 휴게소를 호출할 경우 누른다.(A330-200 기종만 해당)
- PURS : 객실사무장을 호출할 때 누른다.

❶ 수화기
❷ 숫자버튼
❸ 기내방송 할 때 누르고 하는 버튼. 보잉사는 PTT버튼을 누르고 통화하나 AIRBUS 항공기는 이 버튼을 누르면 바로 기내방송으로 연결되니 주의를 요한다.
❹ 송화기
❺ 인터폰을 고정장치에서 빼낼 때 누르는 장치. 즉, 이 버튼을 누르면 인터폰이 고정장치에서 분리된다.

기내 인터폰 사용 시 주의사항

- 인터폰을 홀더에서 뽑을 때 떨어뜨리는 경우가 많이 발생하니 천천히 작동시킨다.
- PTT 버튼을 누르면 바로 PA로 연결되니 전화 송수신 시에 버튼을 누르지 않고 통화한다.
- PA로 사용 시 마이크 센서가 상당히 민감하니 적당거리를 두고 방송한다.

A330 기종의 비상신호와 긴급신호

비상신호(Emergency sign)와 긴급신호(Urgent sign)의 차이

- 비상신호 : 항공기 순항 중 객실 내 테러, 기내난동, 응급환자 발생 시 운항승무원을 포함한 전 객실승무원에게 비상사태를 알리기 위한 신호
- 긴급신호 : 항공기 고도가 10,000ft 이하 비행 시 객실승무원이 항공기의 이

상이나 객실안전에 문제가 발생될 수 있거나 발생되었을 때 운항승무원에 게 긴급히 알리기 위한 신호

A330 비상신호	A330 긴급신호
인터폰 키보드에서 "PRIO CAPT" 버튼을 누른다.	인터폰 키보드에서 CAPT, RESET, CAPT 버튼을 누른다.
모든 승무원은 비상신호를 듣는 즉시 인터폰을 들고 자신의 위치와 지시를 전달 받아야 한다.	

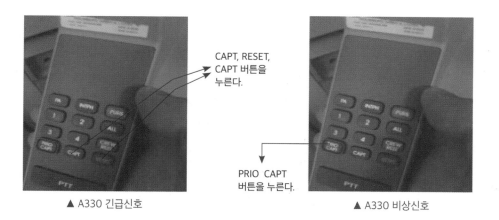

CAPT, RESET,
CAPT 버튼을
누른다.

PRIO CAPT
버튼을 누른다.

▲ A330 긴급신호   ▲ A330 비상신호

A330-200/300 COAT ROOM

A330 일반석 기내 R Side에 재킷을 걸 수 있는 코트룸이 설치되어 있어 승무 원 제복 관리에 편리하다.

● 코트룸 안에는 의류 이외에 불필요한 물건을 보관하지 않도록 한다.
● 일반석 승객의 재킷은 승객 자신이 보관하도록 유도하여야 한다.
● 코트룸 내 승객물건을 보관 시 항공기가 하강 시점 무렵에 반드시 돌려 드려 야 한다.
● 코트룸 Door는 이·착륙 시 승객의 통로를 막지 않도록 잠겨 있어야 한다.
● 코트룸 내 비상장비나 구급약품이 설치되어 있을 경우 비상장비나 구급약품 을 가리거나 꺼내는 데 방해가 되지 않아야 한다.

▲ 일등석 FWD COAT ROOM　　▲ 일반석 MID COAT ROOM　　　　▲ 비즈니스 클래스 COAT ROOM 열린 모습

03. DOOR 구조 및 작동법

A330 DOOR의 구성요소

A330 도어는 다음과 같은 요소로 구성되어 있다.

- Door Assist Handle
- Viewing Window
- Door Slide Mode 변경 핸들
- Door Locking Indication 창
- Gust Lock Release Button
- Door Operation Handle
- Escape Slide Bustle
- Manual Inflation Handle
- Gust Lock

▲ CABIN PRESSURE에 빨간불 들어오면 Open 금지　　▲ A330-200/300 DOOR　　▲ Gust Lock Release 버튼
　　(기내 여압장치가 작동되고 있다.)　　　　　　　　　　内部모습

▲ Gust Lock Release 버튼(Door Latch) 누른 모습

▲ DOOR SAFETY STRAP

▲ SAFETY GUARD 접힌 모습

▲ Door Slide Mode

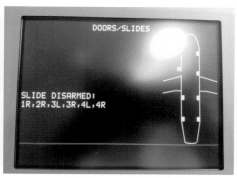

▲ 슬라이드 모드 및 열림확인창

▲ Door Assist Handle

A330 NO1, 2, 4 Door/NO3 Door 차이점

A330 Door는 L/R NO1, 2, 4 도어와 L/R NO3 Door의 슬라이드 모드 변경하는 레버가 형태상 다르게 제작되어 있다. 따라서 슬라이드 모드 변경 시 유의해야 한다.(일부 기종은 No3 Door에 Slide/Raft 기능이 있다.)

A330-200/300 기종의 NO3 Door는 Slide Raft Type과 Slide Only Type으로 나누어 구성되어 제작된 항공기가 있으니 비행 전 해당 항공기의 NO3 Door Type을 숙지하고 비행하여야 한다.

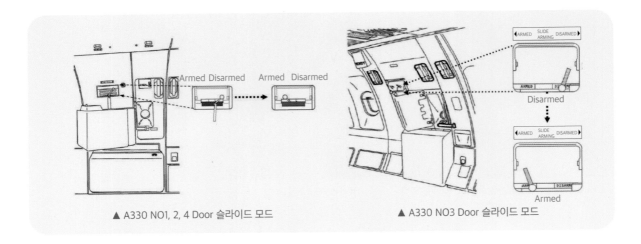

▲ A330 NO1, 2, 4 Door 슬라이드 모드   ▲ A330 NO3 Door 슬라이드 모드

▲ 대한항공 A330 항공기 도어탈출 훈련용 MOCK-UP

탈출상황 판단 및 탈출

비상
탈출절차

❶ 지시를 기다린다. → ❷ Escape Slide 팽창위치 확인 →

❸ Viewing Window 통해 외부상황 판단 → ❹ 도어 오픈 → ❺ 객실 통제

▲ A330-200/300 NO3 ESCAPE SLIDE 팽창   ▲ A330-200/300 L4 ESCAPE SLIDE 팽창

- 탈출구의 도어 모드가 Armed인지 먼저 확인한다.
- Door Operating Handle을 위로 힘차게 들어올려 탈출구를 개방한다.
- 탈출구가 불량상태로 되었을 경우 다시 개방을 시도하고 탈출구가 다시 개방을 시도하였음에도 불구하고 사용불가로 판단되면 승객들을 다른 탈출구로 유도한다.

도어 슬라이드 모드(Door Slide Mode) 변경방법

객실사무장/캐빈매니저가 슬라이드 모드 변경방송을 실시함과 동시에 모든 승무원은 슬라이드 모드를 정상위치 → 팽창위치, 팽창위치 → 정상위치로 변경한다.

- DOOR MODE 변경 절차 철저 준수
  - 'STOP', 'THINK' and 'Arming lever 위치확인' 절차 준수
  - 반드시 CROSS CHECK 절차를 준수할 것
- DOOR OPEN 시 2인1조 작동 절차 준수
  - 특히, B737의 경우, 승객 하기순서 준수를 위해 사무장 1인이 DOOR를 작동하는 사례 금지

A330-200/300 항공기 슬라이드 모드 변경방법(A330-200 항공기 정상위치)

- A330 정상위치(Manual/Disarmed Position) : 도어 슬라이드 손잡이를 왼쪽 정상위치로 강하게 밀고 Safety Pin을 꽂는다.

❶ 슬라이드 모드 정상위치 표식
❷ Arming Lever를 정상위치로 민다.
❸ Safety Pin을 꽂는다.

❹ 실수방지를 위해 슬라이드 커버를 덮는다.

- **A330 팽창위치**(Automatic/Armed Position) : Safety Pin을 빼고 도어 슬라이드 손잡이를 오른쪽 팽창위치로 강하게 민다.

A330 항공기 NO3 DOOR 슬라이드 모드 변경사진

❶ 도어 팽창위치 표식
❷ 팽창모드로 변경하기 위해 슬라이드 도어핸들을 팽창 위치로 옮긴다.

❸ A330 항공기 도어모드 변경을 알 수 있는 상태 표시창. 정상모드인 경우 노란색, 팽창모드인 경우 녹색으로 표시된다.

A330 항공기 NO3 DOOR 는 일반 도어와 달리 슬라이드 모드 변경 레버가 직사각형 구조로 되어 있다. 변경절차/변경방법은 일반 도어와 동일하다.

❶ A330 NO3 도어 슬라이드 모드 변경 레버는 일반 도어와 다르게 직사각형으로 되어 있다.

Safety Pin이란?

A330/B747-400/B747-8i/A380 항공기의 도어 모드가 정상위치(Manual/Dis-armed Position)에서 팽창위치(Automatic/Armed Position)로 넘어가지 않도록 정상위치 상태에서 고정핀을 삽입하여 움직이지 못하도록 하는 장치이다. 도어 모드를 팽창위치로 옮기기 위해 Safety Pin을 뽑으려면 뒤쪽의 누름쇠를 누른 상태에서 잡아 당기면 뽑힌다.

❶ Red Warning Flag(경고를 나타내는 표시 'Remove Before Flight'라고 적혀 있다.)
❷ 정상위치에서 팽창위치로 변경시킬 때 세이프티핀을 빼게 되는데 이때 뒤편 튀어나온 부분을 누르고 당기면 핀이 빠진다.
❸ 본체 금속막대

❹ 세이프티핀의 잠금장치. 뒤편 튀어나온 부분을 누르면 앞쪽 튀어나온 부분이 본체(금속막대기) 안으로 들어가서 Safety Pin을 빼기 쉽게 된다.

A330 도어 구조 설명

❶ Door Locking Indication : 비행기 도어가 잘 닫혔는지 표시해 주는 창
❷ 도어를 열 수 있는 방향을 안내하는 표식
❸ Gust Lock Release Button
❹ Slide Mode 변경 손잡이
❺ Door Assist Handle
❻ Viewing Window
❼ Door Operation handle
❽ Slide Bustle

▲ A330-200/300 항공기 표준 AFT GALLEY 주로 일반석에서 사용한다.

▲ A330-200/300 항공기 표준 FWD GALLEY 전경 주로 일등석/비즈니스 클래스에서 사용한다.

▲ A330-200/300 항공기 GALLEY 내 최신형 커피메이커

▲ A330-200 최신형 항공기 OVEN 장착모습(신형)

▲ A330-200/300 항공기 기내 오븐 작동패널(구형)

▲ A330-200/300 GALLEY 표준 냉장고

▲ A330 GALLEY 냉장고 내부 모습

▲ A330-200/300 압축쓰레기통(TRASH COMPACTOR)

▲ 압축쓰레기통 내부

▲ 압축쓰레기통 작동버튼

A330-200/300 GALLEY 물 공급 차단장치 & Carry on Box

GLALLEY 내 WATER SHUT OFF VALVE는 갤리 내 누수현상이나 기타의 이상상황이 발생 시 해당 갤리에만 물 공급을 중단시키는 장치이다. 화살표 끝을 ON 위치에 두면 물 공급이 시작되고 OFF 위치에 두면 해당 갤리 내 물 공급이 완전 차단된다. 왼편 첫번째 사진과 같이 모든 비행기 내 서비스 아이템(SERVICE ITEM)은 Carry on Box라는 알루미늄으로 제작된 특수용기에 세팅되어 비행기에 탑재된다. 이용법은 비교적 간단하여 부착돼 있는 핸들을 오른쪽 or 왼쪽으로 돌리면 OPEN or CLOSE 포지션으로 바뀌게 된다. 해당 박스는 이착륙 전 항공기 TAXING 중에 반드시 시건장치에 의해 고정되어야 한다.

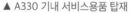

▲ A330 기내 서비스용품 탑재

▲ WATER SHUT-OFF VALVE

A330-200/300 COFFEE MAKER 작동절차

비행기 내 커피는 향과 맛이 기가 막히니 한 번씩 마셔보도록 하자

STEP **1** ▲ 사용한 커피팩 제거

STEP **2** ▲ 원두커피준비

STEP **3** ▲ 팩 개봉

STEP **4** ▲ 빈 커피랙 준비

STEP **5** ▲ 새 커피팩으로 교환세팅

STEP **6** ▲ 커피메이커에 장착

STEP **7** ▲ 고정 손잡이를 누른다.

STEP **8** ▲ BREW SWITCH를 켠다.

A330-200/300 갤리 시설물

커피메이커와 WATER BOILER는 작동 전 반드시 AIR BLEEDING을 실시하여야 하며 서두르지 않고 여유 있게 작동하여야 오작동을 방지할 수 있다. 단, 최신형 커피메이커는 AIR BLEEDING이 자동으로 실시되니 참조바란다.(122p 그림은 최신형 커피메이커) 갤리 내 DRAIN에는 순수한 물 이외 어떠한 이물질이 있는 음료수와 커피, 라면 찌꺼기를 버리지 말아야 한다.

상기사항을 지키지 않을 시에는 DRAIN이 막혀 물이 역류하는 현상이 발생할 수 있다.

- 최신형 커피메이커 : 에어블리딩이 자동으로 되며 작동버튼이 원형이고 온수는 Tea 버튼을 눌러 사용한다.
- 구형 커피메이커 : 에어블리딩을 수동으로 실시하며 작동버튼이 사각형이 다. 온수 꼭지가 옆에 부착되어 있다.
- Hot Cup : 비행 중 상위클래스에서 라면,비빔밥용 북어국 같은 국물을 끓일 경우 사용하는 장치이다.

▲ HOT CUP S/W

▲ 물차단장치(안쪽)

▲ 전용 TRAY

▲ 물공급장치

▲ 오븐 내부

▲ 오수배출구

▲ Water Boiler

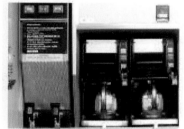
▲ Water Boiler & Coffee Maker

 ## 05. 화장실 구조 (LAVATORY)

A330 항공기에는 최신형 화장실이 설치되어 운영되고 있다. 화장실의 주요 설비로는 세면대, 액체비누 공급장치, 흡입형 변기, 연기감지기, 산소마스크, 쓰레기통이 장착되어 있으며 주요 설비의 사진은 다음과 같다. 환경오염을 방지하기 위해 변기(Toilet bowl)에서 흡입된 오물은 항공기 하부의 오물탱크(Waste tank)에

수집되어 목적지 도착 후 수거하고 세면대(Basin)에서 사용한 물은 환경오염 방지 위해 고압, 고온의 수증기로 바꾸어 외부로 방출된다.

▲ 화장실 내 비누공급장치

▲ 세면대

▲ 오물내리는 손잡이

▲ 화장실 SMOKE
　DETECTOR

▲ 화장실 내 산소마스크
　(감압현상 시 여기서
　산소마스크 나옴)

 06. A330-200/300 객실승무원 탑승근무 시 유의사항

Service 측면

- A330-200ER 기종 제외 A330 기종의 항공기 DOOR SIDE가 타 기종 대비 유난히 추워 탑승승객의 추위에 사전 대비해야 한다. 현재 기내의 온도를 24±1도로 정하고 있으나 특히 야간 비행인 경우 객실이 추우니 사전에 온도 조절에 각별히 유의해야 한다.(일부 승객은 비행기가 "이마트 신선칸처럼 춥다."는 표현을 쓴다.)

- 객실승무원의 작업공간인 GALLEY가 타 기종 대비 넓지 않아 GALLEY 작업 시 서로 유의해야 한다. 특히 앉아서 작업하는 다른 승무원의 머리나 어깨에 음료수나 커피, 녹차, 뜨거운 물을 흘리지 않도록 해야 한다.

- 기내 복도(Aisle)가 다른 기종 대비 상당히 좁아 객실승무원 두 명이 왕복할 때 부딪히는 경우가 발생한다. 특히 뜨거운 음료나 차가운 음료서비스 시 유의하고 밀카트(Meal Cart)로 승객의 무릎을 치는 경우가 많이 발생하니 유의해야 한다.

- GALLEY에 설치되어 있는 WATER BOILER를 최초 사용 시 미리 AIR BLEEDING을 해놓지 않으면 뜨거운 물을 받을 때 상당량의 기포가 발생하여 승무원의 손과 안면에 화상을 입힐 수 있어 상당히 유의해야 한다. A330의 워터 보일러는 저자가 보기에 타 항공기 대비 더 높은 물의 온도를 유지하고 있다.

- 항공사별로 약간 다르지만 좌석배열이 2/4/2로 세팅될 경우 가운데열 승객의 불편에 각별히 유의해야 하며, 기내서비스 시 가운데 승객은 선제공할 수 있도록 해야 한다.

- A330-200/300 항공기의 객실 바닥이 타 기종 대비 바닥두께가 얇아 보행 시 소리가 발생할 수 있으니 유의한다. 저자의 경험으로 기내에서 보행 시 신체의 무게중심이 앞발쪽으로 실려야 울리는 소리가 덜 할 수 있다.

- GALLEY DRAIN 사용 시 물 빠짐 소리가 유난히 심하며 조금이라도 이물질이 포함된 음료를 버리게 되면 즉시 막히는 경향이 있으니 이물질이 포함된 음료(오렌지, 파인애플, 토마토…)는 화장실 변기에 버리도록 하는게 좋다.

- 승객이 Call Button을 누를 시 머리 위에서 점등되는 것이 아니라 복도 측 헤드빈에서 불이 켜져 주간의 경우 찾기가 비교적 힘들다는 것이 중론이다. 따라서 승무원 스테이션에 설치되어 있는 AIP 또는 AAP를 이용하여 좌석번호를 미리 알고 가는 것이 신속한 응대의 첫걸음이라 생각된다.

- 뒷쪽 화장실의 FLUSHING 소리가 너무 크니 소리에 놀라지 않도록 유의하자.

Safety 측면

- 광동체 항공기이며 복도가 두 개 설치되어 있으나 복도의 폭이 상당히 좁아 뜨거운 물이나 커피, 차를 제공할 때 승무원 간의 부딪힘이나 승객/승무원 간의 무의식중 충돌에 각별히 유의해야 한다.

- 장거리 비행 후 EASCAPE SLIDE LEVER 부위가 얼어 붙는 경우가 있으므로 착륙 후 DISARMED 포지션으로 옮길 시 정확한 동작이 요구된다. 재동작 지시가 있을 때 당황하지 말고 침착하게 행동한다.

- CREW BUNKER와 화장실의 화재감지기인 Smoke Detector가 상당히 예민하여 조금의 연기만 발생해도 감지해 경보를 울릴 수 있으니 도착 전 객실 연막소독이 필요한 스테이션에서 연막소독 실시 시 유념해야 한다.

- 객실승무원의 휴식공간인 CREW BUNKER가 화물칸 옆에 세팅되어 유난히 온도가 추울 경우가 발생하니 CREW BUNKER 사용 시 온도조절이 잘될 수 있도록 모든 스위치의 켜짐 상태를 유의한다.

- HEAD BIN의 LOCKING 상태를 재확인해보지 않으면 착륙 시 충격으로 갑자기 열려 승객에게 상해를 입힐 소지가 여러 번 발생해 이착륙 시 한 번씩 눌러 확인해야 할 필요가 있다.

- 항공기 뒤편 좌석배열이 4열에서 갑자기 2열로 줄어드는 배열로 세팅한 항공사가 많아 뒷 GALLEY에서 앞으로 기내서비스 진행 시 승객의 좌석 등받침과 승무원의 신체 또는 Meal Cart가 서로 부딪힐 경우가 발생하니 객실승무원은 각별히 유념한다. 승객의 좌석은 한 개씩 독립적으로 설치된 것이 아니라 3개 또는 4개씩 한 번에 묶어서 설치되기 때문에 왼쪽에 충격을 가하면 오른쪽 승객도 영향을 많이 받는 것을 숙지한다.

- 항공기 PUSH BACK 후 시동걸 때 기름 냄새가 후방에서 나는 경우가 많아 브리핑 시 먼저 승무원에게 이유를 설명해 주고 승객 안내 시 유의해야 한다. 원인은 밝혀지지 않았지만 저자가 정비사와 수차례 검토 끝에 내린 결론은 엔진 시동 시 바람이 뒤에서 불어오면 배기가스가 기내로 다시 유입되는 현상이 발생해 기름냄새의 원인이 되는 듯하다.

Chapter 06

B787-9 Dreamliner
(대한항공, 에어프레미아)

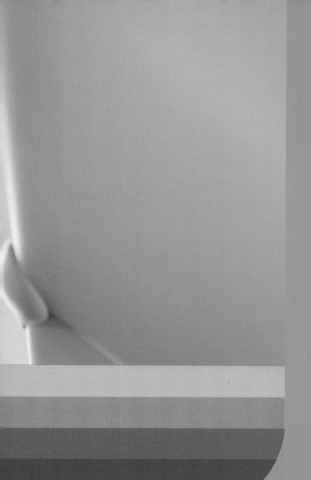

CONTENTS

01. 항공기 특징과 제원

보잉 787 드림라이너(영어: Boeing 787 Dreamliner)는 보잉사의 중형 쌍발 광동체 여객기이다. 보잉 757 및 보잉 767을 대체하는 모델이다.(쌍발 광동체-엔진이 두 개 있고 복도가 두 개 있는 중대형 비행기를 말한다.)

보잉사 항공기 중 최초로 동체 대부분에 고강도 탄소복합 재료를 사용한 비행기이며 개발 코드는 본래 7E7(효율성 Efficient, 경제성 Economic, 친환경 Environment)이었으나, 2005년 1월 28일 787로 변경하였다. 역사상 가장 짧은 기간 동안 가장 많이 판매된 광동체 항공기이기도 하다. 최대 항속거리 15,700km이다. 즉, 연료가 바닥나서 추락하기까지 최장거리를 비행한다고 가정하면 서울에서 뉴욕까지 논스톱으로 운항하고 다시 태평양의 반을 비행할 수 있는 능력이 있다고 평가되고 있다.

대한항공은 2011년 787-8에서 787-9 모델로 주문 기종을 변경했고, 2017년 2월 24일에 첫번째 787-9를 인도받았으며 객실승무원 교육을 마치고 국내 제주노선부터 시험 운항하였고 2017년부터 본격적인 국제선 및 국내선 노선에 투입되어 맹활약하고 있다.

또한 국내 하이브리드(Hybride)항공사인 에어프레미아 항공사에서도 2021년 4월부터 보잉 787 드림라이너를 도입하여 국내선부터 운항을 개시 하고 있다.

제조사	보잉항공기 제작사(Boeing)
운항사	대한항공(Korean air)
취항노선	캐나다-토론토, 스페인-마드리드, 중국-베이징
항공기 길이	62.8m
최대 운항거리	11,970km
날개길이	60.1m
순항속도	912km/h
항공기 높이	17m
장착 좌석수	269석(F6 / C18 / Y245-대한항공 기준)
최소 탑승 승무원	4명
Crew Rest Area	L4 Door(침대장착수-6개)
DOOR	8개(2, 4번 도어 Double lane, 1, 3번 도어 Single lane slide/raft)
비상신호/긴급신호	5,5/ *,*(인터폰 키패드)
PO2 BOTTLE	15개
승객용 산소마스크	머리위에서 떨어짐/화학반응식
화장실	9개(F01/C02/Y06)
소화기	11개(HANON TYPE : 07/WATER TYPE : 04)
FAK/EMK/AED	4/1/1개
기내탑재 휠체어	01개
메가폰/ELT/혈압계	3/1/1개
기내창문	다른 기종보다 1.5배 크고 투명도 조절 가능
기내천장	다른 기종보다 5인치 높음
기내조명	최신형 LED 조명
총 구입대수	10대

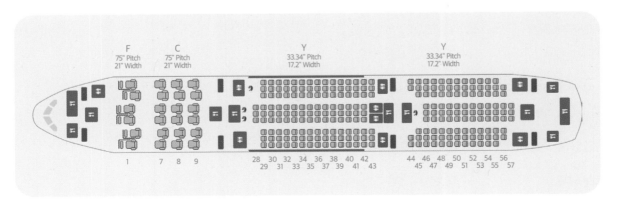

F	C	Y	Y
75" Pitch	75" Pitch	33.34" Pitch	33.34" Pitch
21" Width	21" Width	17.2" Width	17.2" Width

▲ 대한항공 B787-9 항공기 좌석배치도-총 269석(F6 / C18 / Y245, 대한항공 기준)

객실구조상 기존 항공기와의 13가지 차이점

1) 좌석(SEAT)

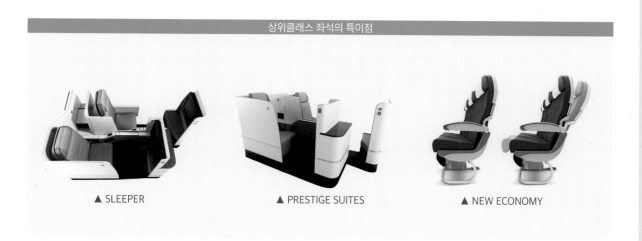

상위클래스 좌석의 특이점

▲ SLEEPER   ▲ PRESTIGE SUITES   ▲ NEW ECONOMY

일등석과
비즈니스
좌석 제원

일등석	비즈니스석
좌석명칭 : Sleeper	좌석명칭 : Prestige Suites
Reclin : 180도	Recline : 180도
Pitch : 86인치	Pitch : 75인치
모니터 사이즈 : 23인치	모니터 사이즈 : 23인치

일등석(Sleeper 타입), 비즈니스석(Prestige Suites 타입) 좌석은 각 787-9 항공기에 First class에 6석, 비즈니스석에 18석의 좌석을 장착하게 되며 각 클래스별 좌석의 장점은

● 창가 좌석 포함 전 좌석 승객이 기내복도 사용에 있어서 편리한 진출입이 가능하고

● 승무원이 지나가더라도 내부를 잘 볼 수 없을 정도의 높은 격벽을 설치하여

▲ Side 좌석(86″ Pitch, 20.8″ Width)　　　▲ Center 좌석(75″ Pitch, 20.8″ Width)

　　승객 개인 프라이버시를 매우 강화하였으며

- 기존 항공기에 비해 상당히 넓은 좌석이 제공되어 편안한 휴식공간을 제공할 수 있게 하였다.
- 유의할 점은 일등석, 비즈니스석 창가좌석인 경우에는 바닥에 이중턱이 있으므로 기내서비스 또는 승객에게 안내할 때 승무원의 발이 걸려 넘어질 수 있으므로 주의하여야 한다.

　　일반석에는 항공분야 새로운 시도인 조디악 회사의 "New Economy" 좌석이 장착되었고 특이한 점은

- 기존 항공기에 비해 좌석 등받이에 높낮이를 조절할 수 있는 장치
- 기존 항공기보다 Leg room이 약 1인치 넓어진 점
- 개인용 모니터 화면이 일반석 기종 중 최고 넓은 10.6인치 와이드 스크린으로 설계되어 영화시청 시 매우 편리함
- 얇은 두께의 팔걸이가 적용된 Slim Armrest
- 일반 항공기와 다르게 리모콘으로 화면을 조절하는 것이 아니라 조절버튼이 스크린에 장착되어 있는 점
- Meal tray table이 접이식으로 되어 있고 컵홀더가 장착되어 있는 점
- 헤드폰, 이어폰 삽입하는 장치가 모니터 하단에 장착되어 있는 점이 특징

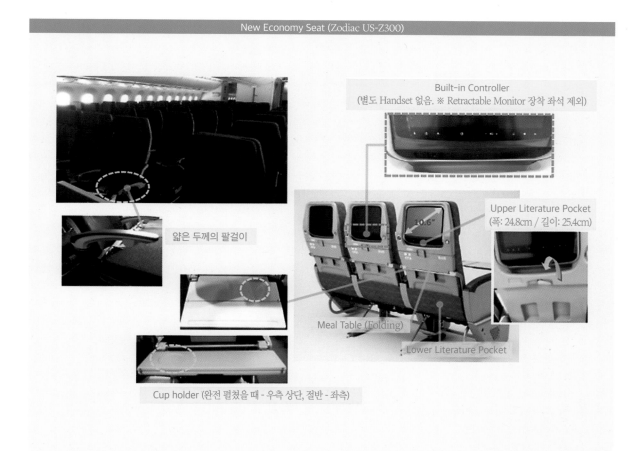

New Economy Seat (Zodiac US-Z300)

얇은 두께의 팔걸이

Cup holder (완전 펼쳤을 때 - 우측 상단, 절반 - 좌측)

Built-in Controller
(별도 Handset 없음. ※ Retractable Monitor 장착 좌석 제외)

10.6"

Upper Literature Pocket
(폭: 24.8cm / 길이: 25.4cm)

Meal Table (Folding)

Lower Literature Pocket

▲ 기존 항공기와 차별화된 구명복 케이스

▲ 슬림화된 팔걸이

▲승객 콜버튼

▲ 접이식 테이블

2) 기내압력 향상

기내압력이 기존 항공기보다 2,000피트 낮은 6,000피트로 유지되어 기존 항공기가 4만피트의 고고도에서 비행할 때 객실기압이 낮아져 피로, 어지러움, 두통 등 승객이 쉽게 지치는 현상을 개선하였다. 즉, 객실압력을 백두산 높이에서 한라산 높이로 낮추었으며 상기 증상은 항공기 승객이 기내에서 실신하는 주요한 원인으로 알려져 있어 신체가 허약한 승객의 기내실신을 예방할 수 있게 하였다.

3) 기내습도 개선

장거리 비행 시 승객의 가장 큰 고민이었던 매우 건조한 기내습도를 별도 압축장치를 사용하여 기존 항공기보다 기내습도를 약 1.5배 정도 높여 마치 지상에 있는 것처럼 쾌적하고 안정적인 기내환경을 조성한다.

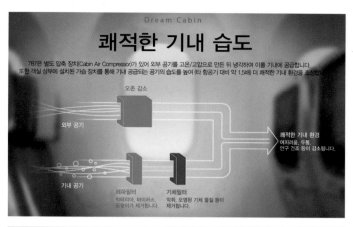

4) 더 높아진 기내천장

기존 항공기보다 약 5인치 정도 높은 아치형 천장으로 제작되어 승객들이 기내에 탑승했을 때 와 … 넓다~!! 라고 느낄 수 있다. 이는 일반 승객뿐만 아니

라 특히 공황장애와 폐쇄공포증이 있는 승객에게 완전 만족감을 느끼게 하여 비행 중 항공기의 회항률을 낮추는 데 있어서 큰 역할을 하리라 생각된다.

5) PSU(Passenger Service Unit)

기존 항공기에 비해 외견 및 기능이 향상되었으며 기존 항공기와 차별화된 사항은 감압현상 발생 시 자동으로 산소마스크가 Drop되어야 하나 만일 마스크가 자동으로 내려오지 않으면 기존 항공기에서는 볼펜이나 뾰족한 물건을 사용하여 산소마스크를 낙하시켰으나 787-9 항공기에

이 버튼을 누르면 손잡이가 튀어 나온다.

서는 화살표시의 버튼을 손가락으로 누르면 손잡이(latch)가 튀어나오게 된다. 이때 튀어나온 손잡이를 반시계 방향으로 180도 돌리면 산소마스크가 Drop되게 설계되어 있다.

기존 항공기는 이곳에 No smoking sign이 함께 있었다.

6) NO SMOKING SIGN

기존의 항공기는 머리위에 금연(No smoking)과 Fasten seat-belt 사인이 함께 있었는 데 비해 이제 항공기 내에서 금연이 당연하므로 787-9 항공기에는 금연사인이 표시되어 있지 않는 점이 특이하다.

7) OVERHEAD BIN

기존 항공기에 비해 대용량 수납이 가능하다. 특이한 점은 일등석과 비즈니스석에는 Center Overhead bin이 장착되어 있지 않으며 각 클래스의 오버헤드빈이 완전히 잠가지지 않으면 그림과 같이 잠금장치가 튀어나와 있어 객실승무원, 승객 중 누구나 쉽게 알 수 있으므로 오버헤드빈 내 물체의 낙하를 방지하는 안전성에 있어서 기존 항공기와 매우 차별화된다.

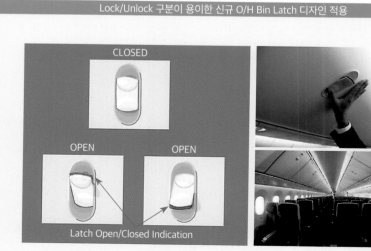

Lock/Unlock 구분이 용이한 신규 O/H Bin Latch 디자인 적용

CLOSED

OPEN   OPEN

Latch Open/Closed Indication

항공기 객실 구조 및 비행안전

8) 기내조명

기내의 모든 조명이(화장실 포함) 최신형 LED 조명시설로 되어 있어 모든 승객이
장거리 비행 시 편안하고 쾌적한 느낌으로 비행할 수 있으며 객실승무원이나 객

실사무장에 의
해 비행 중 각
단계에 따라(탑
승, 순항, 식사, 취침, 기
상) 조명을 적절
하게 조절할 수
있다.

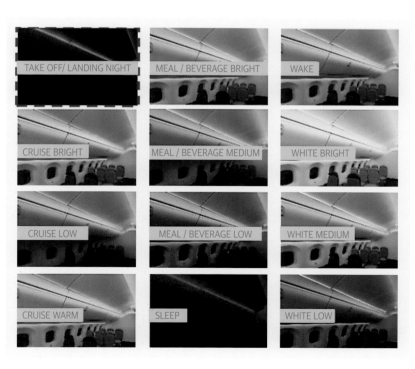

9) 창문

창문의 투명도를 조절할 수 있는 버튼

▲ 창문밝기 조절 버튼에 의한 투광도 예시

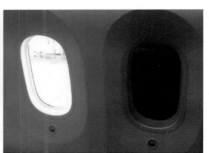

▲ 객실사무장에 의한 조절예시

기존의 항공기는 비행기 창의 사이즈가 작아 창가 승객이 창문 밖을 보고 있으면 옆좌석 승객은 창문 밖을 보기 힘들었으나 787-9 항공기에서는 기내창문이 더 넓어져 동시에 창문 바깥의 아름다운 풍경을 감상할 수 있다. 또한 버튼 하나로 밝기를 조절할 수 있는 최신형 창문이 장착되어 있다. 따라서 기존 항공기와 달리 창문 가리개(커튼)가 없고 투명도 버튼을 조절하여 창문의 밝기를 승객 취향대로 조절할 수 있다. 위의 사진 중 제일 오른쪽이 창문 하단에 설치되어 있는 창문밝기 조절버튼이다.

왼편 사진은 승객이 각 창문마다 설치되어 있는 창문밝기 조절버튼을 이용하여 조절한 사진, 오른편 사진은 "EDW-Electronically Dimmable Window"라는 조절장치를 사용하여 항공기 객실사무장이 이륙과 착륙시점에 승객의 의지와 관계없이 모든 기내의 창문의 밝기를 한꺼번에 조절할 수 있는 모습을 보여준다.

10) 화장실

현대식 감응형 수도꼭지.(신체 감응형으로 손바닥이나 손등을 감지하여 자동으로 급수한다) 이러한 장치는 특히 장애인 승객에게 상당히 유용한 설비이다.

11) CABIN DOOR

자동 및 수동 겸용 도어오픈 장치, 대한항공이 도입한 787-9 항공기의 도어는 수동으로 열 수 있게 되어 있다. 물론 운

도어창문(Viewing window)의 밝기를 조절할 수 있는 EDW(Electronically Dimmable Window)

용사의 주문에 따라 도어를 간단한 패널조작을 통해 자동으로도 도어를 오픈할 수 있는 장치도 부착될 수 있으며 도어모드레버(Door mode selection lever)가 정확히 팽창, 정상위치로 향하지 않았을 경우 경고등이 표시되어 객실승무원이 인지할 수 있다. 또한 도어에 장착되어 있는 Viewing window의 밝기도 조절할 수 있는 기능(EDW)이 도어에 설치되어 있다.

12) 이어폰 삽입구 위치조정

기존 모든 항공기에서 영화 시청과 음악 청취에 필요한 헤드폰/이어폰 삽입구는 좌석 팔걸이에 장착되어 있었으나 B787-9 항공기에는

좌석 모니터 아래 설치되어 있는 점이 특이하다. 또한 USB를 사용할 수 있는 장치도 함께 설치되어 있다. 일반적으로 승객들은 USB 삽입장치를 전원 공급장치인 줄 알고 잘못 사용하곤 하는데 물론 충전은 되지만 상당히 느리게 충전된다. 휴대폰, 노트북 배터리 충전장치는 좌석 아래 전원공급장치(ISPS-In Seat Power System)가 별도로 있으니 ISPS를 이용하면 일반 가정처럼 쉽고 빠르게 충전된다.

13) AMOD(Attendant Module)설치

AMOD란 승무원 Jump Seat 상단에 별도 공간을 마련하여 비상장비 및 기타 장비를 보관할 수 있게 만든 장치를 말한다. 기존 항공기에서 승무원들이 각종 기물, 책, 방송문 등을 보관할 장소가 마땅치 않아 어려움을 많이 겪었던 바 본 항공기에서는 이러한 객실승무원의 고충을 해결하고자 별도의 보관장치를 제작하게 되었다. 물론 비상장비나 화재진압장비도 보관할 수 있으며 객실 후방 일반화장실 2개를 통합하여 넓은 장애인 화장실로 만드는데 필요한 열쇠도 AMOD에 보관되어 있다.

AMOD(Attendant Module) : Attendant Seat과 별도 보관공간을 결합시킨 Module

항공기 객실 구조 및 비행안전

14) B787-9 인터폰(핸드셋) 사용방법

당 기종은 B747-8i 기종의 핸드셋과 매우 유사하게 설계되어 있으며 사용방법은 역시 다른 보잉사 기종과 동일하게 핸드셋 내부의 다이얼패드를 사용하거나 옆에 붙어있는 Dial code step up & down 스위치를 사용하여 통화한다. 해당 기종의 긴급신호는 핸드셋의 *를 2회 누르면 되고 기내방송을 사용할 경우에는 46번을 누르고 PTT 버튼을 눌러 사용하면 된다. 항공기 내 스테이션 또는

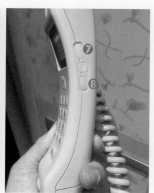

❶ 송화기
❷ 다이얼패드
❸ 수화기 : 상대편의 목소리를 청취할 수 있다.
❹ 액정화면 : 다이얼패드를 누르거나 옆의 Dial code step up&down 스위치를 누르면 액정화면에 표시된다.
❺ PTT 버튼 : 기내방송을 하거나 통화할 때 누르고 통화한다.
❻ 리셋 버튼 : 통화가 끝난 경우, 방송이 끝난 경우 눌러서 사용중지상태를 만든다.
❼ Dial code step up 스위치
❽ Dial code step down 스위치

다른 갤리의 객실승무원과 통화를 원할 경우에는 왼편 도어는 1번, 오른편 도어는 2번을 먼저 누르고 해당 스테이션을 누르면 된다(예를 들면 항공기 왼쪽 3번째 도어 승무원

과 통화를 원하면 13을 누르면 되고 오른쪽 4번째 도어 승무원과 통화를 하고 싶으면 24를 누르면 해당 스테이션에 띵~동 하는 Hi Low 전화벨이 울린다.). 핸드셋의 설명과 특수한 위치와의 통화는 옆과 같다.

기내 특수위치와 통화할 수 있는 번호는 옆과 같다.

D/Code	위치(기능)
4*	PA PRI ALL
46	PA ALL
54	ATT CALL
31	PILOT
55	비상신호
**	긴급신호
6*	CAB READY
41~43	PA FR/PR EY ALL
61	OFAR BUNK

▲ 도어 잠긴 모습

▲ 도어 열린 모습

787-9 항공기의 도어는 총 8개로 구성되어 있으며 No1, No3 도어는 Single lane slide/raft 형태이고 No2, No4 Door는 Dual Lane Slide/Raft 형태의 Escape Slide가 탑재되어 있다.

정상 시 도어 열기

① 항공기 내부의 Fasten Seatbelt Sign이 Off 되었는가를 확인한다.

② 도어모드레버(Door mode selection lever)가 Green band(초록색 부분)에 위치했는가를 반드시 확인한다.

③ Door Assist Handle을 잡고 Door Operation Handle을 "Open" 방향으로 돌린다.

④ Door Assist Handle을 잡고 Door가 동체에 Gust Lock될 때까지 바깥쪽으로 힘껏 민다.

정상 시 도어 닫기

① 승무원 추락방지용인 Safety strap이 원위치되었는가를 확인한다.
② Door Assist Handle을 잡고 도어 중간에 달려 있는 Gust Lock Release Handle을 당겨 Gust Lock을 해제한다.
③ Door Assist Handle을 잡은 채로 도어를 항공기 내부 쪽으로 힘껏 당긴다.
④ 도어가 거의 닫혔을 때 Door Operation Handle을 화살표 역방향으로 힘껏 밀어 도어를 완전히 닫는다.
⑤ Door Lock Indicator에 초록색 불이 들어왔는지 확인한다.

비상 시 도어 열기

① 먼저 외부상황을 파악한다.
② 도어모드레버(Door mode selection lever)가 Red Band(빨간색 부분)에 위치했는가를 반드시 확인한다.
③ Door Assist Handle을 잡고 도어를 개방하면 자동으로 도어가 개방되며 10초 이내에 Escape Slide가 팽창된다. Manual Inflation Handle을 당긴다.
④ 펼쳐진 Escape Slide의 사용 가능 여부를 파악한다.

B787-9 항공기 도어 슬라이드 모드(Door slide mode) 변경방법

슬라이드 모드 정상위치(Disarmed/Manual position)

도어커버를 들어 올리고 도어모드레버(Door mode selection lever)를 위쪽 정상위치(Manual mode)로 올린다. 이때 도어모드레버(Door mode selection lever)가 Green Band(초록색 부분)에 위치했는가를 반드시 확인해야 한다.

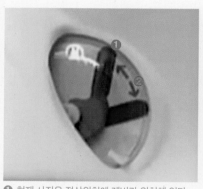
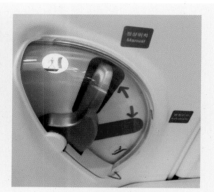
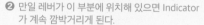

❶ 현재 사진은 정상위치에 레버가 위치해 있다.
❷ 만일 레버가 이 부분에 위치해 있으면 Indicator
가 계속 깜박거리게 된다.

▲ 슬라이드 모드 정상위치

슬라이드 모드 팽창위치(Armed/Automatic position)

도어커버를 들어 올리고 도어모드레버(Door mode selection lever)를 아래쪽 팽창위치(Automatic mode)로 한다.

이때 도어모드레버(Door mode selection lever)가 Red Band(빨간색 부분)에 위치했는가를 반드시 확인해야 한다.

 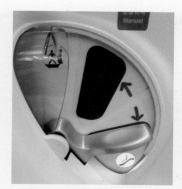 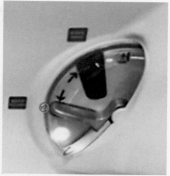

❶ 도어모드레버(Door mode selection lever)를 이곳에 위치하면 팽창위치(Armed/Automatic position)가 된다.

▲ 슬라이드 모드 팽창위치

❷ 위의 사진처럼 도어모드레버(Door mode selection lever)가 Red band(빨간색 부분)에 위치한 상태가 팽창위치(Armed/Automatic mode)이다.

● 도어 잠김상태 표시등 : 도어의 닫힘상태가 완벽하면 아래 사진과 같이 자물쇠 모양의 표시등이 점등된다.

해당 도어가 완전히 잠겨 있다는 것을 나타내는 상태 표시등

B787-9 항공기 DOOR 명칭

❶ Door Assist Handle
❷ Viewing Window
❸ Door Locking Indicator(도어의 닫힘상태 표시)
❹ Escape Slide 압력게이지
❺ Door Operation Handle : 도어를 열고 닫을 때 사용한다.
❻ Slide Bustle : Escape Slide가 내부에 탑재되어 있다.
❼ Gust Lock Release Lever : Gust Lock상태인 도어를 분리하기 위해 사용한다.
❽ Door Mode Select Panel : 787 기종에는 Safety Pin이 없다.
❾ Window Dimming Control Switch(Viewing Window의 밝기를 조절한다.)

04. 갤리(Galley) 구조

B787-9 항공기에는 최신형 항공기답게 현대식 주방설비가 갖추어져 있다. 갤리의 주된 구성요소인 오븐은 습식 및 디지털 방식으로 작동되고 다른 기종과 동일하게 커피메이커, 핫컵(Hot cup), 하수구(Water drain), 수돗물 공급장치, 수돗물 차단장치(Water shut off switch) 및 쓰레기 압축기(Trash compactor)가 설치되어 있다. 아래는 타 기종에 장착되지 않은 787-9 항공기만의 갤리설비이다. 이제 다음과 같이 최신형 갤리 장비에 대해 알아보기로 한다.

GWIV(Gray Water Interface Valve) **Manual Override 스위치 장치**

갤리에서 물을 버리는 배수구의 막힘증상을 Vacuum을 이용하여 뚫을 수 있는 장치(Gray Water--갤리에서 사용한 하수를 의미함)

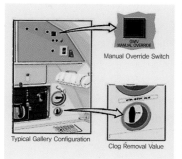

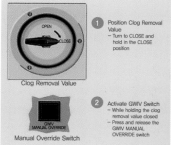

Galley Interlock 스위치 장착

갤리 내 할당된 최대 소비전력 초과방지를 위한 스위치로서 오븐과 물끓임 장치(Water boiler) 중 한 개를 선택할 수 있게 하였다.

토글(똑딱이)스위치를 위로 올리면 갤리에 장착된 오븐만 작동하고 물끓이는 장치는 작동하지 않게되며 아래로 내리면 오븐은 작동하지 않고 물끓이는 장치만 작동된다.

신사양 Serving 카트 탑재

카트 상단에 접이식 면적을 추가하여 사용면적을 늘일 수 있다.

기존 항공기의 서빙카트에는 날개부분이 없어 자체 면적을 넓히지 못하는 데 비해 787-9 항공기의 서빙카트는 날개가 펼쳐져서 넓게 사용할 수 있다.

Serving Cart 최상단에 접이식 면적 추가하여 사용 면적 확장하여 사용 가능

신 사양 스팀오븐 장착

기내식의 건조함을 막기 위해 증기를 이용하여 가열할 수 있는 오븐

- 3가지 Temperature 선택 가능 (Low: 130도, Medium: 150도, High: 170도)
- Temperature 선택 → Convection 또는 Steam Mode 선택 (Low, Medium 온도 설정에서만 Steam 모드 사용 가능하며, High 온도 설정 시 Steam 모드 불가)
- Heating Time Setting 후 작동

※ 특징
- Primary 및 Secondary Latch를 동시에 당겨야 Door Open 가능
- Door 우측 상하단에 Locking Indicator 있음. (Door Locking을 표시하는 Green 색깔을 확인 후 Oven 작동시킬 것!

❶ Oven Door ❷ Oven Contorol Module ❸ Door Locking Indicator
❹ Primary Latch ❺ Secondary Latch ❻ Door Locking Indicator

787-9 항공기 기본 갤리 상세설명

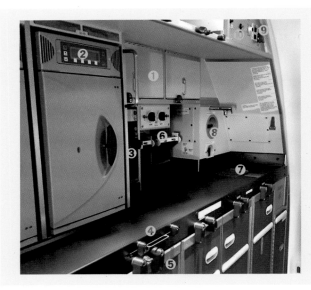

- ❶ 기물, 서비스용품 보관소
- ❷ 디지털 오븐 작동장치
- ❸ 커피메이커
- ❹ Extension shelf : 갤리에서 작업할 때 잡아당기면 선반이 늘어나는 장치
- ❺ 기내식 및 음료카트 보관소
- ❻ 핫컵 : 상위클래스 라면, 떡국, 북어국 등 국물을 끓일 때 사용하는 장치
- ❼ 하수구 : 물 버리는곳
- ❽ 수돗물 차단 스위치
- ❾ 비상용 전원차단 스위치
- ❿ 비상벨

05. 화장실(Lavatory) 구조

❶ 옷을 갈아입을 수 있는 선반(Dress changing table)

❷ 전자 감응식 물공급 스위치

❸ 초록색 승무원 호출버튼

B787-9 항공기 화장실 구조 역시 기존의 항공기와 특별하게 달라진 점은 없다. 하지만 오물탱크 용량의 증가와 화장실도 객실과 같이 최신형 LED 조명시설로 되어 있어 편안하고 쾌적한 느낌으로 사용할 수 있으며 전자감응식 수도꼭지를 장착한 점이 특징이다. 또한 B ZONE 최후방 화장실은 장애인이 사용할 수 있도록 편의시설을 증량하였고, L3 도어 근처에는 여성 우선 화장실(여성에게 먼저 사용권이 있는 화장실로서 여성승객 사용 후 남성승객도 사용 가능하다.)이 배치되어 있다. 또한 화장실 내부에서 승무원 호출 시 외부의 알림 표시등이 B747-8i 항공기와 동일하게 초록색으로 장착한 것이 눈에 띤다.

기존 항공기와의 차이점은 아래와 같다.
- Touch/Touchless Toilet Flush 스위치 적용
- 여성우선화장실은 L3 door 부근에 위치

- 장애인용 화장실은 B ZONE 최후방에 설치(일반 화장실 내부 격벽을 통합하여 넓게 사용)
- 기저기(Diaper)교환대는 모든 화장실에 설치
- 옷을 갈아입을 수 있는 선반(Dress changing table)이 있는 화장실은 R1, L2 도어 부근 화장실 내 설치

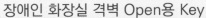

일반화장실을 장애인용으로 개조

장애인 화장실 격벽 Open용 Key

No3 Door 가운데에 위치한 장애인용 화장실 격벽 Open용 Key 위치

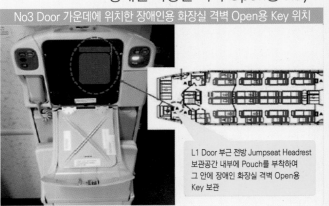

L1 Door 부근 전방 Jumpseat Headrest 보관공간 내부에 Pouch를 부착하여 그 안에 장애인 화장실 격벽 Open용 Key 보관

일반화장실을 장애인용으로 넓게 개조하기 위해 서로 붙어있는 일반 화장실을 벽을 터고 넓혀야 하는데 벽을 움직이기 위해서는 열쇠가 필요하다. 위의 사진은 화장실 격벽 확장용 열쇠를 보관하는 위치가 객실사무장 스테이션이며 보관장소와 개폐방법을 보여준다.

06. 그 외 다른 기능

CAP(Cabin Attendant Panel)

▲ L1 DOOR CAP 모습

L1, L2, L4 도어에 설치되어 있으며 객실 조명조절기능, 모든 객실승무원 호출기능, 기내온도 조절기능, 승객의 창문밝기 조절기능, 음용수탱크용량 표시기능을 수행할 수 있다.

ASP(Attendant Switch Panel)

ASP는 모든 도어 객실승무원 스테이션에 설치되어 있으며 비상등 테스트, 탈출신호작동, 승객의 창문밝기 조절기능을 수행한다.

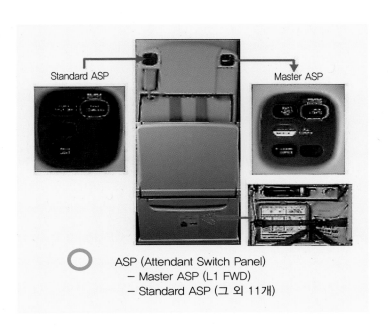

Standard ASP

Master ASP

ASP (Attendant Switch Panel)
 – Master ASP (L1 FWD)
 – Standard ASP (그 외 11개)

VCS(Video Control System)

기내 비디오를 조정할 수 있는 기능으로 L1, R4 Door에 장착되어 있다.

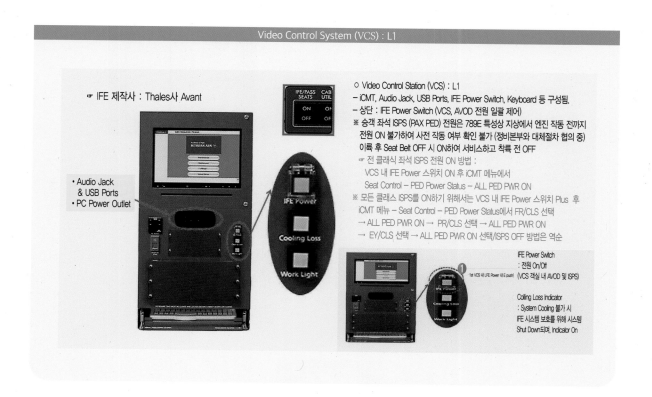

OFAR(Overhead Flight Attendant Rest-Crew Bunk)

운항승무원용 OFAR은 L1 Door 천장부근에 설치되어 있고, 객실승무원용 OFAR은 L4 Door와 갤리 사이에 위치하고 있으며, 6개의 침대와 2개의 탈출구가 설치되어 있다. 즉, 다른 항공기의 승무원 휴게실, Crew Rest Area(BUNK)와 동일한 구조물인데 787-9 항공기에서는 OFAR이라고 부른다.

B787-9 항공기의 OFAR은 출입 시 또는 휴식이 끝난 후 계단을 이용하게 되는데 경사가 급하므로 반드시 핸들을 잡고 이동해야 한다.

OFAR 내부가 매우 협소하여 낙상의 위험이 있으니 주의하도록 한다.

▲ OFAR 출입문-L4

▲ 객실승무원용

▲ 운항승무원용

장애인용 화장실

B zone 제일 후방의 화장실은 장애인용으로 사용 가능하며 장애인의 편의를 위해 두 개의 화장실을 합쳐 사용할 수 있는 기능이 있다.

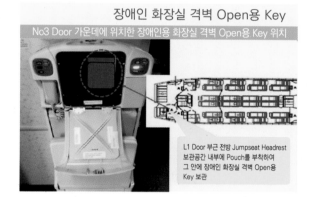

장애인 화장실 격벽 Open용 Key

No3 Door 가운데에 위치한 장애인용 화장실 격벽 Open용 Key 위치

L1 Door 부근 전방 Jumpseat Headrest 보관공간 내부에 Pouch를 부착하여 그 안에 장애인 화장실 격벽 Open용 Key 보관

조종실(Cockpit) 방탄문

운항 중 조종사 및 기체의 안전성을 보장하기 위해 조종실 입구에 방탄문이 설치되어 있다.

운항 중 밖에서 문을 두드리거나 인터폰을 하면 조종사가 외부를 감시하기 위해 만들어 놓은 외부감시확대경

07. B787-9 객실승무원 탑승근무 시 유의사항

(보유 항공사: 대한항공/에어프레미아)

Service 측면

- 커피메이커 장착대수가 부족하여(전체 객실 내 8대의 커피메이커만 장착됨) 서비스 준비 시 커피를 앞뒤 갤리에서 가져다 써야 하는 상황이 발생한다. 따라서 탑승 근무하는 승무원은 사전 충분한 커피를 확보한 후 기내서비스 준비에 임하여야 한다.

- 기내방송 시 PA 하울링(Howling)이 상당히 크다. Airbus 항공기와 같이 수화기를 어느 정도 떨어뜨리거나 휴지 등으로 감싸고 방송하지 않으면 숨소리 및 파열음이 크게 들려 주의가 필요하다.

- 승객 탑승 시 BGM의 볼륨이 탑승 시와 하기 시 일정하지 않아 그때마다 볼륨을 조정해야 하는 불편이 있다.

- EY/CLS 승객이 콜버튼을 누르면 앞쪽(28번에서 39번열)아일에서는 콜소리가 전혀 들리지 않아 승무원들의 주의가 각별히 필요하다. 콜소리는 L3, R3 도어 근처에 가야 들린다. 따라서 앞쪽에 근무하는 승무원은 항상 승객의 Call Light에 유념하면서 서비스해야 한다.

- 일반석 갤리별 냉장고 크기가 작아 음료가 충분히 들어가지 않는 경향이 발생하여 비행 전이나 서비스 전 냉장음료를 준비해야 할 때는 드라이아이스 충분량 이용하여 냉장해야 한다.

- 일반석 헤드폰 꽂는 구멍(HOLE)이 스크린 아래에 위치해 있어 창측 승객이 화장실이나 기타 용무로 이석을 할 경우 옆좌석 승객도 전부 헤드폰을 뽑아야 나올 수 있으므로 불편한 사항이 존재한다.

Safety 측면

- 승객 탑승 시 L2 Door만을 이용하여 탑승하는 경우가 많은바 No.1 Door 공백 방지를 위해 객실사무장은 항상 앞쪽 도어 스테이션에 객실승무원은 할당하여 임무를 수행하게 하여야 한다.

- Manual Demo 시 승무원이 승객(46E) 가시권 밖에 위치하여 항공기 이륙 전까지 담당 승무원은 해당 승객에게 개별 브리핑을 실시하여야 하고, 따라서 모든 객실승무원은 Safety Demo Video 상영 시, Galley 업무를 지양하고 Door Side에 Stand-By하여 승객 가시권 내 위치하여야 한다.

- 목적지 공항에 도착하여 도어 오픈 후 항공기와 Gate 또는 Step Car의 높이 차이가 크다는 정보를 듣고 비행에 임하였으나 공항마다 달랐다. 그러나 승객 하기 시 발밑을 항상 유의하여야 하는 것은 틀림없다.

- L1 도어 손잡이 달린 박스가 유난히 크고 튀어나와 있어서 도어 오픈 시 다른 기종에 비해 공간을 차지하는 부분이 크다. 따라서 승무원이 주의하고 안내하지 않으면 승객들이 하기 시 부딪혀 승객의 신체나 소지품에 위해를 가할 수 있다.

- 국내선 근무 시 R1에는 승무원이 배정되지 않기 때문에 착륙 후 승객이 R1 도어 근처에 위치한 화장실에 들어가는 것이 보이지 않아 주의가 필요하다. 실제 객실사무장이 착석한 L1 Door에서는 중간에 운항승무원 OFAR(벙커)로 시야가 완전히 가려 보이지 않는다.

Chapter 07

B777-200/300
(대한항공, 아시아나항공, 진에어)

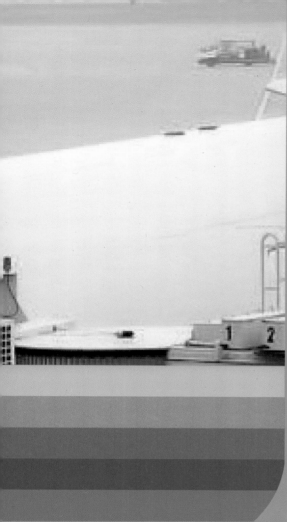

CONTENTS

01. 항공기의 특징과 제원

    B777 기종은 최대 500석까지 갖춘 쌍발 기종 중 가장 규모가 큰 비행기로 기존의 보잉 747 기종과 보잉 767의 중간 크기인 좌석 300석에서 400석까지 규모의 여객기에 대한 수요를 충족시키기 위하여 개발되었다. 원래 수요가 많은 대서양 항로에 취항 중인 보잉에서 보잉 767의 확장형을 계획하였다. 그러나 좁은 보잉 767의 동체를 그대로 활용하여 대형 기체를 만드는 데에 있어 어려움에 부딪힌 보잉 사는 30년이 지난 구식 모델인 보잉 747 기종과 보잉 767 확장형을 개량하는 대신에 새로운 중형의 보잉 기종을 개발하기로 결정하였다. 그리하여 다른 항공기 제작에서 한 번도 시도된 적이 없는 최첨단 컴퓨터 디자인 방식과 이른바 페이퍼리스 디자인(paperless design)을 채택하여 1990년부터 설계를 시작하였다. 설계에서는 특히 시장 수요와 고객의 욕구를 최대로 충족시킬 수 있는 항공기를 디자인을 하는 데 가장 큰 비중을 두었다. 그 결과 객실의 공간이 넓어졌고 객실의 구조도 필요에 따라 융통성 있게 변화시킬 수 있게 되었으며 운항비용도 크게 절감되었다.

B777-200/300 제원

- 엔진(3가지 옵션) : P&W 4000/GE 90/RR Trent 800
- 구성(좌석배치) : 2개의 통로를 따라 6~10석의 좌석이 나란히 배치
- 순항속도 : 893km/h
- 최대항속거리 : 10.371km
- 상승고도 : 36,400ft
- 연료 탑재량 : 45,200gal
- 최대이륙중량-기본 : 263,084kg
- 최대이륙중량-HGW : 293,928kg
- 전체 길이 : 73.9m
- 날개 길이 : 60.9m
- 높이 : 18.5m
- 좌석 : 368~550석
- 화물용량 : 214m³

BOEING 777-200

▲ 아시아나항공 B777-200

▲ 아시아나항공 B777-200 객실모습

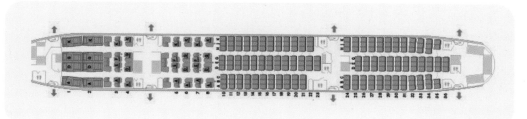

▲ 아시아나항공 777-200 좌석배치도

대한항공 B777-200 항공기

▲ B777-200 객실 일반석

▲ 대한항공 B777-200

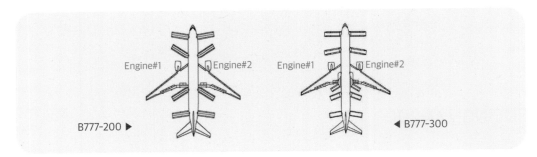

8F	28C	122Y	103Y
83" Pitch	60" Pitch	33~34" Pitch	33~34" Pitch

G : Galley   S : Stowage   C : Closet   A : Attendant Jump Seat
◈ : LCD Monitor   ◉ : Baby Bassinet   ◎ : Crew Bunk   ☎ : Telephone

▲ B777-200 좌석배치도(KE)

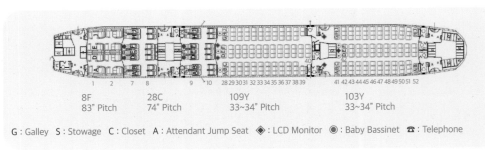

8F	28C	109Y	103Y
83" Pitch	74" Pitch	33~34" Pitch	33~34" Pitch

G : Galley S : Stowage C : Closet A : Attendant Jump Seat ◈ : LCD Monitor ◉ : Baby Bassinet ☎ : Telephone

▲ B777-200ER 좌석배치도(ER-Extended Range의 약자) (KE)

B777-300/ER (EXTENDED RANGE)

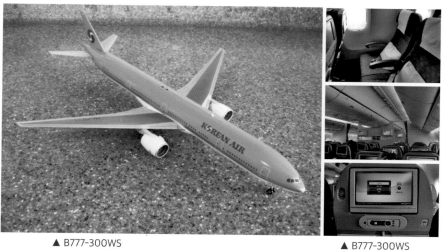

▲ B777-300WS

▲ B777-300WS
객실 일반석 배치도

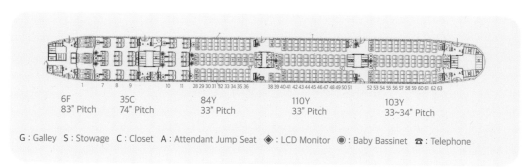

6F	35C	84Y	110Y	103Y
83" Pitch	74" Pitch	33" Pitch	33" Pitch	33~34" Pitch

G : Galley S : Stowage C : Closet A : Attendant Jump Seat ◆ : LCD Monitor ◉ : Baby Bassinet ☎ : Telephone

▲ B777-300 좌석배치도(KE)

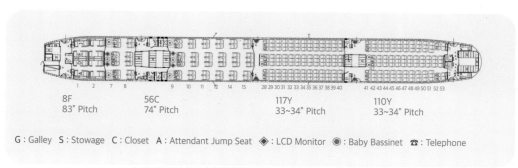

8F	56C	117Y	110Y
83" Pitch	74" Pitch	33~34" Pitch	33~34" Pitch

G : Galley S : Stowage C : Closet A : Attendant Jump Seat ◆ : LCD Monitor ◉ : Baby Bassinet ☎ : Telephone

▲ B777-300ER 좌석배치도(ER-Extended Range의 약자) (KE)

B777-200/300과 ER 버전의 차이점

- 일반적으로 B777-200은 B777-300에 비해 동체 길이가 짧다. 따라서 777-200은 동체 좌우에 Door가 8개이고, 777-300 기종은 10개이다.
- 777-200/300 기종인 경우 일반석 좌석배열이 모두 3-3-3으로 배치되어 있으나 3-5-3 배열도 있다.
- 최신버전인 ER 기종은 보통의 기종과 엔진이 다르며, 항속거리가 월등히 길다.
- 777-200 기종과 300 기종은 AFT GALLEY가 상이하다.
- 모든 777 기종의 주익 끝 절단면 모양이 일반형과 ER 버전이 동일하다.

B777 항공기 E&E Compartment 소개

E&E Compartment란 Electric and Electronic 공간을 의미하며 항공기의 모든 조종장치, 무선장치, 객실장치를 총괄하는 공간이다. 항공기의 제일 앞쪽 Door 와 조종실 사이 지하층에 설치되며 객실승무원은 비행 중 출입이 절대 금지되어 있다.

▲ E&E 비행조절장치

▲ E&E 장치 및 계단

▲ E&E 산소공급장치

02. 객실구조

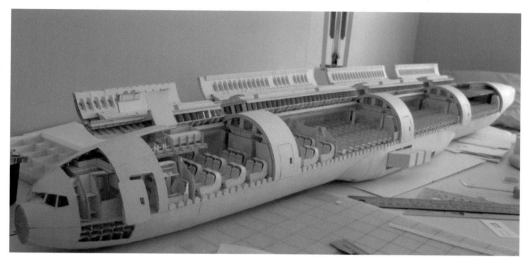

▲ 나무로 만든 B777-200 객실모형

대한항공 보유 B777-200/300 항공기 표준좌석

F/CLS(772s/77WS, Kosmo Suites)	F/CLS(772k, Kosmo Sleeper)	F/CLS(773Q, Sleeper)
		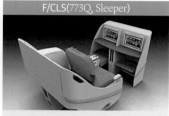
• 장착 좌석 : 8석 • Pitch : 83″ • Recline : 180˚ • 23″ LCD Monitor • ISPS 이용 가능	• 장착 좌석 : 8석 • Pitch : 83″ • 15.4″ LCD(3000i) : Touch Screen 불가 • 17.0″ LCD(eX2) : Touch Screen 불가 • ISPS 이용 가능	• 장착 좌석 : 6석 • Pitch : 83″ • Seating Space : 20.5″ • 17″ LCD Monitor • ISPS 이용 가능

C/CLS(772k, Prestige Plus)

- 장착 좌석 : 28석(772k)
- Pitch : 58~60˝
- Recline : 167.5˚
- 10.4˝ LCD Monitor
- ISPS 사용 가능

C/CLS(772s/77ws/773Q PrestigeSleeper)

- 장착 좌석 : 28석(772s), 56석 (77WS)
- Pitch : 60˝
- Recline : 180˚
- 15.4˝ LCD Monitor
- ISPS 이용 가능

Y/CLS(Y/CLS Normal Seat)

- 장착 좌석 : 225석(772K), 212석(772s), 297석(773Q), 227석(77WS)
- Pitch : 33~34˝
- Recline : 118˚
- Seating Space : 17.14˝
- 8.4˝ LCD(Touch Screen), 리모컨 사용
- PC Power(115V AC)

B777 객실조절장치 CSCP(Cabin System Control Panel)

터치 스크린 방식으로 객실사무장/캐빈매니저가 착석하는 L1에 설치된다.

B777-200/300 항공기의 CSCP(Cabin System Control Panel)와 CACP(Cabin Area Control Panel)의 차이점

둘 다 기능은 똑같지만 CSCP는 L1에만 설치되어 있고, CACP는 B777-200인 경우 L2, R4에서, B777-300인 경우 L2, R4, R5에서 Panel Override 기능을 사용하여 CSCP의 기능을 할 수 있는 장치를 말한다.

TIP Panel Overide 기능

CACP의 경우 L2, R4, R5 주변만 조절하게 되어 있으나 이 기능을 사용하면 전체 객실을 조절할 수 있다.

CSCP 화면조절 모습

▲ 객실조절창 화면

▲ 조명조절

▲ 승객콜 조절창

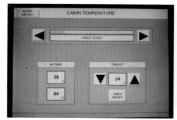

▲ 객실온도 조절

▲ 현재 객실의 오물탱크 잔량

▲ 현재 객실사용하는 음용수 잔량

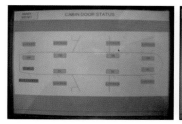

▲ 객실도어의 잠김상태

▲ 방송음량 조절상태

▲ CACP

- CACP : 터치 스크린 방식이며 기능은 CSCP와 같으나 Panel Override 기능이 추가되었다. 항공기 L2, R4 Door에 설치되며 777ws 항공기에는 R5에도 설치되어 있다.

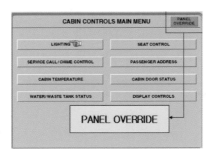

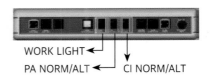

WORK LIGHT
PA NORM/ALT ← → CI NORM/ALT

- All Station과 Crew Rest Area에 설치되어 있다.
- Work Light Jump Seat 주변의 작업 등이다.
- PA 고장 시 PA NORM/ALT Switch를 On하여 PA 시스템을 작동시킨다.

▲ CACP Panel Override　　　　▲ ASP(Attendant Switch Panel)

AVOD MASTER POWER SWITCH

　AVOD SYSTEM을 OFF하기 위해서는 반드시 시청하는 구역의 승객에게 먼저 양해를 구하고 기내 방송을 통하여 AVOD OFF가 된다는 공지를 실시하여야 하며 정해진 절차와 순서에 따라 AVOD OFF 위한 Master Power Off 작업을 수행하여야 한다.

※ MASTER POWER SWITCH Off는 108p 참조
※ AVOD(Audio Video On Demand)

▲ 기내 설치된 AVOD SYSTEM의 POWER를 OFF하는 방법(Master Power Off)

B777 항공기 좌석에 설치된 전기공급장치 ISPS

▲ (IN SEAT POWER SYSTEM) FR/PR/EY

ISPS(In-Seat Power System)란?

- 비행 중 핸드폰 등 승객의 전자기기에 전기를 공급하기 위해 승객 좌석에 설치된 전기공급장치를 말하며, 상위클래스에는 전좌석에 장착되어 있고, 일반

석에는 좌석 열단위에 1개 정도 설치되어 있다.

- 다양한 형태의 전원 플러그도 사용할 수 있도록 Multi Access Type 컨넥터로 되어 있고 제공되는 전력은 110v AC 전력이며, 각 좌석당 제공 가능한 전력은 100VA로 제한된다.
- 항공기에서 제공할 수 있는 최대전력을 초과한 경우 일부 좌석에서는 전기가 공급되지 않을 수도 있다.
- 통로측 좌석 하단에 사용 중임을 나타내는 푸른색의 등이 있어서 ISPS를 사용할 경우 푸른색 등이 켜져 사용 여부를 확인할 수 있다. 또한 접지가 필요한 휴대용 전자기기는 사용할 수 없게 되어 있다.
- 객실승무원은 이륙 후 일정부분에 설치되어 있는 공급전원스위치를 켜야 승객이 이용할 수 있으니 주의한다.
- 항공기 이동, 이착륙 시에는 사용할 수 없다.

B777-200/300 승객 머리 위 벨트사인(FASTEN SEAT BELT SIGN)

기내에서 Fasten Seat Belt Sign를 이용한 신호방법

- 이륙 시 Fasten Seat Belt Sign 3회를 점멸하여 승객에게 이륙하겠다는 고지를 한다.
- 이륙 후 Fasten Seat Belt Sign를 Off하여 이동해도 좋다는 신호를 하며 객실승무원에게는 객실 서비스 준비를 할 것을 알린다.
- 비행 중 Fasten Seat Belt Sign 1회를 점멸할 경우 모든 승객은 자리로 돌아가서 좌석벨트를 메야 하며, 2회가 점멸될 경우 객실승무원도 좌석에 착석하여 난기류에 대비한다.

B777 방송 시 사용하며 승무원끼리 통화할 때 사용하는 인터폰

통화방법

- 정해진 두자리 숫자를 누른다.(사무장 스테이션으로 통화할 경우 11: 처음 1은 왼쪽, 나중 1은 첫 번째 Door를 의미한다.)
- Reset 시키기 위해서는 Reset Button을 누르거나 원위치로 넣는다.
- 비상신호는 55이며, 이는 운항승무원 포함 모든 승무원에게 객실의 비상사태를 알리기 위함이다.
- 비상신호를 발신할 경우 모든 객실의 인터폰은 Chime이 세 번 울리고 Master Call Display에 빨간색 등이 계속 점멸한다.
- 긴급신호를 발신할 경우 * 버튼을 2회 누른다.
- 운항승무원을 제외한 모든 객실승무원에게 중요사실을 공지하기 위해서 전 객실승무원 호출은 54번을 누르면 된다.
- 객실승무원끼리의 통화는 정해진 숫자를 누른다.

B777 방송과 승무원용 인터폰 내부

❶ 통화나 방송을 하기 위해 인터폰을 빼낼 때 인터폰을 위쪽으로 밀면 이 커버가 움직이며 분리할 수 있다.
❷ 인터폰, 방송, 비상신호 안내판
❸ 수화기

❹ 숫자버튼
❺ PTT 버튼 : 인터폰, 기내방송을 할 때 누르고 실시한다.
❻ Reset 버튼
❼ 송화기

객실승무원끼리 통화할 때 숫자의 의미

- 왼쪽 : 1번으로 표시
- 오른쪽 : 2번으로 표시
- 제일 앞쪽 도어부터 1, 2, 3, 4, 5 순서로
- EX No3 왼편 도어를 호출할 때 13번을 누른다.

B777 기종의 비상신호와 긴급신호

비상신호(Emergency sign)와 긴급신호(Urgent sign)의 차이

- **비상신호** : 항공기 순항 중 객실내 테러, 기내난동, 응급환자 발생 시 운항승무원을 포함한 전 객실승무원에게 비상사태를 알리기 위한 신호
- **긴급신호** : 항공기 고도가 10,000ft 이하 비행 시 객실승무원이 항공기의 이상이나 객실안전에 문제가 발생될 수 있거나 발생되었을 때 운항승무원에게 긴급히 알리기 위한 신호

B777 긴급신호	B777 비상신호
,(인터폰 키패드에서 *를 2회 누른다.)	5,5 (인터폰 키패드에서 5를 2회 누른다.)

*버튼을 2회 누른다.

▲ B777 기종의 긴급신호

5 버튼을 2회 누른다.

▲ B777 기종의 비상신호

MASTER CALL LIGHT의 색깔에 따른 분류

유형	색	상황
Passenger Call	Blue	승객이 승무원을 호출함
Attendant Call	Red / Green(A380 Only)	승무원이 승무원을 호출함
Lavatory Call	Amber	화장실 내 승객이 승무원을 호출함

※ 기내에서 승무원 상호간에 의사소통을 가능하게 해주는 시스템이다.
Interphone 실시를 위한 Handset 설비는 조종실 및 객실의 각 Station Panel에 있다.

03. DOOR 구조 및 작동법

▲ B777-200/300 표준 DOOR

▲ B777-300 NO3 DOOR

▲777 Door Gust Lock Release Lever

Door의 작동절차

정상 시 DOOR OPEN 절차

- Fasten Seatbelt Sign이 Off 되었는지 확인한다.
- Door가 정상위치에 있는지 확인한다.
- Door Assist Handle을 잡고 Door Operating Handle을 화살표 방향(Open) 으로 완전히 돌린다.
- Door가 동체에 완전히 Gust Lock될 때까지 힘있게 민다.

정상 시 DOOR CLOSE 절차

- Door Safety Strap이 원위치되어 있는지 반드시 확인한다.
- Door Assist Handle을 단단히 잡고 도어 중앙의 Gust Lock Release Handle을 당겨 Lock 상태를 해제한다.

항공기 객실 구조 및 비행안전

- Gust Lock Release Handle을 잡고 도어를 내부쪽으로 당긴다.
- 도어가 거의 닫혔을 때 Door Operating Handle을 화살표 역방향으로 완전히 돌려 잠근다.

Door의 닫힘상태는 작동 Handle이 완전히 닫힘방향으로 돌려져 있거나 내려져 있는 상태를 의미하며, B777/B747 항공기의 경우 객실 커튼이 Door를 닫을 때 끼어 있는 경우가 종종 발생하니 객실승무원에 의해서 반드시 재확인되어야 한다. 도어에 커튼이 끼일 경우에도 조종실이나 L1 Panel에 완전 닫김으로 표시될 수 있으니 육안으로 확인해야 한다.

▲ B777 항공기 Door Trainer

▲ 항공기 도어핸들(열림, 닫힘용)

B777-200/300 ESCAPE SLIDE ARMING

항공기가 출발하기 전 객실승무원은 맡고 있는 Door의 완전한 닫힘상태/Door Mode의 팽창위치를 반드시 확인해야 한다. 비행 전/후 Door의 닫힘상태 및 슬라이드 모드 상태를 확인하는 것은 도어 슬라이드의 오작동을 방지하고 출입문 안전을 확보하기 위함이다. Door Mode 변경은 객실사무장(캐빈매니저)의 방송에 의해 실시되며 객실승무원은 호출전화에 응답한다. 항공기 출입문을 닫은 후 재개방하고자 할 때에는 사무장은 기장에게 보고 후 조치를 받아야 한다.

상기의 사진과 같이 B777 기종에서 기내 장착돼 있는 모든 Door Mode를 팽창위치로 변경시킨 후 확인지시창에 AUTO라는 표시등이 점등된다. 단 한 개의 Door라도 모드변경이 안 되어 있으면 표시등이 켜지지 않는다. (185페이지 참조)

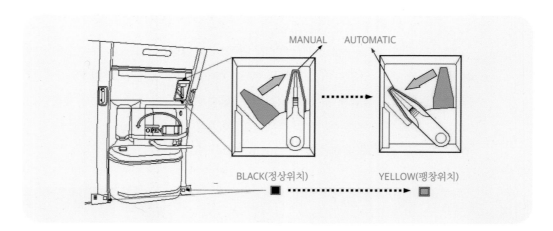

B777-200/300 DOOR ESCAPE SLIDE 팽창된 모습

▲ B777-300 NO3 DOOR ESCAPE SLIDE

▲ B777 항공기 ESCAPE SLIDE 팽창되는 순간

▲ B777-200/300 기종의 Escape Slide Inflation 모습

비상시 Door 작동법

비상시 Door 작동법(777-200/300)

- 외부상황을 파악한다.
- Arming Lever가 Automatic 위치에 있는가 재확인한다.
- Door Assist Handle을 잡고 Door Operation Handle을 화살표 방향으로 완전히 돌린다.
- Door가 자동으로 열리며 슬라이드가 팽창한다.

- Door가 자동으로 열리지 않을 경우 협조자와 함께 Assist Handle을 잡고 동체에 Gust Lock될 때까지 바깥쪽으로 완전히 밀고 하단 우측에 있는 매뉴얼 인플레이션 핸들을 당긴다.
- Slide의 사용 가능 여부를 파악한다.

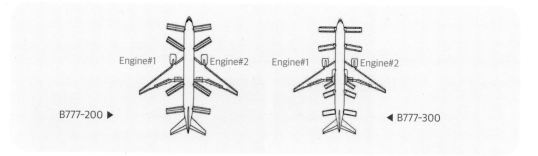

비상시 NO3 Door 작동법(777-300 NO3 Door)

- 비상시 다른 도어와 같은 방법으로 개방한다.
- Escape Slide는 Slide Bustle에서 팽창되는 것이 아니라 동체에서 나오게 된다.
- Door Frame 상단에 있는 Red Manual Inflation Handle을 잡아 당긴다.
- 노란색 Barber Pole을 확인하여 슬라이드가 완전히 팽창되었는지 확인한다.
- 승객들을 화살표 방향인 항공기 후방으로 탈출을 유도한다.

도어 슬라이드 모드(Door Slide mode) 변경방법

객실사무장/캐빈매니저가 슬라이드 모드 변경방송을 실시함과 동시에 모든 승무원은 도어 슬라이드 모드를 정상위치 → 팽창위치, 팽창위치 → 정상위치로 변경한다.

- DOOR MODE 변경 절차 철저 준수
  - 'STOP', 'THINK' and 'Arming lever 위치확인' 절차 준수
  - 반드시 CROSS CHECK 절차를 준수할 것
- DOOR OPEN 시 2인1조 작동 절차 준수
  - 특히, B737의 경우, 승객 하기순서 준수를 위해 사무장 1인이 DOOR를 작동하는 사례 금지

B777-200/300 항공기 도어 슬라이드 모드 변경방법

- **B777 팽창위치**(Automatic/Armed Position) : 도어 슬라이드 손잡이를 왼쪽 팽창위치로 강하게 민다.
- **B777 정상위치**(Manual/Disarmed Position) : 도어 슬라이드 손잡이를 오른쪽 정상위치로 강하게 민다.

B777-200/300 항공기 팽창위치

❶ 팽창위치를 알려주는 표식
❷ 팽창위치로 변경할 때에 이 손잡이를 팽창위치 표식 방향으로 옮기면 된다.

❸ B777 전체 도어가 팽창위치로 변경되면 AUTO 표식이 나타난다.

B777-200/300 항공기 정상위치

❶ 정상위치를 알려주는 표식
❷ 정상위치로 변경할 때에 이 손잡이를 정상위치 표식 방향으로 옮기면 된다.

❸ B777 전체 도어가 정상위치로 변경되면 MANUAL 표식이 나타난다.

항공기 객실 구조 및 비행안전

B777 항공기 도어 구조 설명

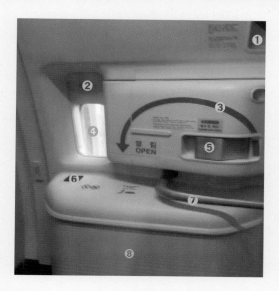

❶ 슬라이드 모드 변경장치
❷ Door Window Shade(햇볕 가리개)
❸ 도어 열고 닫힘 방향을 표시하는 화살표
❹ Viewing Window

❺ Gust Lock Release Lever
❻ Escape Slide 팽창시키는 압력수위를 나타내는 게이지
❼ Door Operation Handle
❽ Slide Bustle

B777 항공기 도어 상태를 표시해주는 상태 표시창

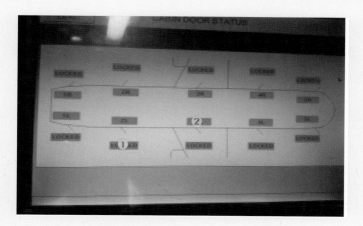

❶ 'LOCKED' 도어가 닫혔음을 나타낸다.　❷ '3L' 항공기 왼편 3번째 도어를 나타낸다.

비정상 상황별 항공기 비상상황 탈출유도방식(공통)

- 객실화재, 동체화재 : 화재발생 반대편 출구로 승객을 유도한다.
- 동체착륙 : 모든 탈출구 사용이 가능하다.
- 동체 기어 손상(항공기 앞쪽이 들린 상태) : 제일 앞쪽 탈출구는 슬라이드가 지상보다 약간 들린 상태이므로 승객을 뒤쪽의 낮은 탈출구나 Overwing Exit을 이용하도록 유도하여야 한다. 하지만 A380 항공기는 앞쪽이 들린 상태일 경우 자동으로 상황을 감지하여 지상에 맞도록 자동적으로 Extension 슬라이드가 팽창된다.
- 앞쪽 기어 손상(항공기 뒤쪽이 들린 상태) : 앞쪽의 낮은 탈출구를 이용하도록 유도한다.
- 바다에 착수 : 수면 위에 나와 있는 모든 탈출구가 사용 가능하다.

04. GALLEY 구조 및 시설

갤리(Galley)란?

비행 중 승객에게 제공하는 물품을 보관하고 준비하는 곳으로 객실승무원의 작업공간이며 갤리브리핑, 기내식준비, 기내음료준비, 승무원들의 식사장소이고 많은 승무원들의 애환이 깃든 기내장소이다. 따라서 객실승무원에게 갤리는 비행의 시작이며 끝인 것이다.

GALLEY 설비의 특징

- 상단 설비 : 건식 Oven, 냉장고, Coffee maker
- 하단 설비 : Cart 보관 Chiller

오븐 커피메이커 전경

▲ B777-200의 특징인 AFT 대형 GALLEY

▲ B777 FWD GALLEY

▲ 서비스 후 기내판매 준비된 모습

▲ 서비스용품 탑재용 Carry On Box

GALLEY 내 WATER SHUT OFF VALVE 사용법

물 공급 라인의 근처에 설치되어 있으며 비정상 상황 발생 시 갤리 내 물 공급을 차단한다.

상당히 중요한 갤리장비 중 하나이니 철저한 학습을 요한다.

서빙카트(Serving Cart)

서빙카트란 식음료 카트와는 달리 승객에 대한 서비스를 실시할 때 사용하는 항공기의 기물로서 B737기종 포함 모든 기종에 탑재되어 운용된다. 비행 전에는 승객의 신문을 세팅하고 비행 중에는 식음료 서비스용으로 그리고 착륙 전에는 서비스한 용품을 회수하는 용도로 사용된다. 상단/중단/하단 각각 세팅하기 쉽도록 나무 재질 판이 깔려 있으며 보기와는 달리 상당히 고가의 제품(대당 ₩1,500,000)이다. 취급 시 집중하지 않으면 상해를 입을 수도 있으니 유의해서 사용해야 한다. 상위클래스 서빙카트와 비즈니스, 일반석 서빙카트는 사양이 약간 다르게 제작되어 있다.

비행 전 신문서비스 및 비행 중 식음료 서비스를 할 때 사용하는 카트(CART)의 종류 중 하나이다.

▲ 서빙카트(SERVING CART) 보관장소에서 이탈 서빙카트 조립모습   ▲ SERVING CART 완성된 모습

B777-200/300 GALLEY를 통제하는 서킷브레이커(CIRCUIT BREAKER)

서킷브레이커란(Circuit Breaker) 일반적 가정에서 사용하는 휴즈박스(두꺼비집이라고도 함)와 동일 기능을 가지고 있으며 과부하, 화재 발생 시 자동으로 튀어나와 전력의 공급을 차단하는 장치이다. 누르면 전력이 공급되고 튀어나오면 전력공급이 중단된다. 기내 화재 진압 후에는 재연결하지 않도록 되어 있다.

B777-200/300 COFFEE MAKER 사용법

커피메이커나 Water Boiler를 켜기 전에는 항상 화재예방 및 안전장비 유지를 위해 에어블리딩(Air Bleeding)을 하여야 한다. 또한 이착륙 시에는 반드시 커피

| STEP**1** ▲ 사용한 커피팩 제거 | STEP**2** ▲ 원두커피 준비 | STEP**3** ▲ 팩 개봉 | STEP**4** ▲ 빈 커피랙 준비 |

| STEP**5** ▲ 새 커피팩으로 교환세팅 | STEP**6** ▲ 커피메이커에 장착 | STEP**7** ▲ 고정 손잡이를 누른다. | STEP**8** ▲ BREW SWITCH를 켠다. |

에어블리딩(Air Bleeding)이란?

커피메이커나 물끓이는 장치의 내부 공기압을 제거하는 작업이며 Coffee Maker나 Water Boiler의 전원을 켜기 전 부착된 수도꼭지에서 기포가 없는 물이 나올 때까지 물을 빼내는 행위를 말한다. 기포가 없는 물은 해당 기기에 설치된 Pot로 1개 정도 물을 빼내면 완료된 것으로 본다.

단 최신형 커피메이커의 에어블리딩(Air Bleeding)은 자동으로 실시되니 참조바라며, 위의 사진은 최신형 커피메이커이다.

- 최신형 커피메이커 : 에어블리딩 자동 실시 / 작동버튼 원형 / 온수 : Tea 버튼 사용
- 구형 커피메이커 : 에어블리딩 수동 실시 / 작동버튼 사각형 / 온수 : 꼭지 부착

갤리드레인(Galley Drain) 사용법

드레인(Drain)이란?

비행 중 갤리에서 사용하고 남은 물을 버리는 장치이며, 여기서 버리는 물은 항공기 외부 밑부분에 설치된 엄청나게 뜨거운 Drain Mast를 통하여 외부로 안개형태로 배출된다. 따라서 항공기가 지상에 주기되어 있을 경우 Drain Mast가 작동되지 않으니 지상 조업원이나 정비사의 부상예방을 위해 물이나 음료를 버리지 않는다. 또한 장비의 청결한 유지와 막힘현상을 방지하기 위하여 비행 중 순수한 물만 버리게 되어 있다. 이 장치는 항공기의 모든 기종 A300/B737, 777, 747, A380에 장착되어 있다.

압축쓰레기통(Trash Compactor) 작동법

압축쓰레기통(Trash compactor)이란 갤리에 설치되어 있으며 일반 쓰레기통과 달리 유압으로 작동되고 상하로 움직이는 사각형의 철제 Bar를 이용하여 모든 쓰레기를 압축할 수 있는 장치를 갖춘 쓰레기통을 말한다. 비행 중 상당한 분량의 쓰레기를 압축할 수 있어 협소한 갤리 내 용적을 많이 줄일 수 있도록 고안한 장

항공기 객실 구조 및 비행안전

치이며 액체류나 유리병 등을 넣고 작동시키면 고장의 원인이 되며 사용법은 아래와 같다.

압축쓰레기통은 A380, B777, B747-8i, B787-9,A330 기종에 장착되어 있다.

STEP**1** ▲ Trash Compactor

STEP**2** ▲ Door Open

STEP**3** ▲ Trash Box를 꺼낸다.

STEP**4** ▲ 새 박스를 준비한다.

STEP**5** ▲ 새 박스 펼친 모습

STEP**6** ▲ 새 박스를 채워 놓는다.

STEP**7** ▲ 전원을 눌러 사용한다.

STEP**8** ▲ 고장인 경우 Clean Button을 누른다.

- 물이나 음료 등 액체성 물질은 쓰레기통에 버리지 않는다. 물은 갤리 내 설치된 Drain을 통해 버리고 찌꺼기가 있는 음료는 모아서 화장실에 버리도록 한다. 액체성 물질은 압축 쓰레기통에 버릴 경우 종이재질로 만들어진 쓰레기함이 파손될 우려가 있다.
- 서비스 후 사용한 와인, 주류 등의 빈병을 압축쓰레기통에 버리지 않는다. 이유는 병을 부수기 위해 과다한 압력이 가해져 기기가 고장나는 경우가 많이 발생한다.

05. 화장실 구조(LAVATORY)

B777 기종 역시 최신형 화장실 설비가 제공되고 있으며 여타 기종과 사용법은 동일하나 중/대형 기종답게 화장실의 공간이 넉넉하게 되어 있는 것이 특이하다. B777 기종의 화장실 설비는 아래와 같다.

화장실 시설

▲ 표준화장실

▲ 화장실 수도꼭지(Faucet)

▲ Flushing Button

▲ 표준화장실 변기

▲ Door Locking 장치

▲ 화장실 전경

▲ 유아용 기저귀 교환대　　▲ 화장실 내 설치되어 있는 Smoke Detector

B777-200/300 화장실 내에서 승무원 호출버튼을 눌렀을 때 외부에 나타나는 신호

해당 Call Light는 화장실에서 승객이 승무원의 도움을 요청할 때 화장실 내 설치되어 있는 Call Button을 누르면 화장실 바깥 벽면에 부착되어 있는 Call Light에 빨간색 불이 점등된다. 이 불빛과 소리를 듣고 객실 승무원은 화장실 내 승객을 돕기 위해 승객 유무를 파악한 후 반응이 없을 시 강제로 문을 열 수도 있다.

06. B777-200/300/WS 항공기 객실승무원 탑승근무 시 유의사항

보유항공사 ● 대한항공 ● 아시아나 ● 진에어

Service 측면

- 777-300의 경우 좌석 배열이 3/4/3으로 세팅되는 비행기가 아직 있어 가운데 승객이 매번 불만을 토로하는 경우가 발생하니 서비스의 선제공 등 각별한 주의가 필요하다.
- 뒷편 GALLEY 내 냉장고의 LOCKING 상태가 정확하지 않을 경우 착륙 시 많은 양의 음료수 병이나 캔이 바닥이나 AISLE로 떨어지는 경우가 있어 주의가 필요하다.
- 항공기 갤리에서 앙뜨레세팅(Entree Setting) 작업을 할 때 기내식의 기름이 바닥에 떨어지면 상당히 미끄러워 다른 승무원이 상해를 입을 경우가 있으니 작업 시 기름이 떨어지면 반드시 휴지로 깨끗하게 닦아야 한다.
- 일등석, 비즈니스, 일반석의 경계가 가깝고 비즈니스, 일반석의 아기요람 장착하는 곳이 각 클래스의 전방에 있어 비행 중 아이 울음 등의 소음 발생요소가 다분하다. 따라서 일등석, 비즈니스 클래스 최후방에 위치한 승객에게는 사전 고지가 필요하며 담당 존을 근무하는 객실승무원의 주의가 필요하다.
- 777-300 비행기의 경우 GALLEY에서는 PAX CALL이 잘 안들리니 소리에 신경써서 근무해야 한다. 따라서 매 비행 시 갤리에서만 있지말고 한 명은 반드시 객실의 Jump Seat에 위치하여 승객의 불편을 감소시키고자 노력해야 한다.
- 777-300WS 기종의 경우 L4 Door에 위치한 갤리에 모든 기판 물품이 탑재된다. 기내서비스 후 면세품 판매 준비 시 많은 소음이 발생할 수 있으니 L4, R4 Door 주변 승객에게 먼저 다가가서 소음에 관한 정보를 주고 양해를 구해야 한다.

- B777 기종은 뒷 갤리 근처가 다른 곳에 비해 넓어 비행 중 승객의 스트레칭 장소가 되는 경우가 많다. 따라서 갤리 안에서 대화를 본의 아니게 듣는 경우가 발생하여 언어 사용 시 유의해야 한다.
- NO4 DOOR 근처 승객에게 GALLEY 소음이 심해 편안한 휴식을 방해하는 경우가 발생하니 소음에 각별히 유의한다.

Safety 측면

- 항공기 ESCAPE SLIDE DOOR MODE 선택 시 반드시 도어 하단의 INDI-CATOR를 확인하여 노란색(ARMED), 검정색(DISARMED)을 재확인한다.
- 승객 탑승 후 DOOR COLSE 시 문을 충분히 앞으로 당겨 DOOR를 닫지 않으면 DOOR가 JAMMING되는 경우가 종종 발생하니 각별히 주의한다.
- 777-300 비행기의 경우 NO3 DOOR의 ESCAPE SLIDE 팽창 시 팽창용 버튼의 위치는 DOOR에 붙어 있어 유의해야 하고 ESCAPE SLIDE BUSTLE 은 비어있으며 실제 팽창 시에 동체에서 슬라이드가 팽창되니 유의한다.
- 객실승무원이 조종실 안으로 진입 시 문앞에 높은 턱이 있어 걸려 넘어질 경우가 발생하니 진입/진출 시 턱에 각별히 유의한다.
- 기내 판매 시 보통 면세품은 캐리어박스(Carrier Box)에 탑재되어 승무원이 캐리어박스 문을 열은 후 닫지 않았을 때 아래쪽에서 작업하던 승무원이 일어나며 머리를 부딪혀 상해를 입는 경우가 발생한다. 캐리어박스를 사용 후 반드시 문을 정확히 닫았는지 재확인이 필요하다.
- 777-200 기종의 경우 비즈니스 클래스 GALLEY 내 공간이 협소해 기내 작업 시 유의한다.
- CREW BUNK 사용 시 승객의 가시권에서 사용하기 때문에 LATCH 대신 비밀번호를 사용하는 것이 좋다.
- 777-300WS 기종 탑승 시 객실승무원의 휴식공간인 CREW BUNK에서의 탈출절차를 반드시 숙지해야 하며, 탈출구의 정확한 위치를 사전파악하여 신속한 탈출에 만전을 기해야 한다. BUNK에서 777WS의 비상탈출구를 개방하면 AFT ZONE 오버헤드빈으로 나오게 되어 있다.

Chapter 08
B747-8i
(대한항공)

CONTENTS

01. B747-8i 항공기(KE) 좌석 및 객실구조

▲ 일등석(First class) 6석

▲ 비즈니스 클래스 48석(일층 26석 /이층 22석)

▲ 일반석 314석 좌석배열 3-4-3 형태로 되어 있다. 총 좌석수 = 368석 장착

▲ 일반석 좌석 AVOD 화면

▲ 일반석 좌석 등받이 뒷면

▲ 일반석 제일 뒤편 좌석

▲ 일반석 클래스 전경

▲ 일반석 충전장치(ISPS-In Seat Power System) 좌석하단 충전장치

▲ 일반석 승무원용 Jump Seat

▲ 1층과 2층을 연결해 주는 계단

▲ 객실 내 설치되어 있는 코트룸 모습

▲ 코트룸(Coat room) 내부

▲ 747 8i 객실 전체 전경

▲ 747 8i 조종실 출입문

 02. B747- 8i 객실조절장치

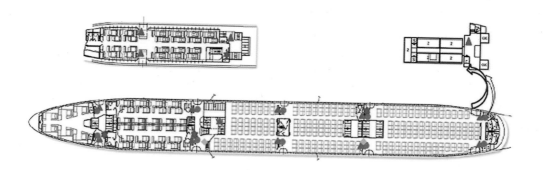

■ Cabin Attendant Panel (CAP) ● Attendant Switch Panel (ASP) ▲ Cabin Attendant Handset (CAH) ◆ Crew Terminal (CT)

CAP(Cabin Attendant Panel)

- 설치장소 : 항공기 내 L1, L2, R4. U/D 갤리 내 설치
- Cabin System을 제어하는 CAP(Cabin Attendant Panel)은 L1, L2, R4, UD Galley 벽면에 장착되어 있고 CSS(Cabin Services System)를 Control하는 Panel이며 주기능은

  ① 객실조명 조절(Cabin lighting control)
  ② 승객 CALL 조절 및 위치파악(Attendant call)
  ③ 객실온도 조절(Cabin temperature control)
  ④ 음용수 및 오수탱크 상태파악(Water/Waste tank status)
  ⑤ 객실도어 닫힘상태 파악(Door status)
  ⑥ 각종 경고메시지(Alert message)

  를 표시하고 객실승무원에게 알려주는 역할을 한다.

인터폰(Interphone, 핸드셋 Handset)

  인터폰(핸드셋, Handset)이란 객실/운항승무원이 서로 통화하고 방송을 가능하게 하는 도구를 말하며, 모든 승무원의 점프시트(Jump Seat)에 설치되어 있다. 다른 항공기에 비해 특이한 점은 사진과 같이 인터폰(Interphone : 핸드셋, Handset)이 구조물의 안쪽에 설치되어 있어서 사용 시에는 아래로 내려서 빼고 사용 후에는 아래에서 위로 밀어 넣게 되어 있으며 현재까지 모든 항공기의 인터폰은 PTT 버튼이 인터폰(Interphone : 핸드셋, Handset)의 아래에 부착되어서 한 손으로 누르고 송화나 기내방송이 가능하였으나 747-8i 항공기의 PTT 버튼은 인터폰(Interphone : 핸드셋, Handset)의 상부에 설치되어 두 손을 사용해야만 하는 특징이 있다.

- PTT 버튼 : PUSH TO TALK의 약어로서 이 버튼을 눌러야 상대편과 통화 및 기내방송이 가능하다.

▲ 점프시트에 설치되어 있는 인터폰(Interphone : 핸드셋, Handset) 외부모습 / 내부모습

▲ 벽면장착 인터폰 모습   ▲ 인터폰 꺼내는 모습   ▲ 꺼내진 인터폰

인터폰(Interphone : 핸드셋, Handset) 사용법

1. Handset을 꺼낸 후, 2 digit Number 입력 Enter
2. UP & DOWN 버튼을 이용하여 선택 후 Enter
   ① 수신 STN-Chime, Master Call Light(Red) 점등
   ② Display 창에 호출장소 표시, Red 점멸
   ③ 통화 중일 때는 BUSY로 표시
   ④ INVALID ENTRY 표시됨(잘못된 호출)
   ※ CART LIFT 옆 MD/UD PR Galley 각 1 개씩 장착

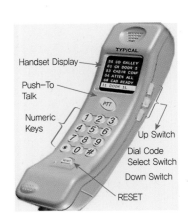

기내방송하는 방법

점프시트나 벽면에 설치되어 있는 인터폰을 꺼내어 4로 시작하는 2자리 숫자를 누르고/PTT(Push To Talk) 버튼을 누른 상태에서/방송하며/끝나면 Reset 버튼을 누른다.

- 방송우선순위
  - ① Flight Interphone(F/D 조종실이 최우선)
  - ② Cabin Handset(Priority/Normal)
  - ③ PRAM(Pre-recorded Announcements)
  - ④ Video Area Announcements
  - ⑤ Boarding Music

▲ 기내방송 시작 전 방송 key를 누른모습-46

B747-8i 기종의 비상신호와 긴급신호

- 비상신호(Emergency sign)와 긴급신호(Urgent sign)의 차이
- ✔ 비상신호 : 항공기 순항 중 객실 내 테러, 기내난동, 응급환자 발생 시 운항승무원을 포함한 전 객실승무원에게 비상사태를 알리기 위한 신호
- ✔ 긴급신호 : 항공기 고도가 10,000ft 이하 비행 시 객실승무원이 항공기의 이상이나 객실안전에 문제가 발생될 수 있거나 발생되었을 때 운항승무원에게 긴급히 알리기 위한 신호

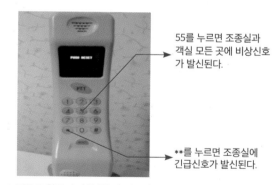

55를 누르면 조종실과 객실 모든 곳에 비상신호가 발신된다.

**를 누르면 조종실에 긴급신호가 발신된다.

▲ 747-8i 항공기 비상신호와 긴급신호

B747-8i 비상신호	B747-8i 긴급신호
인터폰 키패드에서 "5" 버튼을 2회 누른다.	인터폰 키패드에서 "*" 버튼을 2회 누른다.

03. B747-8i 객실 Door(Emergency Exit)

해당 항공기에는 총 12개의 Door(Emergency Exit)가 설치되어 있으며 1층에 설치되어 있는 10개의 도어(Emergency Exit)는 동일하게 작동하나 2층에 설치되어 있는 도어는 1층 도어와 다른 방식으로 운영된다. 특히 주목해야 될 점은 1층에 설치되어 있는 도어(Emergency Exit) 중에서 제일 뒤편(L5, R5 Door) 도어의 핸들이다. 아래의 그림에서 느낄 수 있지만 도어가 완전히 닫긴 상태에서 도어 오퍼레이션 핸들(Door Operation Handle)의 위치가 제일 뒤편 도어가 훨씬 아래쪽으로 처진 것을 볼 수 있다. 따라서 747-8i 항공기의 제일 뒤편의 오른편/왼편 도어를 닫을 때에는 도어 오퍼레이션 핸들(Door Operation Handle)에 체중을 완전히 실어 안내려갈 때까지 힘차게 누르는 것이 필수적이다.

▲ L1 Door 모습

▲ Upper Deck Door 모습

▲ 1층 제일 뒤편 왼편 Door 모습(각도주의) L2 Door 열린 모습

어퍼덱(Upper Deck) 포함하여 모든 도어(Emergency Exits)의 작동법은 747-400 기종과 동일하게 작동(1층 도어-좌우 회전식, 2층 도어-상,하 작동식:어퍼덱(Upper Deck) 도어는 비상시만 사용 가능하며 지상에서는 담당정비사 외 객실승무원은 열거나 닫지 않는다) 한다..

완전 닫힘상태에서 main deck 제일 뒤편 도어를 제외한 일반 도어의 도어 오퍼레이션 핸들 각도(90도 정도)

완전 닫힘상태에서 항공기 제일 뒤편 L5, R5 도어 오퍼레이션 핸들 각도가 일반도어 대비 아래로 처진 것을 볼 수 있다 (100도 정도). "주의"

04. B747-8i 갤리(Galley)

B747-8i 항공기에는 총 4개의 갤리(Galley)가 설치되어 있으며 위치는 항공기 L1 Door(일등석), L2 Door(비즈니스/일반석), L4 Door(일반석), Upper Deck(비즈니스) 후방에 각각 설치되어 있다. 갤리의 구조물과 사용법은 747-400 기종과 동일하나

① 갤리 화재 시 전원을 통제하는 서킷브레이커(Circuit Breaker)의 배열이 간소하고

② 2층과 1층에서 기내식 및 기물을 운반할 수 있는 엘리베이터(Elevator)가 업그레이드되었으며

③ 기내식을 가열하는 오븐이 건식과 습식을 함께 사용할 수 있는 점이 특이하고(747-400 기종은 건식오븐만 장착되어 있다.)

④ 갤리(Galley)와 객실을 구분하는 갤리커튼(Curtain)의 재질이 특성화(방염, 방풍, 방소음) 된 소재를 사용하였다.

아래의 사진은 747-400 기종에 비해 다른 갤리구조물을 사진과 함께 설명 하였다.

▲ 간소화된 서킷브레이커(Circuit braeker) 최신형 엘리베이터

▲ 엘리베이터 내부　　　　　　　▲ 건식/습식 사용 가능한 오븐(Oven)

▲ 재질이 특성화된 갤리커튼　　　▲ 대용량 쓰레기통　　　▲ 초현대식 마이크로웨이브 오븐 (Microwave oven)

05. B747-8i 화장실

해당 항공기의 화장실은 기내에 총 12개 설치되어 있으며 아기기저귀 교환할 수 있는 장치가 구비된 곳은 9곳이고 모든 화장실이 747-400 항공기와 비슷한 구조이나 시설물이 초현대식으로 제작되었으며 다른 항공기에 비해 특이한 점은

① 승객이 화장실을 사용 중이거나 비어 있을 때 지시하는 표시등이 눈에 잘 띄게 하였고

② 화장실에서 급히 객실승무원을 호출할 필요가 있을 시 누르는 콜버튼의 모양을 바꿨으며

③ 아기 기저귀를 교환할 수 있는 화장실의 숫자와 기저귀 교환대의 모양이 오목한 형태의 기저귀 교환대를 설치하였다.

④ 또한 장애인이나 아기가 옷에다 배변을 하였을 경우 바지를 벗기고 씻길 수 있도록 조그만 보조의자를 화장실 내에 설치하였다.

⑤ 마지막으로 화장실 내에 담배를 끌 수 있는 앙증맞은 재떨이를 설치한 것이 특이하다.

▲ 비어있는 화장실(녹색등)

▲ 사용 중인 화장실(적색등)

따라서 747-400 항공기 화장실에 비해 차이가 있는 부분만 사진과 함께 학습해 보도록 한다.

▲ 승무원 호출버튼

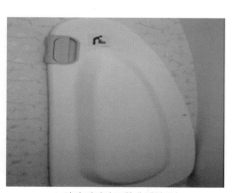

▲ 아기 기저귀 교환대 접힌모습

▲ 아기기저귀 교환대 펼친모습

▲ 객실 승객 머리 위 PSU

▲ 장애인 또는 아기 바지 벗기는 보조의자 접힌 모습

▲ 보조의자 펼친 모습

▲ 화장실 재떨이 접힌 모습

▲ 화장실 재떨이 펼친 모습

※ 옷걸이 모양으로 되어있으나 실제로는 재떨이(ash tray)이다. 재떨이(ash tray)를 설치해 놓은 이유는 담배를 피우라는 의미가 아니라 혹시 담배를 피우는 승객이 있으면 빨리 이곳에 끄라는 의미이며, 항공기 내·외부는 절대 금연지역이니 독자의 오해가 없었으면 한다.

06. B747-8i Bunk

해당 항공기 승무원 휴게실(Bunk)의 특징은 747-400 항공기와 BUNK 위치(R5 DOOR 후방) 및 계단을 통해 올라가는 방법은 동일하나, 747-400 기종이 8개의 침대와 2개의 의자를 설치한 반면, 747-8i 기종은 기존의 의자를 없애고 10개의 침대로 이루어져 있는 것이 특이하다. 일반적으로 객실승무원이 10시간 이상의 장거리 비행을 할 때 전체 인원(약 16명)을 8명씩 나누어 A, B조로 편성하여 휴식시간을 제공한다. 휴식시간은 각 조별로 약 2시간 정도이며 탑승객의 숫자에 따라 가감하기도 한다.

침대는 1층과 2층으로 설치되어 있으며 일반적으로 주니어 승무원이 올라가야 하는 2층을 사용하고 시니어 승무원이 사용하기 편리한 1층을 사용하는 경향이 있다.

▲ 10개의 침대로 이루어진 Crew bunk

▲ 개인별 침대 모습

▲ Bunk 내 온도 조절판

▲ 개인 침대 머리위 조절장치

07. B747-8i 객실승무원 탑승근무 시 유의사항

서비스 측면

- 일등석(First Class) **Sliding Door Locking** 철저: 시건장치를 잘해놓지 않을 경우 이륙 시 항공기 경사에 의해 도어가 후방으로 미끄러져 내려올 수 있음

- 승객의 Meal Table이 다른 기종 보다 무겁고 커서 승객이 조심스럽게 수납하지 않을 경우 파손의 우려가 있음. 따라서 될 수 있으면 객실승무원이 취급하여야하고 수납 시 천천히 수납시켜 모서리 긁힘을 방지해야한다.

- 유아요람(Baby Bassinet)을 설치하는 장소가 상위클래스에는 전무하고 일반석에 8곳만 위치하여 상위클래스 승객이 유아를 동반하여 탑승할 경우 상기 건에 대해 사전안내가 필요함.

Safety 측면

- **B747-8i 항공기 전력제한 현상**

  B747-8i 항공기 전력제한 현상이 발생할 수 있으므로 객실승무원이 항공기에 입장한 순간부터 항공기가 자력으로 이동하는 Taxing 시점까지 모든 갤리(Galley) 시설물 전원을 꺼두어야 한다. 이유는 항공기 특성상 4개의 엔진들이 가동되어 자력으로 이동하기 전에 갤리내 오븐,냉장고등의 장비를 작동시킬 경우 승객들이 사용하는 IFE(In Flight Entertainment) System의 전원이 자동으로 차단되는 등 전력 제한현상이 발생할 수 있음.

- CAP(Cabin Attandent Panel)에서 모든 도어의 Slide Mode 확인이 불가하여 반드시 육안으로 점검해야한다. CAP(Cabin Attandent Panel)에서는 단지 도어의 닫힘상태, 열린상태만 표시된다.

08

B747-8i(대한항공)

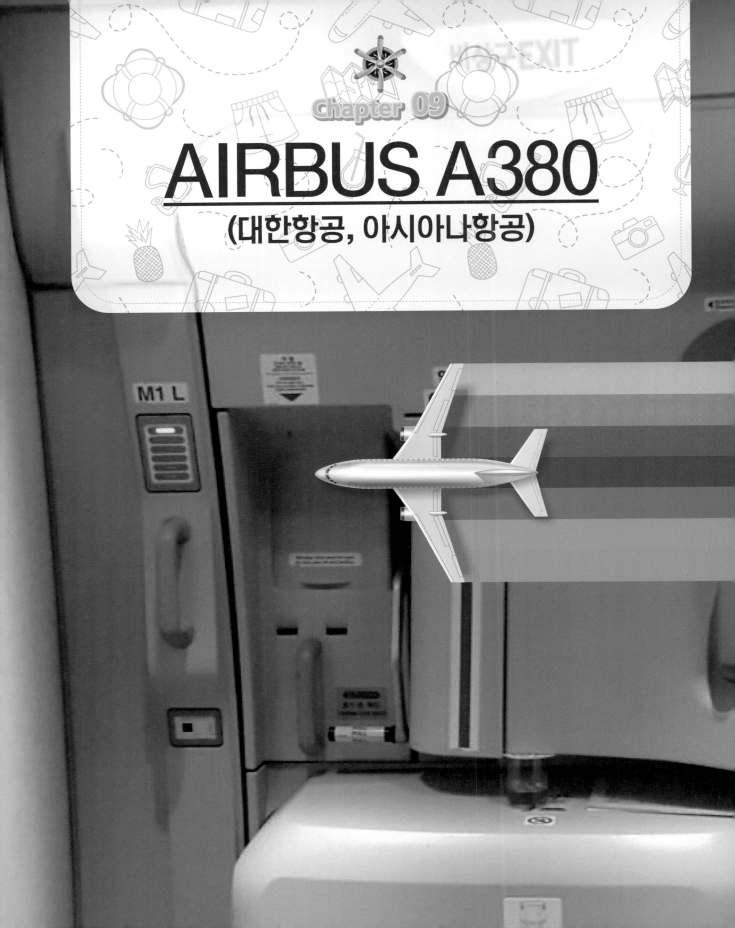

chapter 09

AIRBUS A380
(대한항공, 아시아나항공)

CONTENTS

01. 국내항공사의 A380 항공기 특징과 제원

A380 제원

- 동체길이 : 72.8m
- 동체폭 : 7.14m
- 날개폭 : 79.8m
- 날개면적 : 845m
- 높이 : 24.1m
- 최대이륙중량 : 560톤

- 표준운영중량 : 296톤
- 최대탑재중량 : 65톤
- 연료탑재용량 : 323,573톤
- 최대운항거리 : 13,473km

  (서울에서 중남미까지 비행 가능)

- 속도 : 마하 0.85

▲ 아시아나 항공사의 A380

▲ 대한항공 항공사의 A380

국내항공사별 A380 좌석배치

A380에는 Door가 Main Deck 10개, Upper Deck 6개 총 16개의 비상탈출구
가 동체에 설치되어 있다.

아시아나항공 A380

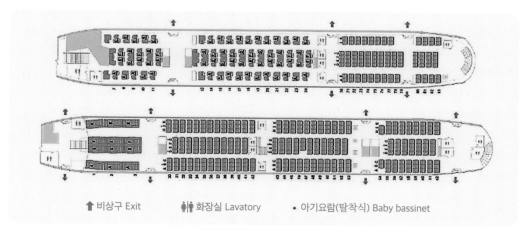

↑ 비상구 Exit   👫 화장실 Lavatory   • 아기요람(탈착식) Baby bassinet

▲ 통합되기전 아시아나항공 A380

대한항공 A380

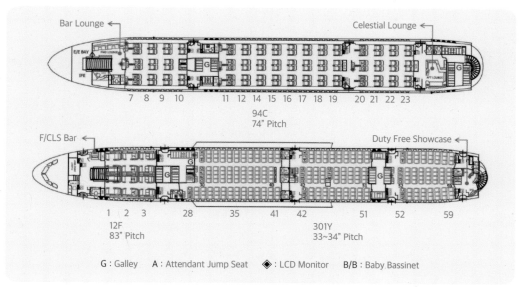

G : Galley   A : Attendant Jump Seat   ◆ : LCD Monitor   B/B : Baby Bassinet

▲ 대한항공 A380 좌석배치도

A380 항공기와 B747-400 항공기의 동체비교

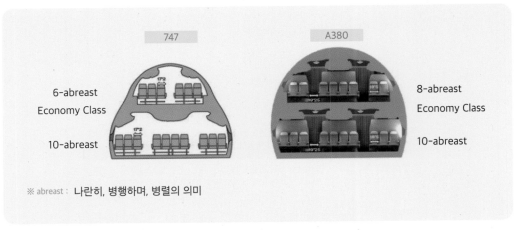

747
A380

6-abreast
Economy Class

10-abreast

8-abreast
Economy Class

10-abreast

※ abreast : 나란히, 병행하며, 병렬의 의미

▲ The widest economy-class seat : over 1″ wider seats than on a 747

A380 비행기와
B747-400 비행기의
단순비교표

- 최대탑승객 : 853명(Main Deck 538명, Upper Deck 315명)
- 최대이륙중량 : 569톤
- 엔진 : 미국 엔진 얼라이언스社 GP7270 터보팬엔진 4대
- 항공기 형상 비교

구분	승객수	최대이륙중량	날개길이	동체길이	높이
A380-861	853명	569톤	80m	73m	24m
B747-400	630명	396톤	65m	70m	19m

그래픽 처리한 A380-861

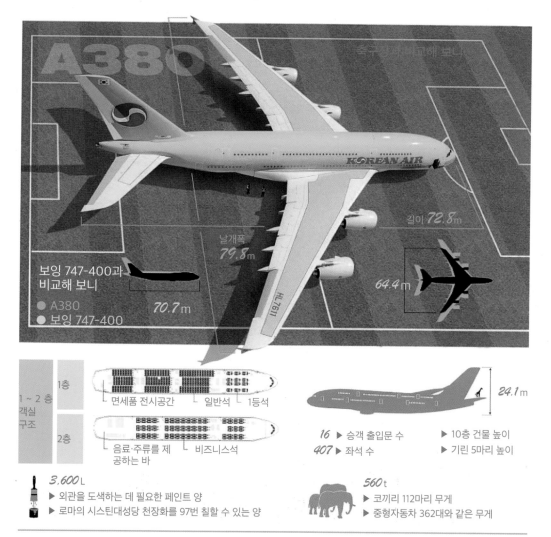

A380

보잉 747-400과
비교해 보니
● A380
● 보잉 747-400

길이 *72.8*m
날개폭 *79.8*m
*70.7*m
*64.4*m

1 ~ 2 층 객실 구조

1층
2층

┌ 면세품 전시공간   일반석 ┐   1등석
┌ 음료·주류를 제   비즈니스석 ┐
  공하는 바

*24.1*m

16 ▶ 승객 출입문 수
407 ▶ 좌석 수

▶ 10층 건물 높이
▶ 기린 5마리 높이

*3,600*L
▶ 외관을 도색하는 데 필요한 페인트 양
▶ 로마의 시스틴대성당 천장화를 97번 칠할 수 있는 양

*560*t
▶ 코끼리 112마리 무게
▶ 중형자동차 362대와 같은 무게

자료 : 그래픽 박경민 차준홍 기자

02. 좌석 및 객실 구조

A380 좌석

First Class 좌석	Prestige Class 좌석	Economy 좌석

- 장착 좌석 : 12석
- Pitch : 83″
- Recline : 180°
- 23″ LCD Monitor
- ISPS 이용 가능

- 장착 좌석 : 94석
- Pitch : 74″
- Recline : 180°
- 15.4″ LCD Monitor
- ISPS 이용 가능

- 장착 좌석 : 301석
- Pitch : 33~34″
- Recline : 118°
- 10.6″ LCD Monitor
- ISPS 이용 가능

A380 기내전경

▲ 대한항공 A380 일등석 전경

▲ 비즈니스 클래스 전경

▲ 일반석 전경

▲ 아시아나 A380 일등석

▲ 비즈니스석

▲ 일반석

항공기 객실 구조 및 비행안전

▲ 전방(아래에서 위로 찍은 사진)   ▲ 위에서 아래로 찍은 사진   ▲ 후방

아시아나항공기와 대한항공 A380 항공기는 전방계단 밑에 일등석이 설치되어 있어서 전방 계단을 이용할 시에는 밑에 위치한 승객이 불편을 느끼지 않도록(특히 야간비행 시) 각별한 주의가 필요하다.

A380 후방에 설치되어 있는 AFT DUTY FREE 센터

▲ AFT DUTY FREE 센터   ▲ 양주전시장

사진에서와 같이 대한항공 A380 항공기 최후방에는 면세점 물품을 전시하고 판매하는 면세품 코너(Duty Free Corner)가 설치되어 있으며 담당 승무원도 배정되어 있다. 따라서 탑승한 승객은 자유롭게 항공기 후방 면세품 코너에서 전시된 모든 물건의 샘플을 볼 수 있고 구입도 할 수 있어서 편리하다.

03. 객실조절장치(FAP-Flight Attendant Panel)

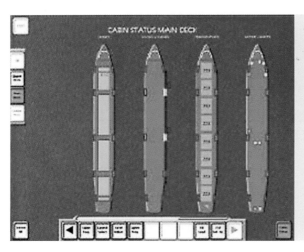

- FAP의 화면은 터치 스크린 방식이며 스크린 하단에는 CIDS 화면과 Menu 화면을 선택할 수 있는 Hard Key가 있다.
- Cabin Status 페이지에서는 각각 다른 기능을 나타내는 항공기 모양이 최대 5개까지 디스플레이되며, 항공기 모양을 선택하면, 해당 기능을 조절하는 화면으로 이동한다.

FAP의 화면은 Touch Screen 방식이며 스크린 하단에는 Hard Key가 설치되어 있다. FAP에서는 객실의 조명, 항공기 도어의 열림/닫힘 상태, 객실온도, 음용수 잔량, 오물탱크의 잔량 등을 알 수 있으며 상당히 다양한 기능을 갖추고 있다.

FAP의 여러 기능

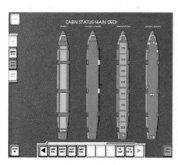

❶ 조절창 안내

❷ Hard Key

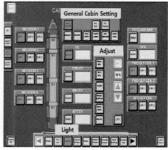

❸ 조명조절

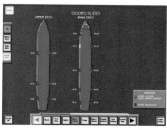
❹ 객실도어상태

❺ 객실온도조절

❻ 물탱크, 오물잔량

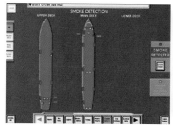
❼ 화재감지

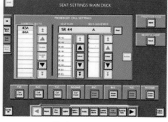
❽ Seat Setting

❾ 독서등조절

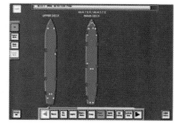
❿ 문제점 파악

⓫ IFE 전원조절

⓬ CIDS

❶ 조절창 안내-FAP의 전체 화면을 누르면 객실조명, 도어닫힘상태, 객실온도, 슬라이드 Arming 상태를 나타내주는 창이 생성된다.

❷ 하단의 Hard Key는 승객좌석의 전력공급, 전체 조명조절, 화장실상태, 스크린 잠김상태, 탈출신호장치를 제어할 수 있다.

❸ 객실 조명상태를 클래스별로 또는 전체적으로 모두 조절할 수 있는 기능이 있다.

❹ 객실 도어 슬라이드의 정상/팽창위치 상태를 알 수 있고 지상에서 조업하는 도어의 Open/Close 상황도 보여준다.

❺ 객실 온도를 클래스별로 조절할 수 있다.

❻ 음용수 및 오물의 잔량을 알 수 있다.

❼ 객실에 설치된 Smoke Detector를 이용하여 화재 및 연기감지상태와 장소를 알 수 있다.

❽ 승객좌석에 설치된 승무원 호출 버튼을 조절할 수 있다.(ON/OFF 기능)

❾ 승객의 독서등(Reading Light)을 조절할 수 있다.

❿ 각 기능의 문제점을 화면에 텍스트로 나타내 준다.

⓫ 승객좌석 및 기타 전원공급을 할 수 있는 장치를 조절해 준다.

⓬ CIDS(Cabin Intercommunication Data System) : 객실 내 모든 시스템을 작동시키고 조절하며 스크린하는 메인 시스템이다.

KE A380 항공기에만 특성화된 객실장치

▲ 갤리보호커튼

▲ 도어작동장치

▲ 갤리 내 와인오프너

▲ FAP하단의 하드키

▲ A380 화장실 자동급수 장치

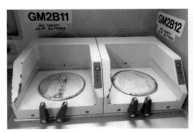
▲ 보온을 위한 Hot Plate

▲ AVOD를 총괄하는 VCC

- 갤리보호커튼(Roll Screen) : A380만의 특이한 장치로 승객 탑승과 하기 시 갤리의 모습을 자연스럽게 가릴 수 있는 장치이며 승객 탑승 시와 하기 시에만 사용한다.
- 도어작동장치 : A380 항공기는 도어를 전기식으로 닫고 열 수 있으며 이를 작동시키기 위한 Panel이다. 일명 DSIP라고도 하며 자세한 설명은 Door 란에서 볼 수 있다.
- 와인오프너 : 대한항공 항공기 중에서 유일하게 A380 기종만 설치되어 있는 상당히 편리한 장치이다.
- FAP 하단의 하드키 : A380 객실구조 페이지에서 자세하게 설명되어 있으니 참조하도록 하자.(하드키: 핸드폰 액정처럼 터치해서 작동 하는것이 아니고 튀어나와있어 눌러야 작동되는 버튼을 말한다. 컴퓨터 자판을 보면 하드키 형식으로 되어있다.)
- 화장실 자동급수장치 : 최신형 항공기에만 설치되어 있는 장치로서 화장실 내 수도꼭지에 센서를 설치하여 손을 대면 자동적으로 급수가 가능하게 한 전자식 장치이다. 최근 생산된 항공기에는 대부분 상기의 자동급수센서가 장착된 Faucet이 설치된다.
- 보온을 위한 Hot Plate : 대부분의 항공기에는 물을 끓일 수 있는 Hot Cup이 설치되어 있으나 A380 항공기에는 물을 끓일 수 있는 장치가 설치되어 있는 것이 아니라 보온만이 가능한 장치가 비치되어 있다. 따라서 라면 등의 조리는 마이크로웨이브 레인지나 뜨거운 물만 부어서 제공한다.(일명 Combo Plate 라고도 한다.)
- VCC(Video Control Center) : A380 항공기는 기존 항공기와 달리 특이한 구조의 VCC를 가지고 있다. Air Show, 2층 객실 BAR 화면 조절, 기판센터 Control 등을 VCC에서 조절한다.

객실승무원용 인터폰 시스템

기내에서 객실승무원 상호간의 의사소통을 원활하게 해주는 기구이며 인터폰 실시를 위한 핸드셋 설비는 조종실 및 객실의 각 객실승무원 위치에 있다.

통화하기 위한 방법은 핸드셋의 해당 기능버튼을 누른 후 녹색의 Send Button을 누른다. Reset을 위해서는 핸드셋을 원위치시키면 된다.

▲ A380 객실승무원용 인터폰/PA

▲ 인터폰 내부 모습

▲ 인터폰 내부 전경

▲ Jump Seat에 설치된 인터폰

Multi Function Softkeys

Function Keys

SEND Key

▲ 내부기능

▲ 원하는 장소 선택된 모습

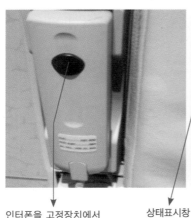

인터폰을 고정장치에서 분리하기 위해 누르는 버튼 이 버튼을 누르면 분리된다.

상태표시창

PTT버튼

숫자버튼

송화기, 상당히 민감하여 방송 시 숨소리까지 기내에서 잘들리니 유의한다.

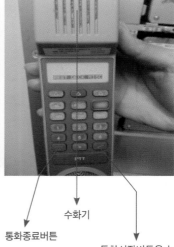

통화종료버튼

수화기

통화시작버튼을 눌러야 상대방 인터폰에 신호가 간다.

A380 인터폰 사용방법

- 핸드셋의 해당 Function Key나 Soft Key를 누르고 녹색의 Send 버튼을 눌러 통화한다.
- 리셋시키기 위해서는 핸드셋을 원위치하기만 하면 된다.
- 비상신호는 Emer을 1초 이상 누르면 모든 운항/객실승무원이 비상상황 발생을 인지한다.
- 모든 객실승무원과 통화를 원할 때(Conference Call) : 모든 객실을 동시에 연락할 수 있는 버튼으로서 'CONF'와 핸드셋의 Soft Key를 눌러 'ALL'을 선택한 후 Send 버튼을 누른다.

- CAPT : 운항승무원과 통화
- PURS : 객실사무장과 통화를 원할 때 누르면 된다.

A380 기종의 비상신호와 긴급신호

비상신호(Emergency sign)와 긴급신호(Urgent sign)의 차이

- 비상신호 : 항공기 순항 중 객실 내 테러, 기내난동, 응급환자 발생 시 운항승무원을 포함한 전 객실승무원에게 비상사태를 알리기 위한 신호
- 긴급신호 : 항공기 고도가 10,000ft 이하 비행 시 객실승무원이 항공기의 이상이나 객실안전에 문제가 발생될 수 있거나 발생되었을 때 운항승무원에게 긴급히 알리기 위한 신호

* A380 기종은 비상신호와 긴급신호를 누르는 법이 동일하다.

A380 비상신호	A380 긴급신호
인터폰 키보드에서 "EMER" 버튼을 1초 이상 누른다. 또는 "EMER"을 누른 후 "SEND"를 누른다.	인터폰 키보드에서 "EMER" 버튼을 1초 이상 누른다. 또는 "EMER"을 누른 후 "SEND"를 누른다.

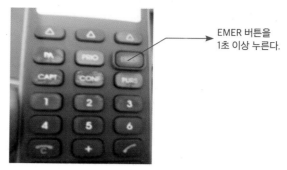

EMER 버튼을
1초 이상 누른다.

▲ A380 기종의 비상신호 및 긴급신호-동일함

A380 좌석에 장착된 전기공급장치 및 편의장치

ISPS-(IN SEAT POWER SYSTEM) FR/PR/EY CLS

비행 중 탑승한 승객의 핸드폰 및 휴대한 전자기기에 전기를 공급하기 위해 승객좌석 하단에 설치된 전기공급장치이다. 상위클래스에는 개인 좌석당 1개씩 설치되어 있고 일반석은 좌석 한 열당 1곳 정도가 설치되어 있다.

객실좌석

▲ A380 일반석 표준좌석   ▲ 승객 탑승 전 세팅모습   ▲ 좌석 뒷면

▲ A380 일반석 모니터

▲ 리모컨

▲ 리모컨 뒷면

▲ 좌석에 붙어있는 옷걸이

▲ USB 충전장치

▲ EARPHONE HOLE

▲ A380 코트룸

▲ 승객호출버튼 누른 상태

▲ 승객호출버튼

※ A380 항공기는 A330과는 달리 Overhead에 승객 Call Light가 들어온다.

04. DOOR 구조 및 작동법

Door

A380 항공기에는 Door가 16개 있다.

A380 항공기 동체에는 Main Deck 10개, Upper Deck 6개 총 16개의 비상탈출구가 설치돼 있으며 각각의 작동법과 비상탈출 시 사용하는 방법에 대해 다음의 그림과 설명을 통해 알아 보도록 하자. Upper Deck Door의 작동법은 Main Deck과 동일하나 Door의 구조 및 장치가 약간 상이한 부분이 있다.

▲ A380 Door Trainer(KE)　　▲ Door 완전히 닫힌 모습　　▲ Door 완전히 열린 모습

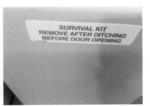

▲ 표준 Door(R1)　　▲ 표준 Door(L1)　　▲ Upper Deck Door　　▲ Upper Deck 생존도구

A380 항공기 도어 슬라이드 모드 변경방법

도어 슬라이드 모드(Door Slide mode) 변경방법

객실사무장/캐빈매니저가 슬라이드 모드 변경방송을 실시함과 동시에 모든 승무원은 도어 슬라이드 모드를 정상위치 → 팽창위치, 팽창위치 → 정상위치로 변경한다.

- DOOR MODE 변경 절차 철저 준수
  - 'STOP', 'THINK' and 'Arming lever 위치확인' 절차 준수
  - 반드시 CROSS CHECK 절차를 준수할 것
- DOOR OPEN 시 2인1조 작동 절차 준수
  - 특히, B737의 경우, 승객 하기순서 준수를 위해 사무장 1인이 DOOR를 작동하는 사례 금지

A380 항공기에 장착된 모든 도어는 동일한 사양이나 Upper Deck 6개 도어 와 Main Deck NO3 도어는 Escape Slide가 Slide Bustle이 아닌 동체에 장착 되어 있어 Door에는 Slide 보관용 Bustle이 없다.

- **A380 팽창위치**(Automatic/Armed Position) : 슬라이드 박스 덮개를 열고 Safety Pin 을 뽑은 후 도어 슬라이드 손잡이를 왼쪽 팽창위치로 강하게 밀고 Safety Pin을 지정장소에 보관한다.

A380 항공기에 장착된 모든 도어는 항공기 고도가 24,000ft(약 7,200m) 이하에 서 일정속도 이상 넘어가면 도어 잠김장치-Door Locking System가 자동적으 로 작동되어 항공기 문을 열 수 없다.

- **A380 정상위치**(Manual/Disarmed Position) : 슬라이드 박스 덮개를 열고 도어 슬라이 드 손잡이를 오른쪽 정상위치로 강하게 밀어 정상위치로 돌린 후 일정장소에 보관해둔 Safety Pin을 꽂는다.

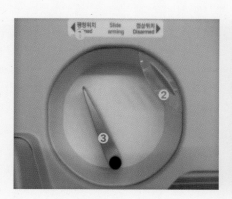

❶ 팽창위치를 알려주는 표식
❷ 덮개커버
❸ 도어 슬라이드 모드 변경하는 핸들. 현재는 비행 중인 관계로 팽창위치에 있다.

❹ 정상위치를 알려주는 표식
❺ 덮개커버
❻ 도어 슬라이드 모드 변경하는 핸들. 현재는 비행 기가 주기 중인 관계로 정상위치에 있다.
❼ Safety Pin, 정상위치에 있을때만 꽂는다.

Safety Pin이란?

A330/B747/A380 항공기의 도어모드가 정상위치(Manual/Disarmed Position)에서 팽창위치(Automatic/Armed Position)로 넘어가지 않도록 정상위치 상태에서 고정핀을 삽입하여 움직이지 못하도록 하는 장치이다. 도어모드를 팽창위치로 옮기기 위해 Safety Pin을 뽑으려면 뒤쪽의 누름쇠를 누른상태에서 잡아 당기면 뽑힌다.

→ 앞쪽의 베어링이 튀어 나와 있어서 뽑히지 않는다.

→ 누름쇠를 누르면 앞쪽의 베어링이 안쪽으로 들어 가서 뽑을 수 있다.

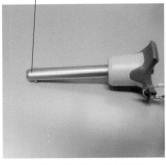

▲ 뒷쪽 누름쇠 누르기 전 모습   ▲ 뒷쪽 누름쇠 누른 모습   ▲ 전체 모습

A380 항공기 도어구조 설명

❶ Trash Hold Light(도어주변 조명장치)
❷ 도어 개폐 시 사용하는 버튼
❸ Assist Handle
❹ Viewing Window
❺ Door Operation Handle
❻ 도어핸들 조작방향을 가리키는 표식. 화살표 방향으로 들어 올리면 열린다.
❼ 조명등
❽ 슬라이드 모드 조작장치
❾ Slide Bustle

▲ A380 Slide Bustle

▲ A380 Door Assist Handle

▲ A380 Door Slide Mode Lever

Door Open & Close 절차

Door Open

- Fasten Seatbelt Sign이 Off되었는지 확인한다.
- Arming Lever가 Disarmed 위치에 있는지 확인한다.
- Door Assist Handle을 잡고 Door Operation Handle을 완전히 들어 올린다.
- DSIP(Door and Slide Indication Panel)의 Open Button을 도어가 완전히 개방될 때까지 누르고 있는다.
- DSIP에 "FULLY OPEN" 사인이 점등될 때까지 누르고 있는다.

Door Close

- Door Safety Strap이 설치되어 있으면 제거한다.
- Door Assist Handle을 잡은 채로 DSIP의 "CLOSE 버튼"을 도어가 완전히 안쪽으로 들어올때까지 누르고 있는다.
- Door Assist Handle을 잡은 채로 Door Operation Handle을 완전히 내려 닫는다.
- Viewing Window 하단에 잠금표시인 "LOCKED"를 확인한다.(완전히 닫히지 않았을 경우에는 "UNLOCKED"가 보인다.)

▲ DSIP

모든 Door 작동 전 Viewing Window 아래 부분에 있는 붉은색의 Cabin Pressure Warning Light가 점등되어 있는 경우 Door를 개방하지 말고 즉시 기장이나 사무장에게 연락한다.(쉭~하는 소리가 들린다.)

용어 정리

- DSIP : 항공기 도어를 열고 닫는 전자식 버튼 방식의 개폐장치
- Viewing Window : 항공기 도어를 열 때 외부상황을 관찰하는 창문
- Door Assist Handle : 항공기 도어를 열고 닫을 때 추락방지를 위해 잡은 고정식 손잡이
- Safety Pin : 도어 모드를 Disarmed Position으로 하고 고정시키는 핀
- Door Operation Handle : 항공기 도어를 열고 닫을 때 사용하는 핸들
- Door Locking Indicator : 도어가 완전히 닫혔는가를 표시하는 창

* **DSIP** : A380 항공기에만 장착되어 있으며, 항공기 Door를 열고/닫는 데 사용하는 패널(panel)을 말한다.

A380 항공기 비상시 Door 팽창시키는 방법

- 먼저 외부상황을 정확히 판단한다.
- Arming Lever가 팽창위치(Armed Position)로 정해져 있는지 확인한다.
- Assist Handle을 잡고 Door Operation Handle을 Open 쪽으로 밀어 올린다.
- 항공기 도어는 자동적으로 개방되며 동체에 Gust Lock된다.
- Escape Slide가 팽창되지 않을 경우에는 Door 우측 중단에 설치되어 있는 Manual Inflation Push Button을 강하게 누른다.
- Slide/Raft 사용 가능한지 여부를 파악한다.
- 모든 Door는 도어 오퍼레이션 핸들을 70도 이상 들어 올리면 Door Frame 우측상단에 설치된 Manual Inflation Push Button이 붉은색으로 점등되며

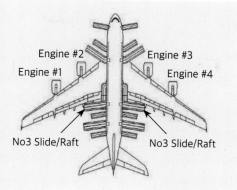

Engine #2 Engine #3
Engine #1 Engine #4

No3 Slide/Raft   No3 Slide/Raft

※ 긴 것은 Upper Deck
Slide/Raft
※ 짧은 것은 Main Deck
Slide/Raft

▲ A380 항공기 모든 도어의 팽창된 상태를 그래픽 처리한 모습

즉시 사용 가능한 상태로 된다.

- Door Mode가 Armed일 경우에 객실
압력이 외부 기압과 차이가 있더라도
Cabin Pressure Warning Light가 켜지지
않으며 경고음도 울리지 않는다.

- No3 Door에는 기체 후방을 향하는
Ramp Slide만 장착되어 있어서 비상
착수 시 사용할 수 없으며 승객은 다른
Door로 안내해야 한다.

- No1 Door에는 비상착륙 시 기수가 들
려 슬라이드가 완전히 땅에 안닿을 경우
가 발생 시 탈출승객의 부상방지를 위해
미처 안닿은 부분까지 펼쳐지는 보조 슬
라이드가 장착되어 있다. 해당 보조 슬라
이드는 항공기 기수가 2.5도 경사졌을 때
자동으로 펼쳐진다.

만일 팽창이 실패하여 사용 불가할 경우
DSIP의 "Slide Not Ready" 버튼이 붉은색

▲ A380 DOOR MANUAL INFLATION
BUTTON

▲ ESCAPE SLIDE INFLATION
BUTTON 위치

으로 점등되며 경고음이 약 2분 정도 울리게 된다. 이 경우 승객들을 사용 가능한 다른 출입구로 이동시킨다.

- Mooring Line : 비상착수 시 탈출한 슬라이드를 구명정으로 이용하게 되는데 탑승승객이 완벽히 탈출할 때까지 비행기 동체에 Slide/Raft가 붙어 있어야 한다. 비상탈출을 못하고 혹시 남아있을지 모르는 승객, 귀중한 탈출장비, 신호장비를 기내에 두고 왔을 경우 다시 기내에 진입하기 위해 항공기와 구명보트를 연결해 주는 일종의 연결끈이며 탈출이 완료된 후 항공기가 깊은 심해로 가라앉기 전 동반 침수를 피하기 위해 구명보트에 부착된 칼로 잘라내야 한다.

▲ A380 ESCAPE SLIDE 팽창된 모습

▲ ESCAPE SLIDE 팽창된 모습(뒷쪽에서 볼 때)

▲ UPPER DECK ESCAPE DOOR 팽창된 상태

▲ OVERWING EXIT(NO3 DOOR) 팽창된 상태

항공기 객실 구조 및 비행안전

05. GALLEY의 구조 및 시설

A380 갤리 특징

- 상단 설비 : 습식 오븐,
  커피메이커, Water Boiler,
  전자레인지(GM2A에만)
- 하단 설비 : Cart 보관
  Chiller

A380만의 특이한 갤리장비

- Combo Boiler

  기존의 Hot cup 방식과 다
  소 상이함

  (반드시 pre heating된 물 사용)

- Roll Screen

  미관상 승객 탑승·하기 시
  통로로, Galley를 방염 소재
  의 Screen으로 가려 내부가
  보이지 않게 함

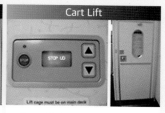

- Cart Lift
  ❶ M/D No2 Door Galley ↔
  Upper Deck No1 Galley
  ❷ M/D R5 Door Galley ↔
  Upper 최후방 R Side

▲ A380 FWD GALLEY

▲ A380 MID GALLEY

갤리 각종 장치

❶ Circuit Breaker

❷ Water Drain

❸ Paucet & shut off valve

❶ 서킷브레이커(CIRCUIT BREAKER) : Circuit Breaker란 전원차단 역할이 주목적으로 설치되어 있으며 과부하 현상 발생 시 자동으로 튀어나오고 화재 시나 필요 시 설비의 해당 Circuit Breaker 까만색 튀어나온 부분을 잡아 당긴다.

★ 전원 재연결 : 과부하 현상이 제거된 후 Circuit Breaker를 누른다. 화재 진압 후에는 재연결하지 않는다.

❷ Water Drain : 비행 중 발생되는 순수한 물을 버리는 장치이다. 음료수나 이물질이 포함된 액체는 버리지 않고 모아서 화장실에 버린다.

❸ Water Faucet : 음용수가 나오는 수도꼭지를 말한다.

❹ Water Shut Off Valve : 갤리에 공급되는 수돗물을 잠그는 장치이며 비상시 물을 잠궈 더 이상의 피해가 없도록 하는 장치이다.

▲ 갤리 내 엘리베이터

▲ 최신형 커피메이커

▲ 고정식 와인오프너

▲ 갤리 내 인터폰

▲ 최신형 카프치노 커피메이커

▲ 커피메이커와 워터보일러 세팅

최신형 습식 OVEN

A380 Galley 내에는 다음 사진과 같은 최신형 오븐이 설치되어 있다. 해당 오븐은 습식 기능을 갖추고 있어 가열 중 음식이 지나치게 눌어붙거나 타는 현상을 방지하며 계속 뜨거운 증기를 공급하여 항상 촉촉한 맛을 유지하는 기능이 있다. 또한 건열오븐보다 조리 시간이 매우 짧은 장점 또한 갖추고 있다. 작동법은 다음과 같다.

▲ A380 신형 Oven 소개

▲ OVEN Door

STEP **1** ▲ 프로그램 설정

STEP **2** ▲ 문을 닫는다.

STEP **3** ▲ 설정완료

STEP **4** ▲ 가열 중

▲ A380 GALLEY에만 있는 독특한 장치2
(승객 탑승/하기 시 갤리용품 보호장
치막)

▲ A380 HOT PLATE

▲ HOT PLATE CONTROL SWITCH

06. 화장실 구조(LAVATORY)

화장실 시설

A380 항공기는 최근에 제작되어 화장실도 여타 기종보다 초 현대식으로 제작되었으며 사용하기 매우 편리하도록 설계되어 있다. 화장실 설비와 사용 시 주의점은 다음을 참조하도록 하자.

▲ A380 화장실

▲ 비즈니스 LAV

▲ 화장실 세팅모습

▲ 화장실 사용표지

▲ 화장실 흡연 경고문

▲ 옷걸이

▲ 산소마스크장치

▲ Smoke Detector

화장실 주의점

● 최신형 항공기답게 A380 화장실도 승객이 이용하기 쉽고 편하도록 설계되어 있다. 다만, 항공기 좌석배치상 L1 Door 후방에 위치한 화장실은 지상에서 사용할 경우 반드시 화장실 내 Window Shade을 내려야 한다. 이유는 항공기에 접근된 브리지에서 화장실 내부를 훤히 들여다 볼 수 있기 때문이다. 비행 중 탁트인 창공을 바라보며 용변을 해결하는 멋도 있지만 지상에선 금물이다. 비행근무 시 잊지말아야 한다.

● 화장실에 있을 때 객실의 감압현상이 나타난다면 뛰쳐 나갈 생각하지 말고 화장실 천장에서 내려오는 산소마스크를 쓰고 안전고도로 하강할 때까지 그대로 있는 것이 좋다. 왜냐하면 항공기의 하강속도, 하강각도가 생각한 것보다 상당히 커서 자리로 돌아가는 것이 불가능하기 때문이다.

● A380의 모든 화장실 수도꼭지에는 감지형 센서가 부착되어 있어 손을 대면 물이 자동으로 나오게끔 설계되어 있다. 따라서 물이 안나온다고 수도꼭지를 무리하게 치거나 만지면 오히려 기기의 손상을 초래하니 여유를 가지고 손을 대도록 하자.

07. A380-800 객실승무원 탑승근무 시 유의사항

보유항공사 ● 대한항공 ● 아시아나항공

Service 측면

● 항공기 중간 Zone에 설치되어 있는 Roll Screen(갤리보호커튼)은 승객 탑승·하기 시 내려져 있어야 하니 반드시 재확인한다. 이러한 장치는 A380 항공기에만 설치되어 있어서 대부분의 객실승무원들이 깜박 잊는 경우가 많다.

- 일등석에는 최신형 좌석이 12개 설치되어 있으며 승객이 많으면 화장실 1개로는 충분치 않은 경우가 많다. 조종실 바로 뒤에 화장실이 추가로 설치되어 있으니 일등석 예약 승객이 좌석수의 반 이상을 초과할 경우 운항 브리핑시 운항승무원과 협의하여 일등석 승객이 화장실을 사용하기 위해 지나치게 오래 기다리지 않도록 조종사용 화장실을 함께 사용할 수 있게끔 협의하는 것이 좋다.

- 항공기 제일 앞쪽 L1 도어 근처 화장실은 지상에서 이용 시 각별한 주의를 필요로 한다. 왜냐하면 화장실에 설치되어 있는 외벽 창문을 통해 지상 근무자들이 화장실을 이용하는 승무원의 행동을 볼 수 있기 때문에 반드시 창문 커튼을 내리고 이용하도록 하자.

- A380 비행기의 갤리는 구조적 특성상 모든 Galley가 전·후로 승객좌석과 붙어있는 경우가 많다. 따라서 갤리 작업 시, 승무원끼리 대화할 때 소음발생에 상당히 유의해야 하며 오해의 소지가 있으니 승객에 관한 정보를 교환할 때는 각별히 조심하도록 해야 한다.

- 항공기 특성상 물을 끓일 수 있는 Hot Cup 장치가 설치되지 않은 비행기가 상당수 존재하므로 승객 서비스 시 유의한다. 참고로 일등석 승객의 라면은 전자레인지, 비즈니스/일반석 승객의 라면은 뜨거운 물을 부어서 서비스하도록 되어 있다.

- 에어버스 비행기에 설치되어 있는 Inter Lock Switch에 유의해서 사용해야 한다.(Inter Lock Switch-갤리 내 오븐과 뜨거운 물 가열장치를 선택할 수 있는 스위치로 각 역할에 맞도록 설정해야 한다.)

- 2층 Upper Deck에는 해당 클래스 승객 탑승과 하기 시 별도의 탑승·하기용 브리지를 접안하므로 2층 승객에게 사전 고지하여 Main Deck으로 내려올 필요 없이 편리하게 이용할 수 있도록 한다.

- Galley에 설치되어 있는 Oven은 기존 항공기와는 달리 최신형 Atlas Type Oven이므로 사전에 작동시켜보아 작동법을 숙지해야 내용물을 잘 데울 수 있으니 유의하자.

- Upper Deck 갤리가 객실승무원 근무인원에 비해 비교적 좁게 설계되어 있다. 따라서 갤리 작업 시 서로에게 불편을 주지 않도록 노력하여야 하며 앞뒤 객실승무원 각각에게 부여된 마지막 좌석의 서비스 완료 상태를 반드시 점검하여 중복서비스나 서비스 Skip이 일어나지 않도록 해야 한다.

Safety 측면

- Escape Slide Arming Lever가 상당히 빡빡하니 작동 시 두 손으로 정확히 맞는 위치에 놓고 반드시 Left/Right Side 객실승무원의 확인이 필요하다.

- 이착륙 시 조종실에 객실준비완료를 뜻하는 Cabin Ready Sign을 보내야 하는 것도 잊지 않도록 한다.

- 최신형 기종으로 여러 가지 복잡한 장치가 있을 수 있으니 모든 장비나 장치는 적절한 교육을 받은 후 작동해야 한다.

- 비행기 내 설치된 최신형 엘리베이터 작동법을 숙지해야 하며, 특히 앞쪽과 뒤쪽에 설치된 계단을 이용해 내려올 때 각별한 주의가 필요하다.

- 객실승무원의 휴식공간인 Crew Rest Bunk 출입 시 비밀번호를 잊지 않도록 하며 Bunk에서 탈출할 때 이용하는 비상탈출구의 위치를 반드시 기억하도록 해야 한다.

- 객실의 모든 Door는 전기식으로 작동되니 작동 시 서두르지 않고 침착한 여유와 함께 작동하며 Escape Slide의 팽창핸들이 Door 근처부근에 장착되어 있으니 위치를 사전 파악하도록 한다.(우리 객실승무원은 너무 급하죠?)

- L4, R4 도어 근방에 일반석을 주관하는 대형 갤리가 설치되어 있어 편리한 점이 있으나, 갤리 앞쪽 Meal Cart Compartment에 Meal Cart를 넣을 때 반드시 카트의 문을 닫고 넣어야 한다. 카트수납장소 후방 갤리에 물을 공급하는 파이프가 지나가고 있는바, 문을 닫지 않고 카트를 세게 밀어 넣으면

열린 문짝이 파이프를 손상시켜 물이 새어나오는 경우가 있으니 반드시 카트의 문을 잘 잠그고 살짝 밀어 넣도록 해야 한다.

- 항공기 최후방에 면세품 전시대 및 판매공간이 설치되어 있는바, 여기서 사용하는 전기장치가 상당히 많아 과열의 가능성이 있다. 따라서 근무 승무원은 항상 이 점을 유의하고 사용하도록 해야 한다.

- 항공기 전방, 후방에 설치되어 있는 Upper Deck으로 통하는 계단에서 비행 중, 비행 후 이층에서 물건이 굴러 떨어져 Main Deck의 구조물을 손상시킬 수 있는 우려가 있다. 따라서 이층에 근무하는 객실승무원은 이착륙 시 시건장치에 각별히 유념하자.

- 항공기 전방, 후방에 설치되어 있는 Upper Deck으로 통하는 계단 상단에는 다른 클래스 승객이 올라오지 못하도록 Strap을 쳐놓는 경우가 많이 있는데 객실승무원이 통과하기 위해서는 구조물 끝에 설치된 시건장치를 풀고 이층으로 진입해야 한다. 하지만 이 동작이 귀찮아서 다리를 높이 들고 넘어가는 사례가 많고 그 와중에 한쪽 다리가 걸려 넘어지는 객실승무원을 수도 없이 많이 보아왔다. 큰 부상의 위험이 있으니 시간이 좀 걸리고 귀찮더라도 반드시 시건장치를 풀고 안전하게 지나가도록 하자.

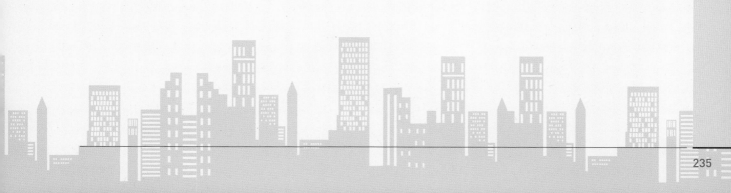

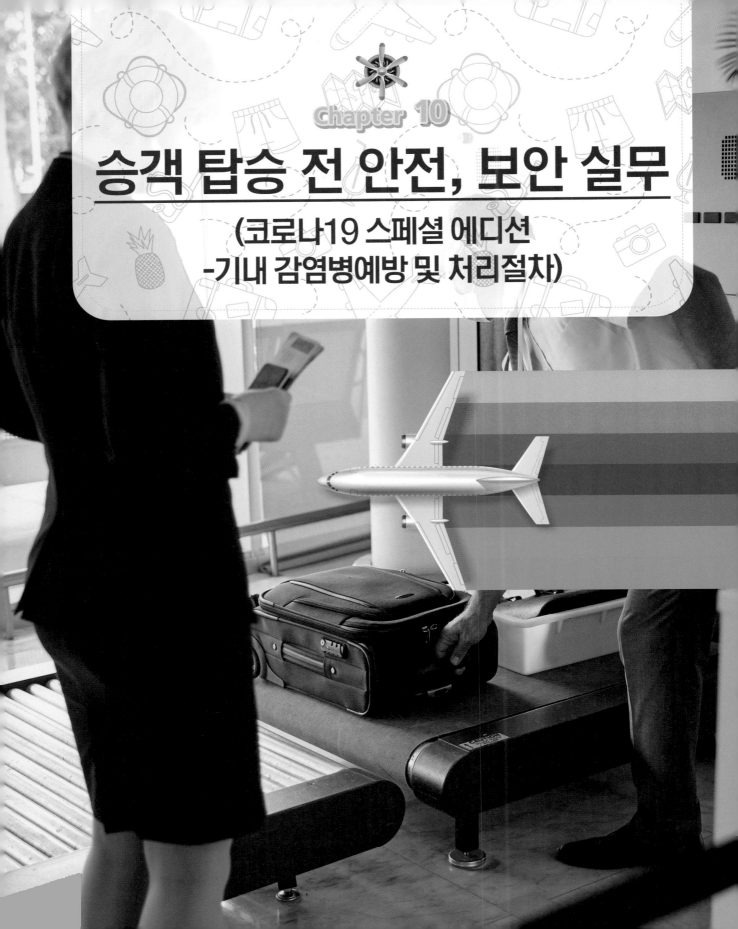

Chapter 10

승객 탑승 전 안전, 보안 실무

(코로나19 스페셜 에디션
-기내 감염병예방 및 처리절차)

CONTENTS

01. 비행 안전, 보안 실무

비행안전실무의 개념

비행안전(Flight Safety)이란 지상안전과 비행안전으로 나눠질 수 있으며 비행 전/중/후를 통틀어 항공기와 운항, 객실승무원 그리고 승객을 보호하고 안전하게 보호/운송하는 개념이다. 즉 객실승무원이 항공기 탑승승객과 승무원의 안전을 확보하기 위해 승객 탑승 전 안전, 보안점검/이륙 전 안전, 보안관리/비행 중 안전, 보안관리/도착 전 안전, 보안관리/도착 후 안전, 보안점검 및 응급처치를 수행하는 능력이다.

이것은 불의의 항공사고를 미리 방지하는 차원의 업무이고 매번 비행마다 계속되므로 항공 객실 규정 및 업무수행 절차를 숙지하여야 함은 물론 아래의 조건들을 비행근무 시 철저히 수행하여야 사고발생을 최소화할 수 있다. 따라서 본 교재에서는 객실승무원이 비행 전/중/후 실시하는 여러 가지 중요한 사항을 NCS 권장 시점별로 나누어 살펴 보고자 하며 일반적인 표준절차와 객실승무원의 승무절차는 다음의 표와 같다.

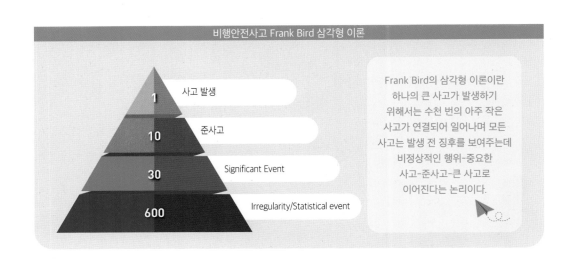

비행안전사고 Frank Bird 삼각형 이론

1	사고 발생
10	준사고
30	Significant Event
600	Irregularity/Statistical event

Frank Bird의 삼각형 이론이란 하나의 큰 사고가 발생하기 위해서는 수천 번의 아주 작은 사고가 연결되어 일어나며 모든 사고는 발생 전 징후를 보여주는데 비정상적인 행위-중요한 사고-준사고-큰 사고로 이어진다는 논리이다.

비행안전실무 학습요소

- 승객 탑승 전 안전, 보안점검하기
- 항공기 이착륙 전 안전, 보안관리하기
- 비행 중 안전, 보안관리하기
- 착륙 후 안전, 보안점검 관리
- 비상사태 발생 시 대응하기
- 상황별 안전안내 방송하기
- 비행 중 기내 응급처치 실무
- 코로나19 유행 중 항공기 내 감염병 예방을 위한 조치 및 처리절차에 대해 알 수 있다.

객실승무원[Cabin Crew, Cabin Attendant, Flight Attendant, Stewardess(Steward)] 정의 및 자격

객실승무원이란 항공기에 탑승하여 항공기 안전운항과 승객의 안전을 위하여 객실 내 업무를 수행하여 비상탈출 시 안전하고 신속하게 비상탈출을 업무를 수행하는 자를 말한다.(항공안전법 제1장 제2조 제17호) 따라서 항공기 객실승무원은 비행 중 객실업무 수행을 위한 훈련과정을 이수하고 평가에 합격한 자이어야 하며, 직급과 근무연한에 따라 필요한 교육과정 및 보수교육을 이수한 자이어야 한다. 또한 항공기 안전운항을 위해 객실 비상사태나 응급환자 발생 시 필요한 조치를 취할 수 있는 지식과 능력을 겸비해야 하며 이를 학습하고 유지하기 위해 소정의 교육훈련(신입안전훈련, 기종전문훈련, 정기안전훈련)을 이수하고 최종절차에 합격한 자이어야 한다.

02. 승객 탑승 전 안전, 보안 실무

본장을 학습하면 여러분은 …

- 항공기 안전 규정에 따라 각종 브리핑 절차 및 승객 탑승 전 객실 안전장비를 점검할 수 있다.
- 항공기 안전 규정에 따라 승객 탑승 전, 항공기 객실의 보안장비를 점검할 수 있다.
- 항공기 안전 규정에 따라 항공기 안전 운항에 관계되는 의심스러운 물건에 대하여 신속히 보고할 수 있다.
- 항공기 안전 규정에 따라 기내 작업 인력에 대한 동향을 파악하여, 이상 발생 시 보고할 수 있다.
- 항공기 안전규정에 따라 각종 브리핑 절차 및 승객 탑승전 코로나19 감염병에 관한 사항과 기내방역장비,감염승객 처리절차 그리고 객실 안전장비를 점검할 수 있다.

코로나19 스페셜 에디션 - 객실승무원에 의한 기내 감염병 예방을 위한 조치 및 처리절차

현재 국내 및 모든 지구가 감염병으로 인해 어려움을 겪고 있으며 대한항공을 비롯한 국내 항공사들도 펜데믹을 이겨내기 위해 적극적이고 다양한 정책을 시행하고 있다. 아래는 코로나19 유행기간 동안 기내 감염방지를 위한 국내 항공사의 기내 감염방지 활동과 절차이다. 따라서 이러한 절차를 학습하고 항공사에 지원,입사한다면 선행학습의 효과를 볼 수 있다.

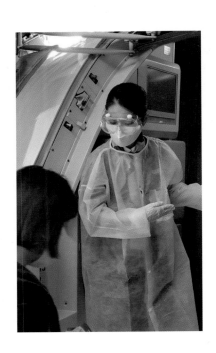

비행 중 객실승무원의 감염병 예방에 관한 사항

- 승무원간 감염을 방지하기 위해 Demo 용구는 기내에서 시연 전 갤리에서 손 소독제를 사용하여 피부 접촉 부분을 소독하고 Demo 실시
- 비행근무 중 항상 마스크 ,보호복 ,고글 착용
- 승객 탑승 전 착용하고 목적지 도착 후 폐기
- 앞치마, 조끼, 스카프, 헤어핀 착용불요
- 라텍스 장갑은 서비스 과정이 종료시 마다 장갑 교체
- 고글은 유색, 패션, 스포츠, 물안경 타입 사용금지
- 기내에서 객실승무원, 승객이 사용한 마스크 폐기는 Seat Pocket 내 세팅되어 있는 위생봉투를 사용하여 지입/밀폐 후 쓰레기통에 폐기.
- 마스크 착용 관련 안내방송 실시

▲ 모든 장비를 착용한 기내 객실사무장 모습

기내에서 객실승무원이 착용하는 보호장비

▲ 승무원용 장갑

▲ 기내 손소독제

▲ 기내 보호복-하얀색

▲ 기내보호복-청색

▲ 승무원용 고글

비행 중 탑승객의 감염병 예방에 관한 사항

- 미착용 승객 발견 시 기내 비치된 마스크 지급

기내에서 마스크 착용 의무적용 예외승객
● 24개월 미만 유아 ● 마스크 착용 시 호흡이 어려운 승객 ● 주변의 도움없이 스스로 마스크를 제거하기 어려운 승객

비행 중 감염 의심 승객 발견시 처리절차

- 마스크 착용 권고, 조치

- 의심승객은 이동하지 않는 것이 원칙

● 의심승객 주변 승객 좌석 재배치 및 기내 비치된 N95 마스크 지급

N95 마스크란?

▲ 기내에 비치되어있는 N5 마스크

● 감염 의심 승객에 사용하며 의심환자 주변 1미터 이내 착석 승객과 담당 승무원이 착용. 탑재위치-EMK 주변에 탑재(N95 마스크는 공기 중 미세물질을 차단하여 감염을 막기 위해 사용하는 호흡기구 이다.)
● 주로 의료진들이 격리 병상에서 사용하는 보건용 마스크로, 근접 시술을 하는 의료진들이 방호복, 장갑과 함께 착용한다.
● 숫자 95는 차단율이 95% 이상이라는 의미이며, N은 'Not resistant to oil'로, 기름 성분에 대한 저항성이 없다는 의미)

- 주변 승객 이동 불가 시 의심 승객을 재배치

- 감염 의심 승객 및 주변 대각선/전후좌우 방향 2개 좌석 내 승객, 담당승무원, 동행객 대 상 체온측정

- 담당 승무원 지정 및 승무원은 개인 보호장비 착용 후 응대

-도착지 검역기관 통보위해 기장 보고 및 도착 후 운송직원에게 인계

코로나19 유행기간 중 기내 심폐소생술(C P R) 주의사항

- 보호장비(마스크,고글,장갑,보호복)착용
- 환자의 입에 승무원의 얼굴 근접금지
- 인공호흡은 하지 말고 가슴압박만 실시
- 응급처치 후 손 세정

코로나19 유행 중 기내 고객 방송문

"기내 공기는 헤파필터(HEPA FILTER)등 특수여과장치를 통하여 구역별로 위에서 아래로 순환되어 비밀(침등...),공기를 통한 바이러스 전파력이 낮습니다."

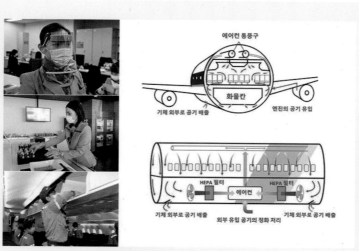

▲ 외국항공사 기내 방역절차 및 헤파필터

- 객실승무원은 귀국 후 자가격리가 불요하며 14일간 자가 진단앱을 통한 적극
  적 능동검사 실시함.

모든 승무원은 귀국 후 개인휴대폰에
자가격리 앱을 설치하여 매일 개인의
상태에 대해 보고한다

객실브리핑(Cabin Briefing)

객실브리핑 순서

❶ 인원점검 : 객실승무원 인원파악, Greeting
❷ 비행준비 점검 : Duty 확인, 용모복장, 비행 필수 휴대품 소지 여부
❸ 비행정보 공유 : 해당 편 출/도착시간, 승객예약 상황, 서비스 순서, VIP, 노약자, 임
   산부, 스페셜밀, 비동반소아 운송절차, 장애인 탑승 등
❹ 객실 안전, 보안 정보 : 해당 편 항공기 안전/보안장비 위치 및 점검요령
❺ 객실서비스 정보 : 해당 편 서비스 절차/요령, 특수고객 응대
❻ 비행 관련 질의응답 : 사내 강조사항 및 해당 편 출입국 절차

▲ 객실브리핑은 PPT를 통해 실시한다.

▲ 브리핑 자료 입력하는 모습

운항브리핑(Joint Briefing)

▲ 해외공항 태국에서 운항브리핑 중인 대한항공/아시아나항공 운항/객실승무원 모습, 대한항공은 항공기 외부에서 아시아나 항공은 항공기 내부에서 실시하고 있으며 상황에 따라 내/외부에서 번갈아 가며 실시한다.

객실브리핑 후 운항승무원과 객실승무원이 함께 모여 당일비행의 보안사항, 예상되는 Turbulence 고도, 난기류 지속시간, 해상비행 시 필요한 승객브리핑, 안전 고려사항, 비상절차, 객실승무원과 운항승무원의 협조사항 및 조종실 출입절차에 대해 논의한다.

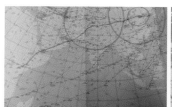

▲ 항로지도　　　　　▲ 항로상 구름분포도　　　　　▲ 제트기류 및 전선지도

갤리브리핑(Galley Briefing)

갤리브리핑이란, 항공기가 순항고도에 다다르면 기장은 객실 내의 'Fasten Seat Belt Sign'을 끄게 된다. 이제부터 바야흐로 항공기 객실 내 서비스가 시작되는 것이다. 따라서 기내서비스 시작 전 각 Zone별 갤리에서 비교적 경험이 풍부한 갤리장을 맡은 선임승무원이 담당승무원을 모아놓고 해당 Zone의 승객 형태, 서비스 시 유의사항 및 특이사항에 대해 알려주게 되고 각 복도(Aisle) 담당승

무원들이 담당을 맡은 구역의 기내 안전 및 서비스 특이사항에 대해 의견을 교환하게 된다. 이러한 절차를 갤리브리핑(Galley briefing)이라 하며, 착륙 전 기 수행한 기내서비스에 대해 피드백 차원에서 한 번 더 실시하게 된다.

갤리브리핑 시 착안사항

- 해당 구역의 승객 특이사항(이륙 후 기내서비스 전)
- 제공할 스페셜밀 종류 및 승객분포(이륙 후 기내서비스 전)
- 담당구역 내 기내 안전 및 보안사항
- 서비스 시 유의사항(이륙 후 기내서비스 전)
- 서비스 후 유의사항(착륙 전)
- 승객 맡은 짐 반환 여부(착륙 전)
- 담당구역 고객 불만/칭송 사항(착륙 전)
- 갤리별 시설물 고장 유무(착륙 전)
- 인계 시 특이사항(착륙 전)

디 브리핑(De-Briefing)

승객 하기 후 객실사무장/캐빈매니저 주관하에 객실 전방 또는 비행기 근처 (Ship Side)에서 비행 중 발생한 특이사항을 점검하고 비행 후의 업무내용을 확인하는 업무절차이며 절차 및 내용은 아래와 같다.

- 모든 객실승무원은 승객 하기 후 정해진 시점 및 일정한 장소에서 객실사무장/캐빈매니저가 주관하는 디 브리핑에 참석한다.

▲ 비행 후 디 브리핑하는 저자

▲ 인천공항 도착 후 디 브리핑 모습

목적지 국내 공항에 도착해 디 브리핑하는 모습. 기내업무가 잘되면 좋은 분위기이지만 그렇지 못하면 아주 심각한 분위기로 발전한다.

• 디 브리핑은 원칙적으로 매 비행 종료 시마다 항공기 객실 전방 또는 항공기 근처(Shipside)에서 실시하는 것을 원칙으로 하나, 단 동일날짜에 2개 구간 이상 근무 시 객실사무장/캐빈매니저의 판단에 따라 실시할 수 있고 국내선의 경우 당일 최종 근무 비행, 국제선인 경우 In Bound 비행 종료 시 한해 실시할 수 있다.

디 브리핑 시 보고해야 할 비행 중 특이사항
• 객실설비 고장 및 객실정비기록부(Cabin Log) 기록 여부
• 기내 환자 및 부상승객 발생 여부 및 처리내역
• 기내식, 음료 등을 비롯한 서비스 아이템 관련 특이사항
• 기내 분실물 발생 여부 및 후속 처리내역
• 불만승객 발생 여부 및 후속 처리내역
• 클리닝쿠폰(Cleaning Coupon) 발급 여부 및 후속 처리내역
• 기내 난동승객 발생 및 후속 처리내역
• 비행 중, 착륙 후 기내 안전 및 보안에 관한 사항
• 승객 좌석배정 관련 특이사항
• VIP/CIP 탑승 여부 및 객실서비스 보고방법
• 기내 접수서류(우편물, 상용고객 신청서, 기내면세품 사전주문서)
• 각 클래스별 특이사항 및 기타 보고사항

각종 브리핑(Briefing)에 대하여...

　일반적으로 항공기에 탑승 근무하는 대부분의 승무원은 '브리핑(Briefing)'을 선호하지 않는다. 왜냐하면 모든 형태의 브리핑은 기내 업무 시 승객안전 및 고객서비스 부분의 잘못된 점을 미연에 방지하고 적절치 못한 승무원 개인의 업무절차에 대해 수정하는 방식을 취하고 있기 때문에 종종 분위기가 거북하고 경직되는 경우가 많은 이유이다. 하지만 브리핑을 통해 비행하게 될 또는 비행 중 그리고 비행 후 기내 업무수행 측면에서 잘된 부분은 격려하고 잘못된 부분은 지적하며 공개함으로써 향후 발생할 수 있는 업무적 실수를 미연에 방지하게 될 수 있다. 따라서 예비승무원 여러분도 현장에 투입되면 비행 전·중·후에 실시되는 각종 브리핑(Briefing)을 두려워 하거나 기피하지 말고 적극적으로 참여해 자신을 한층 더 향상시킬 수 있는 기회로 삼으면 좋을 듯하다.

- 디 브리핑에 참석하는 객실승무원은 비행 중 특이사항 중심으로 객실사무장에게 보고의무가 있으며, 특이사항에 대한 처리절차를 지시하는 객실사무장/캐빈매니저의 지시사항을 적극 수용한다.
- 디 브리핑 실시 결과 특이사항이 발견되어 별도 보고 및 추후 업무개선이 필요하다고 판단되는 사항은 각종 객실보고서 작성 등을 통해 회사에 보고한다.
- 객실사무장/캐빈매니저는 아래의 객실 디 브리핑 가이드라인(Guide line)을 참조하여 비행 중 특이사항을 점검하고 승객 하기 후 업무절차를 확인한다.

기내 안전장비 점검

항공기 탑승 객실승무원은 객실사고 예방과 비상사태 발생 시 신속한 대처를 위해 승객 탑승 전 기내설비, 위험한 물질의 탑재 여부 확인 및 비상시 사용하는 모든 장비를 점검해야 한다. 목적은 기내 비상장비 및 시스템의 사용법을 숙지하여 비상사태 발생 시 항공기 안전운항을 확보하고 소중한 고객 및 승무원의 생명을 보호하는 데 있으며 객실 내 장착되어 있는 안전장비를 정해진 점검요령에 의해 점검하여 이상이 있는 경우 객실 정비사에 의해 적절한 정비가 이루어질 수 있도록 하는 것이 객실승무원이 비행 전 반드시 수행하는 절차이다. 안전장비란 비행 중 사용할 수 있는 기내에 장착되어 모든 비상시 사용 가능한 장비

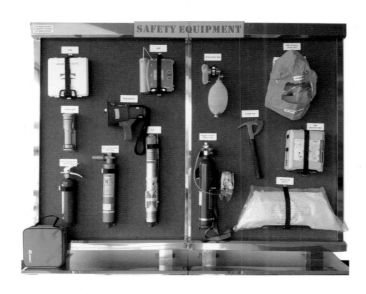

를 말하며, 지상에서 점검 시 정위치, 수량, 봉인상태, 게이지 압력 등을 반드시 점검해야 한다.

기내 안전장비 점검절차

- 승무원 짐 보관정리
- 출발편 항공기에 도착한 객실승무원은 소지한 비행 준비물이 들어 있는 캐리어를 수하물 선반(Overhead Bin)과 도어가 장착된 코트룸(Enclosed Coat Room), 또는 앞쪽과 통로 3면에 고정장치가 설치되어 있는 좌석 하단에 보관하여야 한다.
- 모든 객실승무원은 항공기 탑승 후 승객 탑승 전까지 객실 담당구역 내 장착된 모든 기내 안전장비를 점검한다.
- 점검절차는 객실브리핑 시 부여받은 담당 ZONE을 위주로 진행한다.
- 점검 시 발견된 이상물질이나 기내 안전장비의 이상은 즉시 보고하여 교체 및 수리가 될 수 있도록 조치한다.
- 객실책임자는 전 객실승무원의 비행 전 객실점검 이상 여부를 기장에게 보고해야 한다.

기내 비치된 안전장비의 종류

산소공급장비

- 휴대용 산소통(Portable O2 Bottle), 휴대용 산소통 압력게이지

항공기가 순항 중 객실에는 여압장치(Air conditioning pack)를 이용하여 지상과 거의 같은 상태의 산소 공급을 하고 있으며 비상시(감압/응급환자 발생)에는 항공기 내 대용량 산소탱크 또는 자

체로 산소를 만들어 낼 수 있는 장치에 연결된 산소마스크와 객실 승무원 휴대용 산소통/환자용 대용량 의료용 산소통을 사용하여 승객에게 산소 공급을 하고 있다.

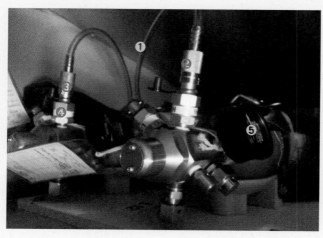

항공기에 세팅된 휴대용 산소통

❶ 마스크까지 이어지는 호스
❷, ❸ 산소통과 산소마스크를
  연결해 주는 장치
❹ 산소가 나오는 OUTLET
  현재 HI 포지션에 맞추어
  져 있다.
❺ 산소 압력게이지

　비상시 산소공급장치인 휴대용 산소통이 객실 내 승객수 대비하여 비상구 옆이나 객실승무원의 Jump Seat 아래 또는 주변에 설치되어 있고 사진과 같이 산소마스크에 연결·탑재되어 산소 공급이 필요한 사태가 발생하면 별다른 조치 없이 바로 사용할 수 있다. 많은 산소를 필요로 하는 환자 수송 시에는 대용량의 산소탱크를 별도로 탑재할 수 있다.
　휴대용 산소통(Portable oxygen bottle)을 사용하기 위해서는 PO2의 레버를 반시계 방향으로 돌리면 산소공급이 시작되며 HI로 공급 시 1분에 4리터의 산소가 최대 77분까지 공급되고, LO로 공급 시 1분에 2리터의 산소가 154분까지 공급될 수 있다. 모든 PO2 BOTTLE은 내부의 산소가 완전히 소진될 때까지 사용하면 재충전이 어려우므로 500psi 정도가 남으면 공급을 중지해야 한다.

● 비상시(감압) 승객의 머리 위에서 공급되는 산소마스크

　비행 중 항공기의 기내 압력이 서서히 또는 급격히 낮아져 객실 고도가 약 14,000ft가 되면 승객의 안전에 문제가 발생할 수도 있으므로 항공기에 준비된 산소를 공급하는 장치이다. 비행 중 머리 위 보관장소에서 산소마스크가 떨어지고 기내방송이 나오면 모든 승객은 즉시 위에서 떨어진 산소마스크를 잡아당겨(승객이 산소마스크를 잡아당겨야 산소 공급 장치에 연결된 핀-pin이 빠지면서 산소가 공급된다.) 코와 입에 대고 비행기가 안전고도에 도달한 후 객실승무원의 지시가 있을 때까지 산소를 공급받아야 한다.
　산소마스크에서는 분당 2.5리터의 산소가 공급되고 일단 산소 공급이 시작되면 승객이 멈추게 할 수 없다. 산소 공급 시간은 기종에 따라 다르지만 A380 15

모든 항공기에는 화학반응식 개별 산소 공급 시스템(B777, B737, A330)과 탱크식 산소 공급 시스템(A380. B747)이 장착되어 있다.

분, B747 15분, B777 22분, A330 22분, B737 12분 정도이다.

비상탈출장비(Emergency Evacuation Equipment)

▲ 기내에 장착된 ELT 모습

- 조난 시 위치발신 가능한 송신기 ELT(Emergency Locator Transmitter)

항공기가 비상착륙, 착수 시 자동적으로 신호를 발신하여 구조요청을 할 수 있는 장치이며 조난 신호를 장시간 동안 계속 발신하게 된다. 따라서 항공구조대는 이 장치에서 발신되는 구조신호에 따라 조난된 장소를 발견할 수 있게 된다. ELT는 수분을

▲ ELT 물 투입구

▲ ELT 상단

▲ ELT 중단

넣어야 작동되며, 이때의 수분은 어떠한 형태라도 물과 동일한 액체만 넣어주면 된다.(24~50시간 작동한다.)

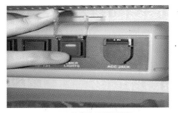

▲ ELS(비상조명장치)

▲ Escape Strap

▲ 손전등

● ELS(Emergency Light Switch)

기내 탈출 시 시야를 확보하고 경로를 밝혀주기 위해 사용하는 스위치이며 기내 전원공급이 안 되더라도 자동으로 비상구까지 안내한다. 비상등에는 내부비상등과 외부비상등이 있다.

● Escape Strap

Overwing Exit에서 탈출 시 승객의 안정적인 탈출을 위해 날개 위에 고정하는 끈을 말한다

● Flash Light(손전등)

비상탈출 시 승객을 유도하고 시야를 확보하기 위해 사용하며 모든 승무원 좌석에 장착되어 있고 고정된 장치에서 장탈하면 자동적으로 불이 켜지게 되고 모든 손전등은 방수처리가 되어 있다.

● Megaphone(메가폰)

기내의 방송장비를 사용하기 힘든 경우 승객의 탈출지휘를 위해 사용하는 확성기를 말한다.

▲ 메가폰

● Life Vest(구명조끼)

▲ Life Vest 펼친 모습

비행기가 바다나 호수에 불시착 시 사용하며 승객용은 노란색, 승무원은 적색으로 표시된다. 성인용과 유아용의 구분이 되어 있고 유아용에는 보호자와 연결하는 끈이 장착되어 있다.

구명복은 뒤집어서 사용할 수도 있으며 양쪽 공기주입용 붉은색 고무관의 상단 가운데를 누르면 구명복내 공기를 제거할 수 있다. 구명복에 붙어있는 조명등은 Battery 구멍에 물이 들어가면 자동으로 켜지고 약 8~10시간 정도 지속된다. 최근 제작된 사양은 팽창손잡이가 한 개로 되어있는 Single 타입이 많다.

▲ 좌석 하단에 장착된 승객용 Life Vest

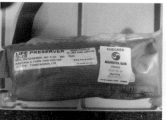

▲ 승무원 좌석 하단에 장착된 승무원용 Life Vest

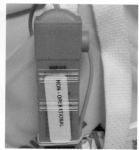

▲ 조명배터리

▲ 조명등

▲ Life Vest 팽창을 위해 당기는 손잡이-아래로 힘차게 당기면 팽창한다.

▲ 수동팽창용 튜브

기내 화재진압장비

- Halon 소화기

유류, 전기, 의류, 종이, 승객짐 등의 모든 화재에 사용. 본체, 핸들, 레버, 노즐, 게이지로 구성되어 있다. 산소를 차단하여 화재를 진압하는 방식이다. 화재로부터 2~3m를 유지하고 수직으로 세워서 분사하며 약 10~20초간 분사된다.

▲ Halon 소화기 type 1

▲ Halon 소화기 type 2

▲ H₂O 소화기

- H₂O 소화기

종이, 의류 및 승객짐의 화재에 사용, 유류/전기화재에는 사용금지. 본체, 핸들, 레버, 노즐로 구성되어 있고 할론 소화기로 화재진압 후 재발화 위험을 막기 위해 사용한다. 손잡이를 시계방향으로 돌리면 이산화탄소 탱크가 열리며 압력이 가해져 분사할 수 있게 된다. 소화액은 부동액 성분이 함유되어있어 마시면 위험하고 약 40초간 분사된다.

▲ 열감지형 소화기

- 열감지형 소화기

화장실 쓰레기통 화재에 사용(화장실 쓰레기통 내부에 장착됨)하며 화장실 쓰레기통 내부가 섭씨 80도 이상 올라가면 자동적으로 소화액을 분사하여 화재를 진압하는 방식이다.

▲ Circuit Breaker

- Circuit Breaker

갤리나 기타 장착된 곳의 전기공급 차단시 사용하며 전류의 과부하 발생 시 검은색 버튼이 튀어나와 전원공급을 차단시키는 역할을 한다.

- Smoke Detector

화장실/승무원용 벙크(Crew Bunk) 내 연기, 화재감지 역할을 하고 연기 감지 시 고음(삐~)의 경고등과 함께 적색의 경보 점멸등이 점등된다.

▲ Smoke Detector

- 손도끼(Crash Axe)

기내 화재 시 진압할 곳의 방해가 되는 장애물을 부수는 데 사용하며 조종실 내에 보관되어 있다.

▲ 손도끼

- 석면장갑(Asbestos Gloves)

기내 화재 시 뜨거운 물체를 잡는 데 사용한다. 불연성 재질인 석면을 이용하여 만든 장갑으로 뜨거운 물체나 불이 붙은 물체를 잡아야 할 경우 사용한다.

▲ 석면장갑

● PBE(Protective Breathing Equipment)

   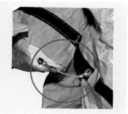

▲ Puritan PBE

▲ Scott PBE   ▲ PBE(Puritan)

▲ PBE(Scott)

PBE(Protective Breathing Equipment)는 제조사에 따라 Puritian Type과 Scott Type의 2가지 종류가 사용되고 있다.

기내 화재 시 화재를 진압하는 객실승무원의 호흡을 원활하게 하기 위해 비치된 소화용구. 안면보호와 호흡보조장구로 15분 정도 사용할 수 있다. 방염소재로 진공포장되어 있으며 승무원은 비행 전 정위치 보관 여부, 진공상태를 확인해야 한다. 작동 시 잠시 동안 귀가 '뻥'하고 울리며 순간적인 두통과 귀 울림이 발생할 수 있다. 사용시간이 지나면 PBE 내부의 온도가 상승하기 때문에 신속히 벗어야 한다.

● Smoke Goggle(눈 보호기)

화재를 진압할 때 연기로부터 시야를 확보하거나 눈을 보호하기 위해서 사용하며 유독가스와 연기가 발생한 곳에서 사용한다.

▲ Smoke Goggle

● Smoke Barrier(연기차단 패널)

계단 제일 상단부에 아래층 화재 시 연기 유입 방지를 위한 Smoke Barrier가 설치되어 있다.

항공기 중 2층으로 제작되어 있는 기종에 설치되어 있으며 아래층 객실(Main Deck)에서 화재 발생 시 연기가 계단을 통해 이층 객실(Upper Deck)로 올라오는 것을 방지하기 위한 장치이다. B747-400/ B747-8i/ A380 항공기 아래층 객실에서 이층 객실로 올라가면 계단 위쪽 끝에 설치되어 있다.

● Master Power Shut off Switch(주 전원차단 스위치)

항공기 갤리 내 화재가 발생한 경우 해당 갤리의 모든 전원을 한꺼번에 차단하는 역할을 한다.

Master Power Shut
Off Switch

▲ B747 갤리 - 장착된 모습 - 오른쪽 제일 위쪽 빨간색 스위치

▲ B737 갤리-장착되지 않음

응급의료장비

의료장비는 항공기 순항 중 응급환자와 일반 환자 발생 시 신속한 대처를 위해 탑재되며, 종류에는 EMK, FAK, MEDICAL BAG, AED, RESUSCITATOR BAG, UPK, STRETCHER, ON BOARD WHEEL-CHAIR가 있다.

- EMK(Emergency Medical Kit)

응급환자 발생 시 의료진에 의한 전문적이고 기술적인 치료를 위해 탑재되며

의료인만 사용할 수 있다. 기내에서 인정하는 의료
인은 의사, 한의사, 치과의사, 간호사, 조산사이다.
일명 반얀키트(Banyan Kit)라고도 한다. 지상에서 점검
시 EMK의 정위치와 SEAL 상태를 점검한다. 내용
물은 설명서/청진기/혈압계/인공기도/주사기/정
맥주사용 카테터/항균소독포/의료장갑/도뇨관/수
액세트/지혈대/거즈/반창고/외과용 마스크/탯줄
집게/비수은 체온계/인공호흡용 마스크/펜라이트/
아드레날린/항히스타민제/포도당/니트로글리세
린/진통제/항경련제/기관지 확장제/진토제/아트
로핀 주사액/이뇨제/부신피질 스테로이드/자궁수
축제/생리식염수/아스피린 등이 들어 있다.

- FAK(First Aid Kit)

일반적인 환자에 사용할 수 있는 구급상자로 좌석수에(50석당 1개) 비례해서 탑
재되고 있으며 평상시에는 봉인(Sealing)되어 있다. 지상에서 점검 시 정위치와 수
량, SEAL 상태를 점검한다.

내용물로는 거즈용 붕대/화상치료거즈/멸균거즈/지
혈압박용 거즈/부목/일회용 밴드/삼각건 및 안전핀/멸
균면봉/베타딘 스와프/반창고/상처봉합용 테이프/안
대/체온계/인공호흡용 마스크/수술용 접착테이프/일회
용 의료장갑/손세정제/가
위/핀셋/응급처치요령설
명서/암모니아 흡입제/타
이레놀/멀미약/항진경제/
점비액/항히스타민제/제
산제/지사제가 들어 있다.

• MEDICAL BAG

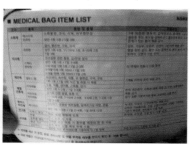

일정직급 이상의 객실승무원이 소지하고 있는 상비약이다. 내용물로는 소화제/정노환/일회용 밴드/화상처치용 연고/베타딘 스와프/안티푸라민/인공눈물/타이레놀/항히스타민제/얼음주머니/멀미약/진통제 등이 들어 있다.

▲ AED

• AED(Automated External Defibrillator)

호흡과 맥박이 없는 심장질환 환자에게 전기충격을 주어 심장기능을 복구할 수 있도록 도와주는 의료기구이며 본체와 연결접착면 그리고 가슴털을 제모할 때 사용하는 면도기로 구성되어 있다.

• RESUSCITATOR BAG

인공호흡이 어렵거나 힘들 때 사용하는 기구로서 구조 호흡기라고도 한다.

▲ 앰부백-AMBU BAG

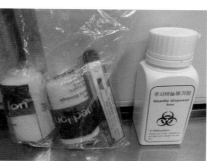

• UPK(Universal Precaution Kit)

환자의 체액이나 타액으로부터 오염을 방지해 주는 장비이다. 내용물 구성은 마스크, 장갑, 가운, 거즈, 주사바늘 폐기용 통 등이 포함되어 있다.

▲ 자동혈압계

● 자동혈압계

기내 환자 발생 시 환자의 혈압을 자동으로 측정할 수 있는 장치로 혈당측정기가 내부에 동봉되어 있어 혈압/당뇨를 측정하는 데 사용한다.

● STRETCHER

움직일 수 없는 환자의 이동에 사용되는 이송용 침대이며 일반석 6석을 이용하여 장착한다.

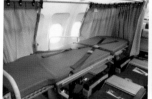

▲ 현재 기내장착용 스트레처

▲ 차세대 신형항공기의 스트레처

● ON BOARD WHEELCHAIR

지상에서 사용하는 휠체어는 기내 복도가 좁아 진입이 불가하여 기내에서 사용할 수 있도록 특수 제작된 조립식 휠체어로서 모든 비행기에 장착되어 있다.

▲ on Board Wheelchair

기타 안전/보호장비

● Polar Suit

적지 않은 비행기들이 미국이나 캐나다에서 한국으로 비행할 때 연료절감을 위해 매일 북극항로를 이용하고 있는데 별도의 공항시설이나 편의시설이 전혀 없는 극지방에 비행기가 불시착할 경우를 대비해서 운항 및 객실승무원의 체온유지를 도와주고 승객의 구조 활동을 용이하게 해주는 의복/장갑으로 구성되어 있다. 참고로 미국과 캐나다에서 한국으로 비행하는 모든 항공기가 매번 비행 시마다 북극항로를 이용하는 것이 아니라 세계 비행안전 점검기관에서 매일 극지방 우주선과 방사선의 총량을 점검하여 허용치 수준에 들어야만 북극항로를 이용할 수 있다.(우리가 아름답고 환상적으로 느끼고 있는 오로라도 일종의 우주선이라고 보면 되고 북극항로을 이용하는 이유는 극지방에는 고고도에서 편서풍/제트기류 같은 바람이 불지 않아 비행기가 바람의 영향을 덜 받기 때문에 항공기의 연료를 절약할 수 있고 비행시간을 단축시킬 수 있기 때문이다.)

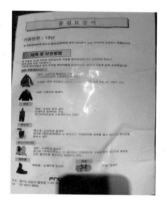

▲ 폴라슈트 안내문

▲ 항공기 내 탑재되는 Polar Suit

- Safety Belt

항공기 지상 주기 시 항공기 내부에서 근무하는 객실승무원과 지상조업원이 항공기에서 낙상하지 않도록 도와주는 안전벨트를 말하며 착용한 후 Door Assist Handle에 연결하여 사용한다. Safety Belt를 착용하면 객실승무원이나 지상조업원이 항공기 문이 열려 있는 상태에서 실수로 항공기에서 발을 헛디뎌 떨어지더라도 지면에 추락하지 않고 공중에 매달려 있게 된다. Safety Belt는 비행기 내부에서 외부로 낙상한 객실승무원이 발생하여 그 후 항공기에 도입되었으며 KE 모든 항공기에 탑재되고 있다.

도어핸들에 거는 걸쇠

이곳 Door Assist Handle
에 걸쇠를 건다.

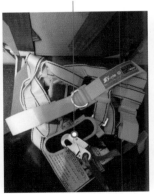

▲ Safety Belt ▲ 내부 구성품 ▲ 착용한 모습

- Door Safety Strap

Safety Belt와 비슷한 용도로 사용되며 항공기가 계류장 또는 활주로에 주기 시 객실승무원의 낙상으로 인한 상해를 방지하기 위해 항공기 Door 내·외부에 설치되어 있는 낙상방지 경고용 끈을 말한다. 아래 왼쪽 사진의 빨간색 손잡이

를 잡아 당기면 반
대편 Door Frame
에 설치할 수 있으
며, 놓으면 자동적
으로 감겨서 내부
로 들어가는 자동
형 Safety Strap이
있는 반면, 항공기
도어 양쪽에 수동

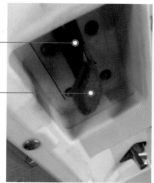

사용하지 않
을 때는 이곳
으로 말려 들
어간다.

섬유재질의
빨간색 손잡
이를 잡아
당기면 도어
스트랩이 나
오게 된다.

▲ Door Safety Strap 감긴 모습   ▲ Door Safety Strap 설치된 모습

으로 설치해야 하는 수동형 Safety Strap이 있다.

● 객실승무원 안전교범(COM-Cabin Operation Manual 아래 사진 중 빨간색 책 세 권)

예전에는 모든 승무원이 들고 다녔으나 최근에는 팀장급
만 소지하고 일반 승무원은 약본이라 하여 간편화된 필수
제본만 소지하고 있다. 객실승무원 안전교범은 항공기에 비
치되어 운영되며 한국어 버전과 영어 버전 두 가지로 되어
있다. 아래 사진에 객실승무원 안전매뉴얼 3권이 비치된 이
유는 분실 시를 대비해서 한 권 더 비치하고 있으며 객실승
무원 및 항공기 안전/보안/응급처치에 관한 모든 사항이
수록되어 있다.

▲ 객실승무원 안전매뉴얼

기내 보안장비 점검

항공기 안전운항에 방해되는 기내 불법행위 승객, 난동승객, 항공기 공중납치
(Hijacking)에 대비하기 위해 항공기 내 탑재되어 운영되고 국내 항공사별로 약간
의 차이는 있을 수 있으나 포승줄, 타이랩, 테이저, 방폭담요, 방탄조끼, 비상벨
등의 보안장비가 운영되고 있다.

이러한 장비는 보안을 위해 승객의 눈에 잘 띄지 않는 기내장소에 보관되어
있으며 매 비행 전, 후 객실승무원에 의해 점검하게 되어 있고 점검일지도 함께
작성해야 한다.

외부감시창

개폐키패드

▲ 기내 보안장비의 일종인 조종실 방탄문

북미의 9·11 테러사건 이후 조종실의 보안이 강화됨에 따라 현재 모든 여객기에는 상기와 같은 철저한 방탄문이 설치되어 조종실의 보안을 책임지고 있다.

방탄문의 구성요소는 방탄문 자체와 키패드로 되어 있는데 객실승무원이 용무로 들어갈 때 인터폰 및 음어 그리고 정확한 키패드 숫자를 입력해야만 조종실 출입이 가능하다. 또한 조종실에서 객실승무원 및 출입인원 모두를 출입금지할 수 있는 잠금장치가 있다.

각 보안장비에 관한 설명은 아래와 같다.

▲ 포승줄

▲ Tie-rap

▲ 전자충격기

▲ 방폭담요 / 재킷

● 테이저 건(Taser Gun)

본체와 전선으로 연결된 두 개의 전극(탐침)을 발사해 상대를 제압하는 전자무기이다. 테이저 건에서 발사된 탐침이 몸에 박히면 순간적으로 전류가 흐르며 근육계가 마비된다. 운동신경의 신호와 비슷한 형태의 전류로 신경계를 일시적으로 교란시키는 것이기 때문에 적은 전류로도 상대를 확실하게 무력화할 수 있다. 테이저 건에 맞은 사람은 격렬한 전신 근육 수축과 감각신경 교란으로 심한 고통을 느끼게 된다. 테이저 건은 상대방과 직접 접촉해야 하는 전기충격기(스턴 건, Stun Gun)와는 달리 비교적 원거리에서도 사용할 수 있으며 사정거리는 4.5~10.6m로 전극이 들어있는 카트리지 종류에 따라 다르다.

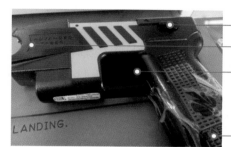

- 테이저 본체 가격 : 약 100만원
- 레이저 빔 가격 : 약 40만원
- 카트리지 가격 : 약 1발당 3만원
- Wire 길이 : 약 6.4m

안전장치, 장전 시 레이저빔 켜진다.
탄약끼우는 곳
방아쇠
예비 탄약 끼우는 곳

▲ 기내에 탑재되는 실물 테이저 건

카트리지를 장착하지 않았을 때는 전기충격기(Stun Gun)처럼 사용이 가능하고 카트리지를 장착하지 않은 테이저 건의 순간 최대 전압은 5만V(볼트)이다. 카트리지를 장착하고 테이저 건에서 전극이 발사되어 사람에게 명중했을 때의 전압은 최대 1,200V, 평균 400V(X26 기준)이다. 전류는 평균 2~3mA(밀리암페어, milliampere)이다. 또한 탐침이 꽂혀있는 상태에서 계속 방아쇠만 당기면 전기충격을 가할 수 있어 기내 난동자 및 하이재킹(Hijaking) 범인의 제압에 효과적이다.

테이저 사용 4대원칙

- 승객과 승무원의 생명위협 상황과 항공기 안전운항 위협상황에서만 사용한다.
- 항공기 기내에서만 사용한다.
- 테이저 교육을 이수한 승무원만 사용한다.
- 2인1조로 운반하고 2인1조로 사용한다.(테이저를 기내 비치한 항공사도 많다.)

● **탑재목적**

기내 난동 및 대 테러에 효과적인 대응방법으로 Air-TASER를 탑재하기로 결정(50,000볼트/26와트/0.5미리 암페어)

▲ Air-TASER 운영기준

● **최종 경고**

"난동행위를 멈추지 않으면, 전자충격기를 사용하겠습니다. 자리에서 엎드리고 손을 뒤로 하십시오."

"I will sh**t y*u, if y*u d* n*t immediately st*p these acts *f unlawful interference. Thr*w y*urself d*wn *n y*ur knees with y*ur hands behind y*ur back."

▲ Air-TASER 사용 규정

● **사격 방법**

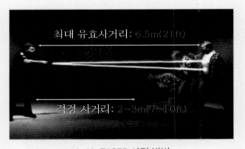

최대 유효사거리: 6.5m(21ft)

적정 사거리: 2~3m(7~10ft)

▲ Air-TASER 사격 방법

● 스턴 건(Stun Gun)

테이저 건을 발사한 후 더 이상의 실탄을 장전할 수 없을 때 테이저 건은 전기충격기로 사용할 수 있다. 불법난동자의 몸에 총구를 대고 방아쇠만 당기면 총구에서 고압의 전기가 흐르며 전압은 일반적인 것들은 5~50만 볼트이고 전압은 매우 높은 반면, 전류는 수mA로 매우 적기 때문에, 살상 능력은 없다. 고전압 모델(110만 볼트도 있다)과 초소형 저전압 모델이 존재한다. 8만 볼트 이상일 경우, 두꺼운 옷 위에서도 효과가 있으며, 15만 볼트 이상이면 가죽 잠바와 두터운 모피 코트 위에서도 효과가 있다고 한다.

Stun-Gun 사용 방법

- Cartridge가 사용된 것일 경우
- 총구에 Cartridge가 없을 경우

● 방폭매트(2015년부터 신형 방폭매트 탑재)

방폭매트는 방탄조끼와 한 조를 이루어 기내에 탑재되며 일정 장소에 보관하여 기내 폭발물 발견 시 사용하게 된다. 폭발물은 원래 이동하지 않는 것이 원칙이나, 기장의 지시에 의거 항공기 뒤쪽으로 폭발물을 이동시키고 폭발의 힘을

방폭 담요   방탄 조끼

▲ TYPE A(기준)

▲ TYPE A(기준)
(Safety Circle로 폭발물을
둘러싼 후에 방폭 Mat로 덮음)

최소화시키기 위해 덮는 MAT이다. 일반적으로 모든 항공기에는 폭발위험 최소구역(LRBL-Least Risk Bomb Location)이 있으며 이는 항공기 오른쪽 제일 뒤 도어 근처를 의미한다. 방폭매트를 사용하였다 해도 폭발물의 폭발을 억제시키는 것은 아니며 폭발위험을 최소화시키는 보안장비이니 유념하도록 하자.

- 타이랩(Tie Wrap)

　　타이랩의 용도는 기내 난동자나 불법행위하는 자의 손, 발을 묶는 데 사용하

기내 폭발물 발견 시 조치사항

- 폭발물이 발견된 장소에서 승객들을 가능한 멀리 대피시킨다.
- 폭발물은 설치된 장소에서 이동하지 않는 것을 원칙으로 하나, 지상에서 승객과 승무원의 안전을 위해 옮기라는 연락을 조종실에서 할 경우 객실승무원은 폭발물을 이동시켜 폭발위험 최소구역(LRBL)으로 옮길 수 있다.
- 폭발물을 이동시킬 승무원은 반드시 방탄조끼를 착용하고 폭발물 하단에 이동방지장치가 없는지 확인한다.
- 폭발위험 최소구역(LRBL)으로 이동 후 승객/승무원의 짐을 깔고 폭발물을 방폭매트 중앙에 놓은 후 방폭매트로 완전히 덮는다.
- 짐을 폭발물 위에 높이 쌓고 단단히 묶은 후 의심물질이 남아 있는지 재검색을 실시한다.

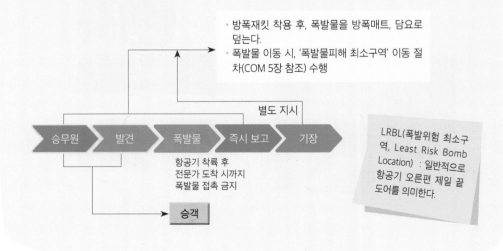

항공기 객실 구조 및 비행안전

▲ 수갑 대신 사용하는 신체 결박용 타이랩 모습

▲ 수갑

▲ 타이랩

▲ 포승줄 : 범인을 움직이지 못하도록 묶을 때 사용한다.

▲ 방탄조끼 : 기내 설치된 폭발물을 이동시킬 때 착용하여야 한다.

포승줄과 방탄조끼도 기내 일정한 곳에 함께 비치되어 있다.

며 전, 후가 구별되어 있으니 반드시 확인하고 사용하도록 해야 한다. 일단 정확히 사용하면 절대로 풀리지 않는 것으로 알고 있으나 2016년 최근 유튜브에 타이랩을 순식간에 풀 수 있는 동영상이 소개된 이후 미국 경찰에서는 범인의 신체를 구속할 수 있는 특수테이프(Tape)를 개발하여 사용하고 있다.

● 비상벨(Emergency Bell)

비상벨은 기내 하이재킹이나 테러 발생 시 운항승무원에게 인터폰 사용 없이 객실의 상황을 알릴 수 있는 장치이며 항공기 내 일정 장소에 설치되어 있다. 객실승무원이 누르면 조종실에 버저가 울리며 부저의 길고 짧음으로 객실 긴급상황을 조종사가 알아 들을 수 있도록 되어 있다.

▲ 빨간 버튼이 비상벨(Emergency Bell)이다.

● 포승줄 : 범인을 움직이지 못하도록 묶을 때 사용한다.

2017년부터 탑재되는 신형 포승줄

현재까지 기내에는 면으로 된 하얀색 포승줄이 탑재되어 움직이며 난동을 부리는 승객을 묶기가 매우 힘들었다. 하지만 2017년부터는 아래 사진과 같이 한 번 작동으로 승객의 몸을 구속시킬 수 있는 신형 포승줄이 탑재되어 운영되고 있다.

▲ 신형 포승줄--발 구속장치

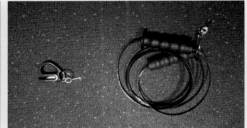
▲ 신형 포승줄 접은 모습 - 왼쪽은 필요 시 포승줄을 자를 수 있는 장치

항공기 출입 가능 인원

항공기의 출입 가능 인원은 운항승무원 및 객실승무원, 신분증을 소지한 항공사직원 또는 지상직원(조업원 포함), 해당 편 탑승권 소지승객, 항공안전 감독관 및 보안감독관, 신분증 또는 항공관계 공무원증을 소지한 자로 규정되어 있으며, 기내 비인가자가 출입하려 할 때 객실승무원의 조치는 다음과 같다.

객실승무원 조치사항

- 객실승무원은 항공기조업원, 객실 및 운항정비사, 보안점검요원, 기내식 탑재인원, 면세품 탑재인원, 기내 미화인력 및 기타 기내 진입직원이 있을 경우 철저한 ID 확인을 통해 비인가자의 출입을 통제한다. 또한 기내 출입증 미소지자가 발견되었을 때는 기내 출입에 필요한 출입증 제시 요구하여야 하며 출입증을 제시하지 못하거나 거부하는 경우 즉시 기장, 캐빈매니저/객실사무장, 운송직원에게 보고하여 공항경찰에 신고 조치될 수 있도록 한다.
- 승객 탑승 시에는 모든 승객의 탑승권(날짜, 편명)을 확인하여 비인가자의 출입을 완벽하게 통제한다.

항공기 출입 가능한 직원

▲ 기내 정비사

▲ 기내 미화인력

▲ 기내 조업인력

▲ 기내식 탑재인력

▲ 면세품 탑재인력

▲ 기내식 보안점검인력

▲ 객실/운항 승무원

Chapter 11

항공기 이륙 전 안전,
보안 실무

CONTENTS

본장을 학습하면 여러분은 …

- 객실 안전 규정에 따라 승객에게 좌석벨트 착용안내를 정확하게 할 수 있다.

- 객실 안전 규정에 따라 미착석 승객을 확인하고 착석을 유도할 수 있다.

- 객실 안전 규정에 따라 객실 수하물 선반 잠금상태를 확인하고 조치할 수 있다.

- 객실 안전 규정에 따라 설비 잠금상태를 확인하고 조치할 수 있다.

- 객실 안전 규정에 따라 비상시 관련정보를 제공할 수 있다.

- 객실 안전 규정에 따라 해당 항공기 문 슬라이드를 비상상태로 변경할 수 있다.

- 객실 안전 규정에 따라 비상구 좌석에 위치한 승객에게 비상시 행동요령과 협조를 안내할 수 있다.

- 객실 안전 규정에 따라 창문덮개를 원위치하도록 안내할 수 있다.

- 객실 안전 규정에 따라 좌석 등받이와 앞 선반을 원위치하도록 안내할 수 있다.

- 객실 안전 규정에 따라 좌석벨트 착용을 확인하고 점검할 수 있다.

- 객실 안전 규정에 따라 항공기 탑승 후 다시 하기를 원하는 승객에 대하여 신속히 보고할 수 있다.

- 객실 안전 규정에 따라 의심스러운 승객 또는 돌발상황에 대해 선임자에게 보고할 수 있다.

- 객실 안전 규정에 따라 승객에게 전자기기 사용금지 안내 방송을 하고 조치할 수 있다.

항공기 이·착륙 전 모든 객실승무원은 승객의 안전을 위해 필수적인 안전 활동을 수행함과 동시에 승객에게 정보제공 및 안내를 하여야 한다.

01. 탑승객 좌석안내

인천 국제공항에서 출발하는 국내의 모든 국제선 항공기의 탑승시점은 일반적으로 출발 30분 전에 실시함을 원칙으로 하고 있다.(A380 항공기와 해외 특정 공항에서는 출발 40분 전에 실시하는 경우도 있다.) 승객 탑승 시 객실승무원은 객실브리핑 시 지정된 담당구역에서 탑승하는 승객에게 일일이 탑승환영인사 및 탑승권 재확인을 실시하며 좌석을 안내하고 승객의 수하물의 보관 및 정리에 협조한다. 당일 출발편 좌석여유가 많은 경우 대부분의 승객이 지정된 자리보다 좀 더 넓고 편한 곳으로 옮기려 하는데, 이때 객실승무원은 승객이 소지한 탑승권에 명시된 좌석에 앉도록 안내하여야 한다.

좌석안내 시 객실사무장/캐빈매니저에게 보고해야 될 승객 유형

- 탑승권의 날짜, 편명이 틀린 승객
- 만취한 상태 또는 약물에 중독된 것으로 보이는 승객
- 전염병을 앓고 있는 승객
- 정신적으로 불안하여 다른 승객을 위험에 빠뜨릴 수 있는 승객
- 타인에게 심한 불쾌감을 줄 수 있는 승객
- 수하물 운송 규정에 어긋난 지나치게 크거나 무거운 물품을 휴대한 승객
- 제한 품목 또는 운송 금지 품목을 소지한 승객

제한 품목(SRI : Safety Restricted Item) 소지 승객

다른 승객에게 위해를 가할 수 있는 총포류, 칼, 가위, 송곳, 톱, 골프채, 건전지 등 인명, 항공기 안전 및 보안에 위험을 줄 가능성이 있는 품목으로 기내 반입은 불가하며 위탁수하물에 넣어 탁송해야 한다. SRI는 목적지에 도착 후 수하물 찾는 곳(Baggage Claim Area)에서 찾을 수 있다.

운송 금지 품목

폭발성 물질, 인화성 액체, 액화/고체가스, 산화성 물질, 독극성 물질, 전염성 물질, 자기성 물질을 말하며, 기내 반입과 탁송 모두 불가한 품목이다.

▲ 폭발성 물질　　▲ 인화성 액체　　▲ 자기성 물질　　▲ 독극물

▲ 산화성 물질　　▲ 액화가스　　▲ 전염성 물질

02. 의심스러운 승객(Suspicious Passenger) 발견 시 보고

객실승무원은 좌석안내 시 또는 승객이 항공기 탑승 중/후 의
심스러운 행위를 발견하면 지체없이 객실사무장/캐빈매니저에
게 보고하여 기장과 협의 후 공항관계기관/공항경찰대에 신고하
는 등의 적절한 안전/보안조치를 취할 수 있어야 한다.

좌석안내 시 의심스러운 승객이란 아래와 같다.

> 좌석안내 시 의심스
> 러운 승객과 비행 중
> 의심스러운 승객은
> 항목에서 차이가 있
> 을 수 있다.

- 좌석에 착석하지 않고 주변을 계속 돌아다니는 승객
- 객실승무원의 동태를 계속 관찰하고 불안해 하며 식은땀을 흘리는 승객
- 양손을 사용하여 액체, 고체, 전자용품 등의 물건을 계속 취급하고 있는 승객
- 액체나 고체성 물질을 아주 조심스럽게 운반하는 승객
- 탑승 직후, 출발 전 화장실을 들락거리며 불안한 표정을 짓는 승객
- 항공기 탑승 후, 출발 전/후 지상에서 여러 가지 적절하지 못한 이유를 대며
  하기하겠다고 요청하는 승객

03. 항공기 DOOR CLOSE

항공기 객실사무장/캐빈매니저는 지상직원
으로부터 탑승완료 통보를 받은 후 기장에게
승객의 숫자 및 특이사항을 연락하여 출발에
필요한 조치를 실시한다. 부터 받는 서류봉투
(Bag)를 Ship Pouch라고 하며, Ship Pouch의
내용물은 승객과 화물운송관련 서류 및 입국
서류가 포함된다.

▲ 도어 닫기 전 열린 항공기 문

항공기 Door Close 전 확인해야 할 사항

- 승무원 및 승객 숫자
- 운송관련 서류
- 추가 서비스 품목을 탑재
- 지상직원 잔류 여부
- 객실준비완료 확인

▲ Ship Pouch

▲ 객실에 탑재되는 화물선적서류

객실준비완료란?

　승객 탑승완료 후 아래의 상황을 점검하여 이상이 없을 때 지상직원에게 통보하는 '구두용어'로 객실사무장/캐빈매니저가 지상직원과 승객 탑승완료 점검을 마친 후 기장에게 통보하여 항공기 Door를 닫는 절차를 말한다.

- 전 승객 탑승완료
- 수하물 선반(Overhead Bin) 닫힘상태 확인
- 휴대 수하물 점검 및 보관상태 확인

▲ 항공기 도어 CLOSE 전 지상직원과 객실준비완료를 하는 저자

항공기 객실 구조 및 비행안전

04. 객실 안전점검

'**Safety Check**'-비상시 탈출하기 위해 Escape Slide Mode를 팽창위치로 변경하는 행위 또는 목적지에 도착 후 Escape Slide Mode를 정상위치로 변경하는 행위를 의미한다.

항공기 Push Back 직전 및 목적지 공항게이트(Gate)에 도착하여 항공기 엔진을 끈 직후 객실승무원은 각 도어에 설치되어 있는 비상탈출 슬라이드 모드(mode)를 객실사무장/캐빈매니저의 방송에 맞추어 팽창위치(Armed Position) 또는 정상위치(Disarmed Position)로 바꾸어야 한다. 이 동작은 많은 집중을 요하는 절차이므로 정확한 명령어에 의해 절도 있게 시행해야 하고 재확인 후 실시하는 행동이 필요하다.

Push Back

게이트(Gate)에 접안되어 있던 항공기에 모든 승객이 탑승을 완료하고 객실준비가 완료되었을 때 기장에게 연락하면 기장은 지상의 정비사에게 연락하여 항공기를 뒤로 밀어낼 준비를 한다. 따라서 거대한 특수차량(Towing Car)을 이용하여 항공기를 뒤로 밀어내는 행위를 푸시백(Push Back)이라고 한다. 일단 항공기가 푸시백하면 다시 원위치로 돌아오기에는 공항 관제탑과 교신하여 허락을 득하는 등의 많은 절차를 필요로 하기 때문에 아래 사항을 철저히 확인한 후 기장에게 객실의 푸시백 준비완료(Ready to Push Back)를 알려야 한다.

항공기 Push Back을 담당하는 토잉카(Towing Car)

▲ 푸시백하고 있는 이스타 항공 비행기

▲ 푸시백하는 대한항공 A380 비행기

항공기와 토잉카를 연결
는 데 사용하는 토우바
(Tow Bar)

항공기를 뒤로 밀어내는 토
잉카(Towing Car)
약 12억원 정도 함

Towbarless Car

요즘 사용하는 토잉카는 토우바 없
이 항공기 바퀴를 토잉카 위로 들어
올려 끌고 가거나 밀어낸다.
장점 : 속도가 매우 빨라 이동시간
이 단축된다. 일명 Towbarless Car
라 한다.

푸시백(Push back) 전 점검사항

- 모든 승객 착석 및 좌석벨트 착용상태 확인
- 좌석 등받이, 개인용 모니터, 식사 테이블, 발 받침대, 창문 덮개 원위치 상태 확인
- 승객의 개인 휴대 수하물 정위치 보관 및 수하물 선반 닫힘상태 확인
- 갤리(Galley) 내 모든 이동물질 잠김상태 확인
- 비상구 좌석의 착석상태 확인
- 객실 내 모든 도어의 잠김상태 및 슬라이드 모드(Slide Mode) 변경상태 확인

05. 푸시백(Push Back) 전 객실 준비사항

좌석벨트 착용상태 점검(Seatbelt Check)

객실승무원의 안내에 따라 승객이 항공기에 탑승하게 되면 Fasten Seat Belt(안전벨트 착용) 신호가 켜져 있으며 모든 승객이 탑승을 완료하게 되면 출발에 앞서 객실승무원들이 일일이 좌석벨트 착용 여부를 꼼꼼히 점검하고 있는데, 이 절차는 객실승무원의 업무교범(COM-Cabin Operation Manual)에 나와 있는 중요한 사항이며, 승객이 좌석벨트 착용 시 아래의 착용규정을 벗어나지 않아야 한다.

▲ B737-800 좌석과 좌석벨트

▲ A320 항공기 좌석벨트

- 비행 중 좌석벨트 사인을 반드시 준수해야 한다.
- 좌석벨트를 착용할 때는 똑바로 앉아야 한다.
- 휴식이나 누워 있을 경우 착석을 유도한다.
- 이착륙 시 좌석벨트 1개를 2인이 사용해서는 안 된다.
- 만 2세 미만 아이는 이착륙, 기체요동 시 가능한 한 성인이 안도록 한다.
- 비행기가 흔들리지 않는 경우에도 좌석벨트 상시착용 방송을 실시한다.

영유아용 항공안전 카시트 CRS(Child Restraint System)

2015년 교통안전공단의 실험 결과에 따르면 어린이가 카시트를 착용하지 않으면 차량사고 시 머리에 중상을 입을 가능성이 20배 가량 높고, 성인좌석에 앉을 경우 7~12세 어린이는 성인용 안전벨트만 착용하면 복합 중상 가능성이 5.5배 높은 것으로 나타났다. 예전에는 몰랐지만 성인용 안전벨트는 아이들에게 무용지물일 뿐만 아니라 오히려 흉기가 될 수 있다. 성인의 신체사이즈에 맞게 제작된 안전벨트는 앉은키가 작은 아이들의 목을 압박해(3점식 벨트일 경우) 사고 시 2차 상해를 입히거나, 골반벨트가 복부로 미끄러져 장 파열을 일으킬 수 있다. 따라서 유아나 어린이가 일반 성인용 안전벨트를 착용하면 경우에 따라 안전벨트 때문에 오히려 심각한 피해를 입는 경우도 잦은 것으로 드러났다. 특히 "체구가 더 작은 아이의 경우 안전벨트 밑으로 몸이 빠져 나가며 벨트가 목을 졸라 질식사하기도 한다(서브머린효과, Submarine Effect)." 이것이 바로 유아보호용 장구 장착이 법으로 의무화된 이유다.

Child restraints could be recalled for safety reasons. You must register this restraint to be reached in case of a recall. Send your name, address, email address if available, and the restraint's model number and manufacturing date to: HAPPY KIDZ, LLC HAPPY KIDZ, LLC, PO BOX 1279, MOUNTAINSIDE NJ 07092-0279, USA, or call 1-844-hppy-kdz, or register online at: www.simpleparenting.co/register For recall information, call the U.S. Government's Vehicle Safety Hotline at 1–888-327–4236 (TTY: 1–800–424–9153), or go to: http://www.NHSTA.gov. This child restraint system conforms to all applicable Federal motor vehicle safety standards. This Restraint is Certified for Use in Motor Vehicles and Aircraft.

Los sujetadores para niños pueden ser retirados del mercado por razones de seguridad. Usted debe registrar este sujetador para poder ser hallado en caso de ser retirados. Envíe su nombre, dirección y correo electrónico de estar disponible, y el número de modelo y la fecha de fabricación del sujetador a: HAPPY KIDZ, LLC HAPPY KIDZ, LLC, PO BOX 1279, MOUNTAINSIDE NJ 07092-0279. o llame al +1-844-hppy-kdz, o regístrese en línea en: www.simpleparenting.co/register Por información sobre retiro del mercado, llame a la línea directa de seguridad vehicular del Gobierno de los EE.UU. al +1-888-327-4236 (TTY: +1-800-424-9153), o vaya a: http://www.NHSTA.gov Este sistema de retención infantil cumple con todas las normas de seguridad federales aplicables para vehículos automotores. Este sistema de retención está certificado para su uso en vehículos automotores y aeronaves.

▲ 항공기에 설치되는 영유아용 카시트에는 하단의 보증서가 장착되어야 한다.

▲ 국제검증 안 되어 비행 중 사용해서는 안 되는 영유아 고정장치

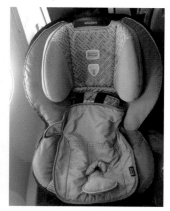

▲ 현재 대한항공에서 사용되고 있는 국제민간항공기구 검증필 영유아 항공
카시트 CRS 모습- 출발 48시간 전 예약 필수

도로교통법 제50조에 영유아(6세 미만)는 유아보호용 장구를 장착한 후에 좌석
안전띠를 매도록 규정하고 있으며, 이를 위반하면 적발 시 벌금 6만원이 부과되
며 카시트를 착용하지 않고 성인용 안전벨트를 매는 경우도 벌금 6만원을 부과
받을 수 있다.

미착석 승객(Standing Passengers) 착석유도

항공기 출발·도착 전 모든 승객은 지정된 좌석에 착석하여 좌석벨트를 매고
있어야 한다. 따라서 미착석 승객에게는 객실승무원이 요청하거나 기내 방송을
통하여 반드시 착석하고 출발·도착할 수 있도록 사전점검이 철저히 이루어져야
한다. 저자의 경험상 미착석 승객의 대부분은 단체승객 중 동료와 좌석이동을
하거나 단체의 가이드가 안내를 하는 과정에서 발생한다. 따라서 단체승객인 경
우 좀 더 철저한 안내 및 권유가 필요하다.

안내 말씀 드리겠습니다.

출발 전 점검 절차로 손님들께서 좌석에 앉으셨는지 확인하고 있습니다.

신속한 출발을 위해 자리에 앉아 주시기 바랍니다.

Ladies and gentlemen

All passengers are requested to take their seats for prompt departure of the aircraft. We thank you for your cooperation.

오버헤드빈(Overhead Bin) 점검

Overhead Bin은 승객의 머리 위에 설치되어 있는 승객의 휴대수하물 보관장소를 의미하며, 다음과 같이 확인하는 절차를 이·착륙 전 시행하여야 한다. 참고로 승객의 모든 휴대수하물은 좌석 아래나 Overhead Bin 또는 Enclosed 코트룸에 보관할 수 있으며 각각의 보관장소가 원하는 사이즈와 무게가 적정해야 하며, 객실승무원은 이·착륙 전 담당구역(Zone)의 Overhead Bin 닫힘상태를 규정에 맞게 확인해야 한다.

▲ A320 오버헤드빈 열린 상태

▲ A320 오버헤드빈 닫힌 상태

Overhead Bin 열 때 표준동작 3단계

- 제1단계 : 오버헤드빈 아래 승객에게 사전안내를 실시한다.
- 제2단계 : Overhead Bin 하단을 손으로 막고 좌, 우 확인한다.
- 제3단계 : 천천히 Open한다.

각종 컴파트먼트 고정
(Compartment Locking)

비행기의 모든 Compartment(기용품 보관장소)는 이·착륙 전 컴파트먼트의 상단에 설치되어 있는 시건 및 봉인장치를 이용하여 철저히 잠가 놓아야 하며, 객실 시니어 승무원/객실사무장에 의해 재점검이 이루어져야 한다.

▲ B777-200 뒤 갤리 컴파트먼트

시건장치를 이용하여 Locking하지 않았을 경우 이륙할 때 떨어지거나 착륙할 때 밀려나와 승무원 및 승객의 안전에 심각한 위해를 줄 수 있다.

고정용 걸쇠 Locking 장치

▲ B777 항공기 이륙 전 완벽하게 고정되어 있는 기내 캐리온 박스 모습

비상시 관련정보 제공
(Safety Demonstration)

이·착륙 전 객실승무원은 비상구 좌석에 착석해 있는 승객에게 비상구 사용법, 비상시 탈출절차, 협조의 의무를 고지해야 하며 승무원에 의한 시연과 기내

▲ 델타항공사 승무원 데모모습

비디오 시스템을 통해 비상 시 탈출절차에 대해 공지한다. 만일 기내 비디오 시스템이 설치되어 있지 않은 기종은 기내 방송 사전녹음장치(Pre Recoded Equipment)를 사용하거나 육성방송을 통해 좌석벨트, 비상구, 구명복, 산소마스크, Safety Information Card의 내용, 금연규정을 모두 포함한 Safety Demo를 객실승무원이 실연한다.

또한 성인 비동반소아(UM), 장애인, 노인승객, Safety Demo를 볼 수 없는 좌석에 앉은 승객에게는 개별적으로 브리핑하여야 한다. 승객 좌석 앞 Seat Pocket에 비치되어 있는 비상탈출안내 소책자(Safety Card)를 승객이 한 번씩 볼 수 있도록 적극 권유하도록 한다. Seat Pocket 내 비상탈출안내 소책자는 모든 책자에 비해 제일 앞편에 세팅될 수 있도록 해야 하는 것이 안전 규정이며, 국가항공 안전보안 점검 시 주요 점검사항이다.

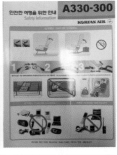

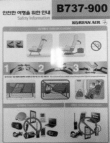

◀ 승객 Seat Pocket에 비치되어 있는 비상탈출안내 기종별 소책자

비상구(Emergency Exit) 착석승객 재확인

비상구열 착석규정

비상구열 좌석에 착석하는 승객은 항공기 비상시 객실승무원을 도울 수 있는 승객으로 제한하여 배정한다. 따라서 객실승무원은 승객의 탑승 시작부터 항공기 이동 전까지 비상구열 좌석에 착석한 승객의 적정성을 파악하여야 한다.

비상구열의 정의 및 미배정 승객

비상구로 직접 접근할 수 있는 좌석으로 승객이 비상구로 접근하기 위해 통과하여야 할 비상구 창측 좌석에서부터 통로까지의 좌석을 말

하며 탑승수속하는 수속 담당직원은 승객에게 비상구열 좌석을 제공할 경우 배정사유와 규정을 설명하여야 한다. 아래와 같은 조건에 해당하는 승객은 비상구열 배정이 제한된다.

양팔, 손, 다리의 민첩성이 다음의 동작을 수행하기 어려운 승객

- 비상구나 슬라이드 조작장치에 대한 접근
- 조작장치를 밀거나 당기고 돌리는 동작
- 비상구 여는 동작
- 신속한 비상구로의 접근
- 장애물 제거할 때 균형 유지
- 빠른 탈출
- 탈출한 승객이 미끄럼틀로부터 벗어날 수 있도록 하는 행위

그 외 비상구열 좌석 배정불가 승객

- 15세 미만 승객
- 비상탈출 지시 이해 못하는 승객
- 다른 시력 보조장비 없이는 위의 기능을 하나 이상 수행할 수 없는 승객
- 승무원의 탈출 지시 청취불가 승객
- 비상구 좌석 착석규정 준수의사가 없는 승객

좌석 등받이(Seatback) 원위치

- 좌석 등받이의 구성은 등받이, 모니터(일부 기종), Tray Table, 옷걸이(일부 기종), 음료수 홀더(Holder)가 장착되어 있다.
- 좌석 등받이는 항공기 Push Back, 이착륙 전 주변 승객의 원활한 항공기 탈출을 위한 통로 확보 차원에서 반드시 원위치하여야 한다.
- 좌석 등받이를 최대로 젖힐 수 있는 각도는 클래스별 상이하나 KE 경우 일등석과 비즈니스 클래스는 180도, 일반석 각도는 115도이다.

좌석 등받이

▲ A330 항공기 좌석 등받이 앞면   ▲ A320 좌석 등받이 뒷면

좌석 앞 선반(Tray Table) 원위치

좌석 앞 선반이란 좌석 등받이에 설치되어 승객의 기내식 취식, 음료, 개인 작업을 할 수 있도록 만들어 놓은 네모난 플라스틱 시설물을 의미하며, 구성품은 Tray Table, 컵홀더, 테이블 고정장치로 되어 있다.

- 좌석 앞 선반은 항공기 출발 전, 이·착륙 시 다른 승객의 원활한 탈출을 돕도록 반드시 원위치로 하고 걸쇠를 이용하여 고정해야 한다. 비상구열 좌석은 좌석 앞 선반이 팔걸이(Armrest)나 좌석 하부에서 나오도록 설계되어 있으니 접혀서 보관되어 있는지 확인한다.
- 좌석 앞 선반을 고정시키는 고정핀이 고장나 Tray Table이 고정되지 않을 경우, Table의 경사가 심할 경우 객실승무원은 즉시 정비사에게 고지하여 수리 후 출발하도록 해야 한다.

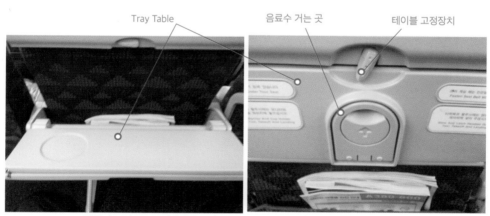

Tray Table   음료수 거는 곳   테이블 고정장치

▲ B777 항공기 Tray Table 열린 모습   ▲ B777 항공기 Tray Table 원위치된 모습

전자기기 사용(Use of Electronic Device)금지 안내

2015년 3월 1일부터 비행 중 휴대용 전자기기 사용 확대가 시행되고 있다. 객실승무원은 항공안전법과 항공보안법에 따라 항공기의 전자파 간섭을 방지하기 위하여 탑승객의 휴대용 전자기기 사용을 제한할 수 있다.

기내에서 사용금지 및 제한된 전자기기의 사용은 항공기 무선통신에 간섭을 유발시킬 수 있기 때문이며 객실승무원은 승객이 '전자기기 사용금지 및 제한규정'을 준수할 수 있도록 해야 한다. 승객이 휴대한 전자기기 사용중지를 기장이 요청할 경우 객실승무원은 승객 전체의 전자기기 사용을 중지시켜야 한다.

전자기기 사용을 중지하지 않은 승객이 있을 경우 객실승무원은 이러한 행위가 위법이라는 사실을 안내하고 계속해서 사용규정을 지키지 않거나 업무수행을 방해한다면 '기내업무 방해행위'에 규정된 절차에 따라 승객의 기내업무 방해행위를 중지시켜야 한다.

국토교통부는 대한항공, 아시아나항공, 진에어 3개 항공사가 2015년 3월 1일부터 휴대용 전자기기(PED) 사용 확대를 시행한다고 밝혔으며 4개 z내 LCC(제주, 에어부산, 티웨이, 이스타)항공사도 안전성 평가를 위한 기술을 지원하여 휴대용 전자기기 사용 확대를 시행하고 있다.

카트, 오븐, 커피메이커, 화장실문 고정
(Cart, Oven, Coffeemaker, Lavatory Locking) 방법

항공기 출발 전 모든 갤리의 기물은 반드시 시건장치를 이용하여 안전하게 고정되고 잠근 상태로 출발하여야 한다.

카트(CART)

밀카트, 음료/주류 카트는 하단의 브레이크 페달을 이용하여 잠금위치로 세게 밟아주고 갤리 Compartment에 부착되어 있는 문을 닫은 후 시건장치를 이용하여 정확히 잠근다.

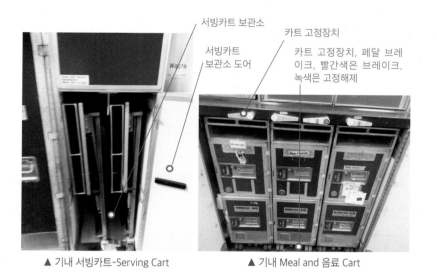

▲ 기내 서빙카트-Serving Cart　　　　▲ 기내 Meal and 음료 Cart

오븐(OVEN)

갤 리 (Galley) 내에 설치되어 있는 오븐은 오 브 Door 중단, 상단에 설치되 어 있는 잠금장 치를 잠그고 손 으로 강하게 눌 러보아 튀어나

▲ 오븐 내부　　　　▲ 오븐 외부

오지 않는 정도가 완전한 잠금상태인 것이다. 이·착륙 중 오븐 문이 열리면 자동 적으로 안에 있던 오븐 랙과 내용물이 튀어나와 큰 소음과 함께 승객과 승무원 에게 상해를 입힐 수 있다.

커피메이커(COFFEE MAKER)

커피메이커 상단에 설치되어 있는 Locking Lever를 아래쪽으로 힘차게 내려 커피Pot을 완전히 본체에 고정시켜야 한다.

Lock Lever

이 손잡이를 아래로 강하게 당기면
커피메이커가 고정된다.

화장실문(LAVATORY DOOR)

비행기의 화장실문은 대부분 접이식(Folding Door)으로 되어 있으나 일부 기종에
서는 핸들을 돌려 여는 고정식 문도 사용한다. 따라서 접이식 문은 이착륙 시 바
깥에서 당겨보아 확실하게 닫아주고 고정식 문은 바깥에서 당기고 핸들을 돌려
완전한 닫김상태로 만들어 주어야 한다.

▲ 접이식 문이 설치되어 있는 화장실　　　　　　▲ 고정식 문이 설치되어 있는 화장실

승객 탑승 후 / PUSH BACK 중 하기 승객 발생 시 대응절차

탑승했던 승객에게 갑자기 피치 못할 사정이 생기거나 의료적 문제점이 발생되어 하기를 요청하는 승객이 종종 발생한다. 이런 경우 항공사에서는 다음의 조치를 시행하여 사전 계획된 항공기 테러를 방지하는 데 만전을 기한다. 탑승객 하기 시 객실사무장/캐빈매니저는 하기승객 정보를 지상직원에게 통보 및 기장에게 보고하고 운송직원 및 기장은 하기를 원하는 승객의 자발적/비자발적 여부를 판단한다.

자발적 하기 시(위험)

해당 승객 및 해당 승객의 수하물 하기(별도 보안조치 시행), 운송직원이 공항 종합상황실 경유 관계기관에 통보하여 관계기관의 판단에 따른 보안점검을 시행한다.

- 전 승객 하기 불요 시 : 하기한 승객의 좌석 및 전후 3열의 Seat Pocket, 구명복, Seat Cushion 하단 추가 점검 좌석 및 좌, 우 좌석 점검
- 전 승객 하기 필요 시 : 탑승한 승객이 하기한 경우 모든 승객은 휴대품을 소지하고 하기하여야 하며 승객 하기 후 보안점검 CHK List의 Alert 3, 2에 의거 기내 보안점검 실시

비자발적 하기 시

해당 승객 및 해당 승객의 수하물 하기(별도 보안절차 없음), 비자발적 하기란 다음의 기준에 해당하는 승객으로 별도의 보안조치 불요하다.

- 시스템 오류로 인한 좌석 중복된 탑승권 교부, 예약 초과로 인한 좌석부족, 항공기 허용 탑재 중량(ACL:Allowable Cabin Load) 부족으로 인해 승객의 의사와 관계없이 부득이 하기하여야 하는 경우
- 기상, 정비 등과 같은 운항 지연 사유에 따라 승객이 여행을 포기하고 하기를 요청하는 경우

- 입국거부승객, 강제퇴거승객, 호송대상승객 및 환자승객이 여행을 지속할 경우 운항 중 항공기 및 승객의 안전에 영향을 줄 것이 우려되어 의료진 또는 당사 직원(승무원 포함)의 판단하에 해당 승객(일행 포함)이 하기할 경우
- 승객 하기의 원인이 항공사 또는 관계기관에 있음이 명백한 경우(단, 관계기관에서 구체적 정보에 의해 보안위협승객을 하기 조치한 경우 또는 관계기관의 요청이 있는 경우에는 항공사와 협조하여 전 승객 하기 또는 기내 재검색을 실시할 수 있다.)

승객하기로 인한 보안 재검색 필요 시 안내방송

안내 말씀 드리겠습니다. 탑승했던 일부 승객이 비행을 포기하고 내림에 따라 비행기의 보안검색을 다시 실시하겠습니다. 지금부터 모든 짐을 갖고 내려 주시기 바랍니다. 이는 손님 여러분의 안전을 위한 불가피한 조치입니다. 손님 여러분의 양해를 바라며 검색이 끝난 뒤 직원이 재탑승을 다시 안내해 드리겠습니다.

Ladies and Gentlemen, We regret to announce that this aircraft needs another Security check. because some passengers have decided not to travel with us today. Please take all of yours belongings with you when you deplane. Our ground staff will announce the re-boarding time after the security check is completed.

Thank you for your cooperation.

Chapter 12

비행 중 안전,
보안 실무

‹EXIT›

CONTENTS

본장을 학습하면 여러분은 …

- 객실 안전 규정에 따라 승객에게 상시 벨트 착용여부를 확인하고 안내할 수 있다.
- 객실 안전 규정에 따라 승객의 기내 흡연 여부를 확인하고 제지할 수 있다.
- 객실 안전 규정에 따라 밀폐공간 내부상태를 확인하여 조치할 수 있다.
- 객실 안전 규정에 따라 항공기 운항 중 행동이 의심스러운 승객의 동태 및 이상물건에 대하여 신속히 보고할 수 있다.
- 객실 안전 규정에 따라 난기류(Turbulence) 발생 시 승객에게 안내방송을 하고, 필요조치를 취할 수 있다.

01. 비행 중 상시 좌석벨트 착용 안내

항공기 이륙 후 기장에 의해 'Fasten Seat Belt Sign'이 'Off' 되더라도 기내에 있는 모든 승객은 화장실 이용을 제외하고 좌석에 앉아 있을 때나 누워 있더라도 항상 좌석벨트를 착용하고 있어야 한다. 왜냐하면 항공기가 진행하는 동안 조종석 앞에 있는 레이더를 통해 구름과 난기류를 사전에 감지하여 기장이 회피기동을 하거나 객실사무장/캐빈매니저, 객실승무원에게 미리 알려줄 수 있으나 맑은 하늘이지만 레이더에 나타나지 않는 에어포켓, 즉 CAT(Clear Air Turbulence, 청천난류)를 만나면 꼼짝없이 수백피트 아래로 심하면 수천피트 아래로 항공기가 곤두박질 칠 수 있기 때문이다. 승객과 승무원이 부상을 당하는 이유는 바로 전혀 예측할 수 없는 CAT에 의해 피해를 입는 것이다. 이때 좌석벨트를 착용하지 않으면 기내 천장에 머리를 부딪히거나 떨어지면서 구조물에 부딪혀 심한 중상을 입게 된다. 따라서 항공기가 이륙하여 정상고도에 이르러 이

동해도 좋다는 허가인 'Fasten Seat Belt Sign'이 꺼진 후 방송담당 승무원은 즉각 '비행 중
상시 좌석벨트 착용안내방송'을 반드시 실시하게 된다.

02. 기내 밀폐공간 내부상태(화장실, 벙커, 코트룸) 점검

비행 중 항공기 내 설치되어 있는 화장실, 승무원 휴게실, 승객 의복을 위한 코
트룸은 수시로 점검하여 의심스러운 물건이 남아있지 않도록 최선을 다하여야

B777 항공기 화장실 내부 적재공간

크리넥스, 롤페이퍼, 핸드페이퍼 타올을 보관하며 물잠금장치가 있으며 오른쪽 문 바깥쪽은 거울
로 되어 있다.(즉, 화장실에서 사용하는 큰 것울의 뒷면이다.)

▲ 보안스티커 : 항공
기 보안상 필요로
하는 곳에 한 장씩
떼어 붙이게 되어
있으며 뜯어낸 자
국이 있으면 재보
안점검 실시한다.

❶ 여분의 롤페이퍼 ❷ 여분의 핸드페이퍼 타올 ❸ 여분의 크리넥스 ❹ 핸드페이퍼 타올 : 밑에서
순서대로 빼서 쓰게끔 되어 있다. ❺ 화장실 내 유리 뒷면 ❻ 여분의 크리넥스 ❼ 화장실 거울 김서
림방지 장치 ❽ 화장실 내 물잠금장치

한다. 비행 중 객실승무원은 화장실을 매 30분마다 화장실 설비 및 내부공간을 점검하여 환자 발생, 의심스러운 승객의 유무를 파악하여야 하며 특히 화장실 내 Hand Paper Towel, 크리넥스 티슈, 롤페이퍼 등 비품을 보관하는 내부 적재 공간을 반드시 한 번씩 열어보아 의심스러운 물건이 비치되어 있지 않도록 해야 한다. 비행 중 점검사항은 화장실 설비, 보안스티커 훼손상태, 이상 액체물질 적재상태이다.

▲ 승무원 BUNK 보안 위한 키패드　　▲ 키패드 열린 모습　　▲ B777 항공기 운항승무원용 BUNK　　▲ 운항승무원 BUNK 내부모습

승무원 휴게실(Bunk)은 승무원만이 사용하는 공간이므로 승객이 점유하지 않도록 평상시 출입절차를 숙지하여 철저한 보안을 유지하여야 한다. 최근에는 승무원 휴게실마다 시건장치가 부착되어 승무원만의 비밀번호를 입력해야만 출입이 가능하도록 보안장치가 강화되었다. 또한 승무원 휴게실 안에는 사람이 들어갈 수 있는 비교적 넓은 공간이 적지 않게 있으므로 비행 전/중/후 반드시 Compartment마다 개봉검사하여 의심스러운 물건, 사람이 남아있지 않도록 해야 한다. 점검사항은 승무원 휴게실 내 안전장비, 보안스티커 훼손상태, 인가되지 않은 승객의 출입 및 잔류 여부이다.

▲ B737 항공기 코트룸　　▲ A330 항공기 코트룸

코트룸(coat room)은 비행 중 승객의 요청이 없

는 한 승무원의 손길이 제일 닿지 않는 공간이기도 하다. 코트룸 안에는 승객의 의복 및 응급처치에 필요한 약품상자 그리고 서비스용품이 혼재되어 있을 경우가 있으므로 반드시 분리하여 보관하고 비행 중 점검 시에는 항상 코트룸에 설치되어 있는 조명을 점등하여 내부 구석까지 확실히 점검할 수 있도록 해야 한다.

03. 비행 중 의심스러운 승객과 이상물건

객실승무원은 승객이 위험물을 반입할 가능성이 있기 때문에 비행 중 의심스러운 승객이나 물질을 발견했을 경우에 승객에게 내용물 확인을 요청하고 즉시 객실사무장/캐빈매니저를 통해 기장에게 연락하여 공항관계기관의 협조를 구해야 하며, 특별한 요청이 없는 한 옮기거나 분해하지 않도록 한다.

비행 중 의심스러운 승객과 물건은 다음과 같다.

- 한쪽으로 쏠려 있거나 봉합되지 않아 내용물이 흘러나올 수 있는 물건
- 무엇인가 누출된 것 같은 현상을 보이는 물건
- 외관상 이상스럽고 의심스러운 냄새를 풍기는 물건
- 시계초침 소리가 들리거나 배터리가 연결되어 있는 물건
- 물건을 들고 화장실을 자주 들락거리는 승객이나 오랜 시간 동안 화장실에서 나오지 않는 승객
- 매우 불안해 하며 좌우를 살피며 승무원의 시선을 피하는 승객
- 기내에서 식은땀을 흘리거나 눈동자가 풀려있는 승객
- 비행 중 휴대폰/시계와 연결된 물체를 은밀히 분해하거나 조립하는 등의 비정상적인 행위를 반복하는 승객
- 액체나 고체성 물질을 아주 조심스럽게 운반하는 승객
- 권총이나 칼, 폭발물처럼 보이는 무기류를 소지하고 있는 승객

좌석안내 시 의심스러운 승객과 비행 중 의심스러운 승객은 항목에서 차이가 있을 수 있다.

비행 중 기내에서 행동이 수상한 승객 발견 시 인터폰을 통하여 기장에게 보고하고 감시활동을 강화하며 만일 조종실 진입/파괴시도나 하이재킹 등 위협상황이 발생 시 인터폰으로 보고할 수 없는 경우 설치된 비상벨을 이용한다. 객실승무원은 비행하는 항공기의 안전을 해치고 승객 및 승무원의 인명이나 재산에 위해를 가하며 기내 질서를 문란시키거나 규율을 위반하는 승객은 그 행위를 저지시키기 위한 필요한 조치를 취할 수 있다.

04. 터블런스(기체요동, Turbulence)

TURBULENCE란?

항공기가 제트기류나 구름 등을 만나서 흔들리는 현상을 말하며, 승객과 승무원의 기내 부상 요인 중 제일 큰 부분을 차지한다. CAT와 일반 Turbulence의

▲ 요동치는 난기류 구름모습

▲ 난기류에 파손된 항공기

차이점은 다음과 같다.

Tubulence와 CAT의 차이

- CAT(Clear Air Turbulence) : 항로상에 구름이나 바람도 없는 쾌청한 날씨에 공기 밀도 차이에 의해서 항공기가 놀이기구인 롤러코스터처럼 심하게 미끄러지듯 비행 중 저고도로 순식간에 낙하하는 현상을 말한다. 비행기를 조종 중인 운항승무원과 객실승무원 그리고 승객이 전혀 인지를 못하는 상황이므로 대부분의 심각한 부상은 CAT에 기인한다.
- Turbulence : 항공기가 비행 중 구름이나 제트기류를 만날 때 흔들리는 일반적인 현상을 말한다.

Turbulence 강도와 객실승무원의 행동지침

구분	Light	Moderate	Severe
기내현상	음료수 컵 찰랑 좌석벨트 약간 입박	기내 보행 곤란 좌석벨트 압박	기내 보행 불가능 좌석벨트 강하게 조임
	행동 지침		
신호	Fasten Seatbelt Sign		
	1회 /	2회	
기내서비스	조심스럽게 지속	중단 카트 상단 물건 고정	즉시 중단 카트 Brake
좌석벨트	승객 착용 여부 확인	즉시 Jumpseat 착석, 가는 동안 육안 확인	가장 가까운 자리 착석 무리하게 확인 않음
기내방송	객실사무장(또는 객실승무원) 실시, 필요 시 기장 추가 방송		
기내조명	객실 조명 Off 시, Dim으로 조절, 영화 상영 또는 승객 수면 시 Galley 커튼 Open		

Turbulence 조우 시 객실승무원의 행동지침

Fasten Seatbelt Sign 1회 점등(딩!)

- 조심스럽게 서비스를 계속한다.
- 뜨거운 음료를 서비스할 때 주변에 흐르지 않도록 주의를 기울인다.

- 승객의 좌석벨트 상태를 확인하고 착용하도록 안내한다.
- 화장실 내 승객의 유무를 확인한다.

Fasten Seatbelt Sign 2회 점등(딩! 딩!)

- 서비스를 중단하며 가장 가까운 좌석이나 Jump Seat에 착석한다.
- 서비스 Cart를 카트보관소(Cart Compartment)에 보관하거나 복도 좌우측에 대각선으로 위치시키고 Cart Brake 페달을 밟는다.
- 뜨거운 물, 커피, 녹차 등은 바닥에 내려 놓는다.
- 승객의 좌석벨트 착용상태를 무리하게 점검하지 않는다.

비행 중 터뷸런스 조우 시 실시 방송문

비행 중 터뷸런스 조우 시 실시 방송문

- **Tubulence 1차**(터뷸런스 1차)

  손님 여러분, 비행기가 흔들리고 있습니다.
  좌석벨트를 매주시기 바랍니다.

  Ladies and gentlmen/

  We are experiencing turbulence./

  Please return to your seat/ and fasten your seatbelt./

- **Tubulence 2차**(터뷸런스 2차)

  손님 여러분.
  비행기가 계속해서 흔들리고 있습니다.
  좌석벨트를 매셨는지 다시 한 번 확인해 주시고 화장실 이용을 삼가시기 바랍니다.

  Ladies and gentlemen/

  We are continuing to experience turbulence./

  For your safety/ Please remain seated with your seatbelt fastened./

05. 감압(Decompression)

감압(Decompression)이란?

비행 중 어떤 이유에서든 객실기압(압력)이 항공기 외부의 압력과 같아져 가는 현상을 의미한다.

감압(Decompression)의 원인

- 여압 장치의 고장
- 항공기의 구조적인 문제
- 화기로 인한 항공기 내·외부의 손상

감압(Decompression) 발생시 승객 조치사항

  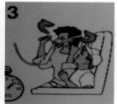 

- 승객이나 승무원이 인지할 수 있는 기내 시스템 작동한다.
- 완만한 감압과 급격한 감압에 따라 다양한 변화가 나타난다.

고도와 기압/기압의 상관관계(Effect on Altitude)

- 고도가 높을수록 기압과 기온은 낮아지며.
- 고도 18.000ft(5,500m)에서 기압은 반으로 감소 한다.

따라서 일반인의 경우 안정상태 에서 고도에 적응하는 높이의 최대한계는 15,000ft(4,570m)에 불과하며 항공기는 약 40,000ft 상공을 비행하고 있다.따라서 항공기에는 항상 기내가압 (Cabin Pressurization)이 필요하며 이는 저 산소 저압환경에서 승객과 승무원을 보호하기 위해 항공기내 여압장치로 기내가압 실시하고 있다.

고도/기압/기온의 상관 관계

- 고도 ↑, 기압 ↓, 기온 ↓
- 높은 곳에서 낮은 곳으로
- 고도 18,000ft(5,500m)에서 기압은 1/2으로 감소

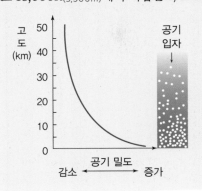

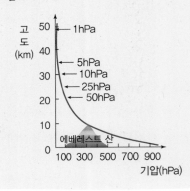

기내 고도(Cabin altitude)

항공기가 비행 중 객실 내 기압은 항상 7,000~8,000ft로 유지하고 있으며 기내고도와 여압장치의 설명은 아래와 같다.

- 인간은 생명유지를 위해 공기를 호흡해야 하며, 호흡하는 공기 중의 산소 함유량과 적절한 기압이 유지돼야 한다.
- 무산소 증(Anoxia): 해면상의 대기압이 14.7psi 이던 것이 고도 10,000ft 에서는 거의 0에 가깝게 되며 실험에 따르면 사람이 10,000ft 이상에서 오래 머무르게 되면 정신이나 육체적으로 권태 현상을 나타내고 졸도한다.
- 미 연방 항공국(FAA)에서는 고고도 비행을 하는 항공기의 형식증명 요건으로 객실 내 압력을 8,000ft 에 상당하는 기압(약 10.92psi)으로 유지할 수 있는 여압 장치의 구비를 요구하고 있다.
- 여압 장치란 밀폐된 객실 내의 압력을 조절하여 외부와   기압 장치를 유지하고 기압의 변화를 인체가 편한 상태(객실고도 변화율 : +500 ~ -300ft/min)로 유지할 수 있도록 조절하는 조절 장치를 말한다.
- 여압 장치의 역할은 항공기 외부고도가 높아질 때 항공기 내부에 압축공기를 강제로 순환시켜 외부보다 높은 압력을 내도록 하여 인간이 호흡할 수 있는 환경을 만들어 주는 것이다.

감압 현상의 종류

일반적으로 우리가 비행 중 겪을 수 있는 감압(Decompression)은 완만한 감압(Slow Decompression)과 급격한 감압(Rapid Decompression)으로 나누어 볼 수 있다.

완만한 감압

완만한 감압(Slow Decompression)이란 비행 중(In-flight) 기내 압력이 서서히 빠져 나가는 현상을 말하며 이는 Door나 Window 주위의 이음새를 통해 기압(Air Pressure)이 빠져 나감으로써 발생하거나 여압 장치(Pressurization System)의 고장으로 발생할 수 있다.

급격한 감압

급격한 감압(Rapid Decompression)이란 완만한 감압(Slow Decompression)과 달리 비행

중 기내 압력(Cabin Pressure)이 빠른 시간 내에 빠져 나가는 현상을 의미하며 급격한 감압(Rapid Decompression)은 항공기 외벽의 손상(Metal Fatigue), 폭발물의 폭발(Bomb Explosion), 화기의 발사(Firing) 등으로 인해 발생한다.

▲ 급격한 감압을 발생시키는 외부동체 파손

완만한 감압/급격한 감압 시 공통현상

- 산소마스크가 Drop 된다
- 자동 감압 방송이 작동된다.
- No Smoking / Fasten Seatbelt Sign 'On'이 점등된다.

완만한 감압(Slow Decompression) 시 추가현상

- 귀가 멍멍(Discomfort in the ears)해진다.
- 휘-익 하는 소리가 난다.(Whistling Sound)

급격한 감압 시 추가현상

- 굉음이 들린다. (Loud Noise)
- 객실 온도가 급격히 하강한다.(Drop In Cabin Temperature)
- 객실 내에 차가운 바람이 유입된다.(Rush of Cold Air through The Cabin)
- 객실 내에 안개 현상이 나타난다.(Sudden Fogging of The Cabin)

- 객실 내에 먼지가 일어난다.(Possible Dust)
- 파편 조각이 날아다닌다.(Flying Debris)
- 귀가 막혔다 뚫린다.(Ear Blocking, Popping)

객실 산소공급 시스템

- 객실 산소공급 시스템은 화학반응식 개별 산소공급 시스템과 Tank 산소공급 시스템 두 종류가 있다.
- 승객의 산소공급을 위한 산소 마스크는 일반적으로 항공기 전체 좌석수의 10%에 해당하는 수만큼의 산소 마스크가 추가로 장착되어 있으며 산소 마스크는 승객 좌석 Ceiling Comp't, 화장실Ceiling Comp't, Jumpseat Ceiling Comp't, Galley Ceiling에 장착되어 있다.

화학 반응식 개별 산소공급 시스템(Chemically Generated O2 Supply System)

- 장착기종: B777, A330, A300, B737
- 산소 마스크(Oxygen Mask)
  - 객실고도가 약14,000ft에 도달하면 산소Compartment가 자동으로 열리고 산소마스크가 내려온다.
- 마스크를 당기면 산소가 공급되며 이때 하나의 마스크만 당겨도 산소 발생기에 연결된 모든 마스크에 산소가 공급된다.
- 마스크를 당기면 산소 발생기가 화학작용(Chemical Reaction)을 일으켜 산소가 공급되게 된다.
- 1분당 2 Liter의 산소가 약 15 분간 공급되며.
- 화학 반응식 개별 산소 공급 시스템(Chemically Generated O2 Supply System)은 일단 화학 반응이 일어나면 도중에 중단 시킬 수 없다.
- 산소 발생기는 고열을 발생시키지만 산소 발생기에 직접 닿지 않도록 커버(Heat Shield)가 설치되어 있고 화학반응이 일어나 산소가 공급되는 동안 객실에는 타는 냄새가 나며, 객실의 온도가 섭씨 10도 가량 올라갈 수 있다.

Tank식 산소공급 시스템(Tank O2 Supply System)

- 장착기종 : B747, B747-8i, A380
- 객실고도(Cabin Altitude)가 약14,000ft에 도달하면 Ceiling Compartment가 자동으로 열리고 산소 마스크가 내려간다.
- 산소 마스크가 내려오면 산소가 자동적으로 공급되며
- 1분당 2 Liter의 산소가 공급되고, 객실고도가 10,000 feet에 이르게 되면 산소 공급이 서서히 감소된다.
- 안전고도(Safe Altitude)에 이르게 되면 조종실에서 산소공급(Oxygen Supply)을 중단시킬 수 있다.

Manual Release Tool 이란?

감압상황인데도 기내에서 산소 Mask가 떨어지지 않으면 Ceiling Compartment의 구멍에 Manual Release Tool 또는 뾰족한 물건(볼펜 심, 머리핀)을 Panel의 Hole에 넣어 잠금장치를 풀어 Ceiling Compartment를 열 수 있는 핀모양의 도구가 객실승무원의 점프시트(Jump seat)하단에 비치되어 있다.

감압 현상 발생 시 운항승무원과 객실승무원의 조치

- 감압현상(Decompression) 발생 시 조종실에 들어가서는 안 되며, 조종실에 연락을 시도하려고 해서는 안 된다.이유는 이 시점에 운항 승무원들은 대응조치를 취하느라 바쁘기 때문이다.

항공기 객실 구조 및 비행안전

- 항공기가 안전 고도(Safe Altitude)에 이르면 기장은 방송(Captain's Announcement)을 하여 객실승무원은 객실에 나가 응급조치(First Aid)가 필요한 승객을 도와주어야 한다.
- 감압에서도 운항승무원과 객실승무원간의 의사소통 및 협의(Communication & Coordination)는 필수적이다.

감압 현상 발생 시 조종실에 연락할 필요가 없는 이유는?

감압현상은 객실뿐만 아니라 조종실에도 같이 발생하기 때문이다. 운항 승무원은 일차적으로 신속히 마스크를 착용하고 항공기 고도를 맞추기 위해 기계적인 조작을 하는데 바쁘기 때문이며 안전고도로 강하한 후 조종실과 연락을 시도한다.

감압발생 시 객실승무원 객실 행동지침

- 감압(Decompression)현상이 발생하면 근처의 빈 좌석에 즉시 착석해야 한다.
  - 빈 좌석이 없는 경우에는 팔걸이에 앉거나 잡아서 몸을 최대한 고정(Securing Body)시켜야 한다.
  - 몸을 고정한 후 근처의 산소 마스크를 즉시 착용한다.
- 완만한 감압 발생 후 운항승무원은 강하가 필요할 경우 즉시 객실승무원에게 알리고, 객실승무원은 화장실 내 승객 유무의 확인 절차가 추가된다.
- 감압현상 시 명령어
  - "마스크를 당겨 쓰세요!(Put On Your Mask)"
  - "벨트 매세요!(Fasten Your Seatbelt)"
- 기내서비스 동안 복도(Aisle)에 Cart가 나와 있을 경우 복도(Aisle)에 있는 Cart를 사선으로 위치 시키고 고정장치(Braking System)를 이용하여 고정한다.
- 마스크를 착용할 경우 빈틈이 없게 마스크를 착용하도록 한다. 얼굴에 수염이 많은 사람의 경우 마스크와 수염의 틈 사이로 산소가 새어나갈 수 있음에 주의하여야 한다.

- 성인 승객 옆에 어린이가 있을 경우에는 어린이의 산소 마스크 착용을 성인 승객이 돕도록 지시할 수 있다. 왜냐하면 유아나 어린 아이들은 마스크를 쓰는 것을 무서워할 수 있기 때문이다.
- 운항 승무원으로부터 움직여도 좋다는 신호(Signal To Move)를 접수하면 객실승무원은 객실과 승객을 점검해야 한다.
- 높은 고도에서 급격한 감압(Decompression)이 발생하면 항공기 동체(Fuselage)에 구조적 손상(Structural Damage)이 있을 수 있으므로 손상된 동체 주위의 승객들을 안전한 곳으로 이동시켜야 할 필요가 있다.
  - 승객이 만석이고 부득이한 경우에는 승객을 한 좌석에 겹쳐서 두 명을 앉힐 수 있으며 이때에는 Seatbelts Extension을 사용하거나 좌석에서 Seat Cushion을 떼어내고 공간을 확보하여 앉는 방법도 고려할 수 있다.
- 가장 현명한 판단으로는 승객들을 상해의 위험이 가장 적은 곳(Reseat Passenger)으로 이동시키는 것이라 할 수 있다.
- 감압(Decompression)이 발생하고 난 후 승무원의 객실점검은 아래와 같다.
  - 화재 발생 여부(Whether Fire Occurs Or Not)
  - 응급처치(First Aid)가 필요한 승객 및 승무원 발생 여부
  - 감압(Decompression)현상이 일어났을 때 화장실이나 Galley에 있을 지 모를 승객이나 승무원들에 대한 점검
- 화학반응식 개별 산소 공급시스템 항공기에서 산소발생기(Oxygen Generator)는 굉장히 뜨겁기 때문에 산소마스크를 원 위치하면 산소발생기의 열에 산소마스크가 녹아 화재의 위험이 있기 때문에 Ceiling에서 내려온 산소 마스크는 좌석 앞 주머니에 넣도록 지시 하여야 한다.

Shouting 시에도 산소 마스크를 벗어서는 안 되는 이유는

마스크를 쓴 채로 명령어(Command)를 Shouting하면 잘 들리지 않으나 객실승무원도 뇌에 지속적으로 산소를 공급해주기 위해서 마스크를 반드시 착용해야 한다.

TUC(의식가능시간: Time of Useful Consciousness)

- 의식 가능 시간(TUC)이란 산소 부족(Lack Of Oxygen)으로 적절하고 효과적인 행동을 할 수 없게 되기까지의 시간을 의미하며 의식 가능 시간(TUC)에 가장 크게 영향을 미치는 요소는 고도(Altitude)이다.

고도별 유효의식기간(TUC)은 다음의 표와 같다.

항공기 고도	급격한 감압 발생 시	완만한 감압 발생시
15,000ft	15~20분	30분
25,000ft	2분30초	5분
30,000ft	30초~1분	1분~2분
40,000ft	18초	18초

의식 가능 시간이 18초 이하로는 떨어지지 않는 이유는?
그 이유는 폐에서 뇌까지 가는데 필요한 최소 시간이 18초이기 때문이다.

감압증(Decompression Sickness)

- 기내에서 감압(Decompression)이 발생하면 갑작스런 기압(Air Pressure)의 감소로 체내에 있는 Gas가 변하면서 신진대사가 원할 하지 못하게 된다.가스는 또한 체외로 빠져 나가는 경우도 있고 혈액이나 신체 조직에 작은 기포(Small Bubble)를 형성하기도 하며 가스가 팽창하는 신체 조직 부분에서 약간의 불편함(Inconvenience) 또는 심한 고통(Pain)을 경험할 수도 있다. 이러한 고통(Pain)을 "감압증" 또는 "변압증"이라고 한다.

감압증 조치사항

- 통증 및 기타 증상은 항공기의 강하 이후에는 없어진다.
- 영향을 받은 부위를 움직이지 않도록 고정한다.
- 혈액순환이 되도록 넥타이, 벨트 등을 느슨하게 묶도록 한다.
- 좌석을 펴 편안하게 휴식을 취하도록 한다.

감압현상 후 후유증

저산소증

일종의 산소 부족 현상으로 감압현상 시 흔히 일어나는 현상

● **증상**
  - 호흡이 빨라지고 두통과 어지움이 나타남
  - 깊은 잠에 빠지거나 자려고 하며 판단력 및 시력 저하
  - 신체적 균형감각 상실

● **응급처치**
  - 즉각적으로 산소 공급
  - 승객 안정
  - 활력 징후 관찰

감압증

감작스러운 압력 감소로 인해 체내에 있는 Gas가 기포로 바뀌면서 혈액의 흐름을 방해하거나 조직에 장해를 주는 현상

● **증상**
  - 관절 및 주위에 압박/통증 발생
  - 가슴이 타는 듯한 통증
  - 피부발진, 발열, 발한 증상

● **응급처치**
  - 기본증상은 항공기 하강 후 소멸
  - 움직이지 않도록 고정
  - Shock에 대비

06. 기내화재(Cabin fire)

기내화재의 원인과 특징

기내 화재를 발생시키는 원인은 승객의 부주의, 승무원의 부주의, 기기적 결함으로부터 발생하며 비행 중 기내 화재가 특히 위험한 이유는 다음과 같다.

- 외부로부터 도움을 받을 수 없고,
- 화재 진압장비가 충분하지 않으며,
- 시간적, 공간적 제약 조건이 있기 때문에 지상화재보다 특히 위험하다.

기내화재(Cabin Fire)의 3요소

- 열(Heat)
- 산소(Oxygen)
- 연료(Fuel)

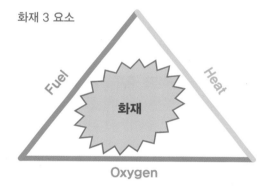

▲ 항공기 화재의 기본 개념

따라서 열,산소,연료 3개의 구성요소가 결합되면 화재가 발생하며, 아래와 같이 3가지 요소 중 한가지를 제거하면 화재를 진압할 수 있다.

- 첫 번째 방법은 열을 제거하여 화재를 진압한다.
  - 물, 콜라, 주스, 커피, 기타 비가연성 액체를 사용하며 물로 이루어진 H_2O 소화기 사용하여 진압한다.
- 두 번째는 산소를 제거하여 화재를 진압한다.
  - 젖은 담요를 사용하여 산소의 흐름을 차단하고 Halon소화기 사용하여 화재를 진압한다.
- 세 번째 방법은 연료를 차단하여 진압한다.
  - 연료는 가스, 액체, 고체의 형태로 존재하며, 연료를 제거하면 불은 자동으로 꺼지게 되고 산불 진화 시 나무를 제거하여 더 이상 연료가 공급되지 않도록 하는 원리와 동일하다.

Halon Gas는 공기보다 무겁기 때문에 화재의 연료에 공기가 결합하는 것을 막는 피막효과를 나타내며 Halon 소화기는 이러한 피막효과의 원리를 이용해 산소를 차단하여 화재를 진압한다.

화재의 유형

- **Class A** : 종이, 천, 고무, 플라스틱 용기 등의 고형 물질에 의한 화재를 말하며 항공기에 실려 있는 린넨, 잡지나 가방들이 Class A 화재에 속한다.
- **Class B** : 가연성 액체, 휘발성 연료의 가스, Greases, Oil 등에 의한 화재를 말하며 Oven안에 누적된 기름때 때문에 발생하기도 하고 라이터용 기름, 매니큐어 제거용 아세톤, 기타 가연성 액체를 부주의하게 사용하여 발생하는 화재이다.
- **Class C** : 전기, 전자장비에 의한 화재를 말하며 Coffee Maker, 냉장고, Oven, 압축 쓰레기통 등 전자 장비에 의해 발생하는 화재이다.

항공기 화재가 지상에서의 화재보다 더 위험한 이유

항공기 객실은 천정이 낮고 공간이 제한되어 연기나 화재 발생 시 승객과 승무원이 대피할 수 있는 장소가 없을뿐더러, 연기가 가득 차게 되면 승무원의 시야를 가리게 되어 적절한 조치를 취할 수 없다. 때로는 벽면 뒤나 천정 패널과 같이 화재의 근원지를 쉽게 알 수 없는 곳에서 화재가 발생하는 경우가 많아 초기 진화에 장애가 많다. 또한 지상으로부터 떨어져 운항 중 이므로 외부에 도움을 요청하거나 받을 수 없어 대형 화재로 진행될 소지가 많기 때문이다.

연기 및 화재에 대한 객실승무원의 조치

연기 및 화재 상황 발생 시 가장 중요한 것은 가장 빠른 시간 안에 대응 조치를 취하는 것이며 연기 및 화재가 발생했을 때 전체 승무원들이 서로 협조하여 신속하게 상황에 대처해야 하기 때문에 승무원간 의사소통과 상호 협의는 필수적이다.

- '비행 중 연기 및 화재 발생 시 객실승무원의 조치'는 완벽한 Teamwork으로 동시다발적으로 이루어 져야 한다. 비록 승무원의 조치 단계 중 일부는 한 명의 승무원에 의해 행해질 수도 있지만, 그 승무원이 전적으로 모든 것을 전담하는 것은 아니며, 그 동안 다른 승무원들은 다른 업무를 동시에 수행해야 한다.

비행 중 화재 발생 시 조치방법

- 화재라 판단할 경우에는 다른 승무원에게 상황을 전파하고 도움을 요청하여 완벽한 Teamwork으로 일련의 조치들이 동시 다발적으로 이루어질 수 있도록 하여야 한다.
- 운항승무원에게 화재 및 연기 발생 사실을 알릴 경우 한 명의 객실승무원은 조종실과의 연락을 유지해야 한다.
- 조종실에 연락할 경우 비상 신호를 사용하여야 한다.
- 신속히 연기 및 화재 진원지를 찾는다
  - 화재 진원지를 찾을 때는 객실, Galley, 화장실 등을 철저하게 조사한다.
  - 연기는 나는데 벽이나 천정과 같이 폐쇄되어 있어 화재의 진원지를 알 수 없을 때에는 반드시 기장과 상의해야 하며 때로는 화재의 진원지를 알아 내기 위해 손도끼를 사용할 필요도 있다.

화재 발생 시 객실과 조종실이 연락을 유지해야 하는 이유

연기 및 화재 발생 상황 하에서 서로 주고 받는 정보의 일관성을 확보하기 위해서이고 운항 승무원은 해당 상황을 정확하게 파악할 수 없기 때문에 객실승무원이 제공하는 내용을 토대로 하여 대응 조치를 취할 수 밖에 없다. 또한 운항승무원과 대화 채널을 유지함으로써 보고의 일관성을 유지할 수 있고 정확한 대응 조치를 취해 고객과 항공기의 안전운항을 확보할 수 있다.

화재 발생 시 보고 요령

"L13 화장실에서 갈색의 지저분한 아지랑이 형태의 연기가 발생하고 있으며, 고무 타는 듯한 냄새가 나고 있습니다"라고 장소, 모양과 형태를 정확히 보고한다.

- 화재를 처음 발견한 승무원은 도움을 요청한 후 즉시 화재 진압을 시작해야 하며 다른 승무원들은 필요한 도움을 제공하면서 필요한 여러 가지 중요한 조치를 취하여야 한다.

화재진압 시 객실승무원 역할분담

Fire Fighter 역할 승무원

- 최초 화재를 발견한 승무원이 Fire Fighter역할을 수행한다.
  - 최초 화재 발견자는 비상신호를 통하여 운항승무원을 포함 전 객실승무원에게 화재 발생을 보고한다.
  - 위치와 발생여부를 보고하고 즉시 화재를 진화한다.
  - 가장 가까운 화재 장비를 이용하여 화재를 진화한다.
  - 화재의 성격에 맞는 적합한 소화기를 결정하고 신속하게 장탈하며, 다른 승무원이 도착하면 업무를 분장한다.
  - 화재 진화 시는 Fire Fighter, Assist Fire Fighter, Controller, Reporter 의 업무로 구분된다.
- 화재 유형에 따라 사용 가능한 소화기가 있으므로, 화재의 진원지를 찾아 정확한 화재의 유형을 파악한 뒤 화재를 진압해야 하며 만일 화재 유형 파악이 어려워 소화기를 결정하기 어려운 경우 지체하지 말고 우선 Halon Type을 사용한 후 가능한 경우에 한해서 H_2O Type을 사용하는 것이 안전하다.
- 화재의 이유가 전기, 전자 장비에 의해 발생이 됐다면 해당 장비의 전원을

꺼야한다. B747/B777 항공기와 A330 항공기에 Steam Oven이 설치된 항공기의 경우 Emergency Power Off Switch를 이용하여 전원을 차단해야 하며 다른 기종의 경우 Circuit Breaker를 이용하여 전원을 차단한다.

- 화재의 크기와 정도에 의해서 연기가 심한 경우 PBE를 착용하고 뜨거운 물건을 잡아야 하는 경우 석면 장갑을 착용하여야 한다.하지만 석면 장갑을 Cockpit(조종실)으로부터 가져오는 것을 기다리느라 화재진압이 늦어져서는 안된다.

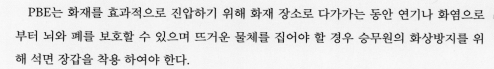

화재 진압 시 PBE와 석면 장갑을 착용하는 이유는?

PBE는 화재를 효과적으로 진압하기 위해 화재 장소로 다가가는 동안 연기나 화염으로부터 뇌와 폐를 보호할 수 있으며 뜨거운 물체를 집어야 할 경우 승무원의 화상방지를 위해 석면 장갑을 착용 하여야 한다.

Assist Fire Fighter 역할 승무원

- 화재 진압장비를 갖추고 Fire Fighter를 도와서 화재를 진화한다.
- Halon 소화기는 약10~20초, H_2O 소화기는 약40초간만 사용할 수 있으므로 직접화재진압에 가담하고 있지 않은 승무원은 계속해서 소화기를 화재진압장소로 가져와야 한다.
- 필요한 경우 PBE를 착용하고 소화기를 소지한 후 화재를 진압하고 있는 승무원과 역할을 바꿀 수 있다.

Controller 역할 승무원

- 승객들을 Care하고 화재에 취약한 장비들을 재배치한다.
- 승객을 진정 시키도록 한다.
- 승객을 연기 및 화재로부터 대피 시키며 가능하다면 육성보다는 PA나 메가폰을 이용하여 승객과 Communication을 하여야 하며 육성을 이용할 경

우 객실 내 연기 및 산소 부족으로 승무원 신체에 무리가 발생할 수 있으니 지양하도록 한다.

- 객실에 연기가 많은 경우 승객들에게 머리를 Armrest 높이로 숙이도록 하며 가능하다면 승객이 코와 입을 가릴 수 있도록 젖은 Towel을 나누어주고 승객들 스스로 옷, 모포, 손수건 등을 적셔서 코와 입에 대도록 Ice Bucket에 물을 채워 제공하여야 한다.

Reporter 역할 승무원

기장에게 실시간으로 화재진압 상황을 보고하는 역할이며 아래 사항을 보고한다.

- 화재의 정확한 위치(Overhead Bin, Wall, Oven, 화장실, 환풍구 등)
- 화재의 특성(연기의 농도, 모양: 파도 모양, 휘말려 솟구침 등)
- 연기의 색깔(회색, 검정색, 흰색, 푸른색, 갈색등)
- 화재의 냄새(악취, 전기/고무/기름 타는 냄새 등)
- 승무원의 조치사항 및 승객의 반응

기내 화재 시 Armrest 높이로 머리를 숙이는 이유는?

불완전 연소된 연기는 상승하는 반면, 비중이 높은 유독가스는 객실 바닥에 깔리게 된다.따라서 숨을 쉬기에 적당한 공기는 좌석 팔걸이 높이 정도이며 화재 발생 시 보다 더 치명적인 것은 이러한 연기와 유독가스에 의한 질식사이므로 생존 확률을 높이기 위해서는 너무 높은 자세로 머리를 들어서는 안된다. 따라서 기내 화재 시 머리를 팔걸이 높이 정도로 숙여야 한다.

승객들에게 젖은 천을 나누어 주는 이유는?

유독성 물질은 물에 용해되는 성질이 있으므로, 승객들에게 젖은 천을 나누어 주고 이를 통해 호흡함으로써 유독성 가스가 여과되도록 하는데 있다.

지상주기 항공기에서의 화재

- 지상에서 연기와 화재가 발생한 경우 상황을 판단하고 필요한 도움을 요청하여야 하고 탈출이 필요한 경우라 하더라도 기장의 지시에 의해 탈출해야 한다.
- 만약 수차에 걸친 연락 시도에도 불구하고 기장의 응답이 없는 경우, 위험한 화재 또는 연기가 발생하면 탈출을 감행할 수도 있으며 필요 시 Door Mode가 Armed에 있는 것을 확인하고 상황을 판단한 후 탈출한다.
- 탈출 후에는 항공기의 화염이나 폭발로부터 피해를 입지 않을 만한 안전한 지역으로 대피하여야 한다.

연기 및 화재에 대한 운항승무원의 조치

객실 내 연기 및 화재 발생 사실이 기장에게 통보되었을 경우, 기장이 즉각적으로 수행해야 할 업무는 아래와 같다.

- 즉각적인 산소마스크 착용
- 환기 시스템을 이용하여 객실의 연기 제거
- 비상착륙을 감안하여 항공기의 균형을 유지하며 하강 시작
- 비상착륙이 가능한 가장 가까운 공항에 접근

객실 내 화재의 종류

일반적으로 비행중인 항공기 객실 내에서는 화장실, Oven, 형광등 안정기,

▲ 화장실

▲ 오븐

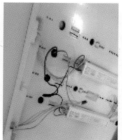
▲ 형광등안정기

▲ 리튬바테리

Lithium Battery 등에서 화재가 발생할 수 있으며 각 부문에 대한 화재진압방법은 다음과 같다.

화장실 화재 진압방법

- **화장실 내 사람이 있을 경우**
  - 화장실에 사람이 있는지 확인하여야 한다.
  - 화장실에 사람이 있을 경우, 안에 있는 사람과 대화를 시도한다.
  - 흡연이 원인일 경우, 승객에게 담배를 끄도록 하고 연기를 제거하기 위하여 화장실 문을 열어 놓아야 한다.
  - 승무원은 승객이 버린 담배꽁초가 완전히 꺼졌는지 육안으로 확인하고 연기를 제거하기 위하여 문을 열어두어야 한다.
  - 연기가 제거되면 화장실 Smoke Detector는 자동으로 경보음 발신이 중단되게 된다.
  - 승객의 흡연 사실을 다른 승무원에게 알리고 예의 주시한다.(모든 화장실에는 Smoke Detector가 장착되어 있으나, Smoke Detector가 이물질 등에 의해서 훼손되지 않았는지를 객실승무원은 주기적으로 점검해야 한다.)

- **화장실 내 사람이 없을 경우**(화장실 문에 손등을 대고 열을 감지한다.)
  - 문이 뜨거울 경우, 문을 조금 열고 화재 정도 및 근원을 확인한다.
  - '연기 및 화재에 대한 객실승무원의 조치'에 나와 있는 지침을 따른다.
  - 화장실 문을 조심스럽게 열어야 한다. 문을 여는 순간, 불꽃이 번져 나오는 것을 방지하기 위하여 젖은 담요를 사용할 수 있다.
  - 쓰레기통에서 화재가 났을 경우 쓰레기통(Waste Disposal)뚜껑을 열고 내부에 Halon을 직접 분사한다.
  - 화재가 진압된 후 H_2O소화기를 사용하여 불씨를 완전히 소화시켜 다시 화재가 일어나지 않도록 해야 한다.
  - 화재 진압이나 종료 시 기장에게 통보하고 화장실을 폐쇄한다.

오븐화재의 경우

- Oven 화재의 경우, 산소 공급을 차단하여 화재를 약화시키기 위하여 Oven Door를 닫아 놓아야 한다.
- Oven 화재는 Oven Door를 닫아 놓음으로써 화재가 저절로 진압될 수도 있다.
- 해당 Oven의 Circuit Breaker를 잡아 당겨 전원을 차단 하여야 하며 B747, B777과 A330의 Steam Oven이 장착되어 있는 항공기에서는 Master Power Shut Off Switch를 이용하여 Galley전원을 차단한다.

- PBE를 착용하고 Halon소화기를 사용하여 화재를 진압한다.

Oven 화재원인은 다음과 같다.

- Oven자체의 고장이나 전기적인 문제
- Oven안에서 불이 붙은 음식 찌꺼기나 Grease가 문제
- Oven이 닫혀 있으면 산소가 Oven으로 공급되지 않으므로 승무원은 해당 Oven의 전원을 차단하고 화재의 진행 상태를 파악하며 이후 화재가 진압되거나 악화되면 적절한 대응조치를 취한다.

형광등 안정기에 의한 경우

객실의 형광등 안정기가 과열되어 화재가 발생하거나, 연기 또는 냄새가 발생할 수 있으며 형광등 안정기 과열로 인한 화재는 상대적으로 위험도가 적은 편으로 알려져 있다.하지만 형광등 안정기 과열로 인한 화재가 발생한 경우 즉시 기장에게 통보하고 전원을 차단하여 조명을 끄도록 한다.

리튬밧데리에 의한 경우

Lithium Batteries는 과열로 인한 발열 가능성을 가지고 있으므로 주의하여야 하며 Lithium Batteries 사용하는 기내 탑재 가능 전자기기 Kalpos, Notebook 등을 장기간 사용시 각별히 유의하여야 한다.

리튬밧데리 화재 진압방법

Lithium Batteries 과열로 인한 화재 시에는 두 가지 절차에 의해 화재를 진압해야 한다.
- 첫째, 기내 비치되어 있는 소화기로 불을 끄고
- 둘째, 물이나 Non Alcoholic 액체로 시원한 상태를 유지 연쇄적인 화재를 예방하여야 한다.

하지만 불이 붙었던 전자기기를 다른 물건으로 덮지 말아야 하며 특히 열을 제거하기 위해 얼음 등을 사용하면 다른 발열로 이어질 수 있으므로 주의하여야 한다.

화재 예방

- 기내화재(Cabin Fire) 발생을 사전에 막기 위한 예방대책은 다음과 같다.
  - 화재를 인지하고 진압할 준비
  - 객실 상시 점검

- Galley 점검
- Circuit Breaker
- 금연 규정 준수
- 화장실 점검

● Galley내 Circuit Breaker가 튀어나올 경우, 1회에 한하여 Reset 후 사용이 가능하며 이후 다시 튀어나올 경우 해당 장비의 사용을 금지하여야 한다.

● 승객의 금연 규정 준수 여부를 점검하여 금연을 유지 시키고

● 화장실의 쓰레기통 및 스프링 뚜껑, Smoke detector등을 항시 점검하여야 한다.

화장실이라는 공간의 특성은 다음과 같다.

- 화재가 발생할 경우 승무원에 의한 화재 발견이 힘들다.
- Smoke Detector의 기능에 의지
- 초기 화재 감지 및 진압을 위해서 평상시 Smoke Detector를 잘 점검해야 하며, 승객에 의한 Smoke Detector 훼손 등을 점검해야 한다.

07. 기내 불법행위 발생 시 대응 절차

일반적으로 국내 FSC, LCC에서 2016년까지 기내불법행위 발생 시 다음과 같은 기내대응절차를 표준동작 으로 시행하여 왔으나 기내불법행위가 다양해지고 점차 난폭해짐에 따라 LEVEL 2인 '구두경고', '경고장 제시'를 기내상황에 따라 생략할 수 있고 바로 강력대응으로 제압할 수 있도록 항공사 대응매뉴얼을 개정하였으며 가능하면 테이져를 발포하는 대신 전기충격기 사용 권장, 신형포박기를 사용하는 것으로 수정하여 시행하고 있다.

기내업무 방해행위 유형

유형 1. 공격적이나 설득 가능 : Complied
유형 2. 공격적이며 대화 어려움 : Does Not Comply
유형 3. 범법적 성격 농후 : Criminal

기내업무 방해행위 대응 절차

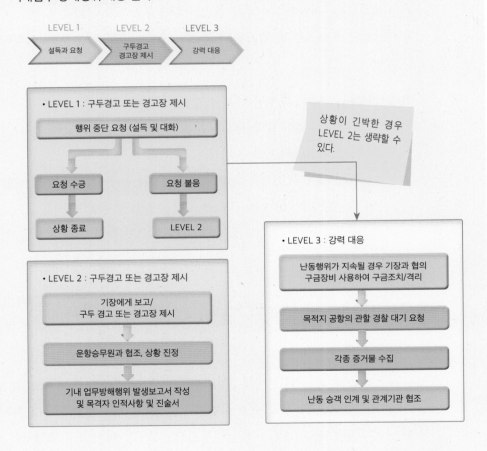

기내 불법행위 발생 시 적극적인 경찰 인계(도착지 공항) 절차

기장은 기내 불법행위 발생 시 즉시 도착지 경찰에게 인계

불법행위자 경찰 인계의무 위반 시 기장이 속한 항공사에 1천만원 이하의 벌금.
2016. 1. 19.부터 시행

	기내 불법행위 유형	경찰 인계 절차
중대한 불법행위	● 승무원 폭행 ● 성적 수치심 유발행위(성희롱 등) ● 기내 흡연(전자담배, 유사흡연기구 포함) ● 조종실 진입 기도행위 ● 기내 출입문·탈출구 및 기기조작행위	경찰 인계
경미한 불법행위	● 승무원 협박 및 업무방해 ● 승무원 또는 승객 대상 폭언 등 소란행위 ● 음주 후 위해행위 ● 승객 간 폭행 ● 허용되지 않은 전자기기 사용	1차 경고 후 행위 지속 시 경찰 인계

불법행위 발생 시 경찰 인계 절차

- 사무장, 캐빈매니저 : 기내 불법행위 발생 시 즉시 기장에게 보고 및 관련증거를 확보한다.
- 기장 : 불법행위 발생 시 반드시 목적지 경찰에게 인계한다.
  - 불법행위 인계 절차 : 통제센터를 통해 도착지 공항 경찰 출동 요청

불법행위 발생 시 녹화 등 증빙 확보 적극 실시

- 실시시기 : 기내 불법행위 발생 초기
- 실시방법 : 스마트 폰 이용 녹화 실시
  - 녹화를 우선적으로 하되, 급박한 사정으로 불가한 경우 녹음 실시
  - 승객에게 "녹화(녹음)를 시작하도록 하겠습니다."라고 안내 후 실시
- 자료전달 : 녹화(또는 녹음) 파일 경찰 인계

기내 업무방해행위 처벌 규정

2018년 시행, 항공기 계류 중/ 비행 중 항공보안법 처벌규정	
항공기 지상 계류 중	
폭언, 고성방가 등 소란행위	2천만원 이하 벌금
술을 마시거나 약물을 복용하고 다른 사람에게 위해를 주는 행위를 한 사람	상동
흡연을 한 사람	5백만원 이하 벌금
다른 사람에게 성적(性的) 수치심을 일으키는 행위를 한 사람	상동
지상 계류 중 금지된 전자기기를 사용한 사람	상동
항공기를 점거하거나 항공기 내에서 농성한 사람	3년 이하의 징역 또는 3천만원 이하의 벌금
항공기 운항 중	
위계 또는 위력으로써 운항중인 항공기의 항로를 변경	1년이상 10년이하 징역
폭행·협박 또는 위계로써 기장등의 정당한 직무집행을 방해	10년 이하의 징역 또는 1억원 이하의 벌금
항공기의 보안이나 운항을 저해하는 폭행·협박·위계행위 또는 출입문·탈출구·기기의 조작을 한 사람	10년 이하의 징역
항공기 내에서 다른 사람을 폭행한 사람	5년 이하의 징역
조종실 출입을 기도한 사람	3년 이하의 징역 또는 3천만원 이하의 벌금
기장등의 지시에 따르지 아니한 사람	상동
폭언, 고성방가 등 소란행위를 한 사람	상동
술을 마시거나 약물을 복용하고 다른 사람에게 위해를 주는 행위	상동
흡연을 한 사람	1천만원 이하 벌금
다른 사람에게 성적(性的) 수치심을 일으키는 행위	상동
운항 중 금지된 전자기기를 사용한 사람	상동

Chapter 13

착륙 후 안전, 보안 실무

CONTENTS

본장을 학습하면 여러분은 ...

- 객실 안전 규정에 따라 이동승객을 제지하고, 착석상태 유지를 안내할 수 있다.
- 객실 안전 규정에 따라 승객의 유실물을 점검하고, 조치할 수 있다.
- 객실 안전 규정에 따라 기내설비 이상 유무를 점검하고, 보고할 수 있다.

01. 이동승객 제지 및 착석상태 유지

항공기 착륙 후 모든 승객은 항공기가 게이트(Gate)에 접안하여 완전히 정지 시까지 좌석에 착석한 상태로 있어야 한다. 따라서 객실승무원은 미리 하기하기 위해 서두르거나 일어서는 승객이 있으면 위험하므로 일어나지 않도록 하고 일어서는 승객은 철저히 규제하여 착석상태를 유지하도록 해야 한다.

도착 후 착석상태 유지 안내방송

손님 여러분!
이곳 ○○공항의 활주로와 주기장 사이의 거리가 멀어 터미널까지 도착이 지연되고 있습니다. 좌석벨트 표시등이 꺼질 때까지 자리에 앉아 기다려 주시기 바랍니다.

Ladies and gentlemen
Due to the long distance between the terminal/ and runway at ○○ international airport,/ it will take a few more minutes./ Please/ remain seated/ until the captain has turned off the seatbelt sign./ Thank you for your understanding./

02. 항공기 정지 후 승무원 업무

세이프티 체크(Safety check : 슬라이드 모드 변경) 및 도어 오픈

- 항공기가 Parking Area에 완전히 정지한 후 객실사무장/캐빈매니저의 세이프티 체크 방송에 맞추어 전 승무원은 슬라이드 모드(slide mode)를 정상위치로 변경하고 상호 확인한 후에 객실사무장/캐빈매니저에게 보고한다.
- 세이프티 체크(Safety Check) 후, 기내 조명 시스템이 설치된 스테이션의 담당승무원은 기내조명을 최대 밝은 조명(full bright)으로 조절한다.

▲ A330 항공기 정상위치

▲ A380 항공기 정상위치

▲ B777 항공기 정상위치

- 모든 객실승무원은 승객 하기를 위해 도어를 열기 전 슬라이드 모드의 정상위치 여부, 장애물 유무를 확인한다. 객실사무장/캐빈매니저는 좌석 벨트 표시등(Fasten seatbelt sign)이 꺼졌는지 확인한 후에 항공기 외부 지상직원에게 도어 오픈을 허가하는 수신호를 하여 지상 직원이 출입문을 열도록 한다.(단, B737 기종은 외부 직원의 수신호를 접한 후 내부에서 도어를 연다.)

외부에서 도어 열어도 좋음

▲ 항공기 내부에서 보내는 도어 오픈 정상 신호

외부에서 도어 열지 마시오

▲ 항공기 내부에서 보내는 도어 오픈 비정상 신호

- 출입문을 연 후에 객실사무장/캐빈매니저는 운송 담당 직원에게 운송관련 서류(ship pouch)를 인계하고, 특별 승객, 운송 제한 승객 등 승객 하기 업무 수행에 관한 필요사항을 구두나 문서로 전달한다.

▲ 항공기 도어가 열린 모습

▲ 항공기 Ship pouch

▲ 항공기 화물서류

▲ 항공기 서류봉투

- CIQ(세관/출입국/검역소) 관계 직원에게 입항서류를 제출하고, 공항 특성상 검역 또는 세관의 하기 허가가 필요한지 확인한다.
- 승객 하기는 현지공항 당국의 하기 허가를 얻은 후 실시되어야 하며, 모든 절차가 끝난 후에 객실사무장/캐빈매니저는 승객 하기 방송을 실시한다.

승객 하기

- 승객 하기 때 승무원은 해당 클래스별, 각자의 담당구역별로 승무원 좌석 주변에서 승객에게 하기 인사를 하고 승객 하기가 순조롭게 진행되도록 협조한다.
- 비동반소아(UM), 장애인 승객, 유아 동반 승객, 노약자 승객, 짐이 많은 승객 및 제한 승객 등 승무원의 도움을 필요로 하는 승객에게 휴대수하물 정리를 도와주고 하기에 협조한다.

- 그외 무사증 통과자(TWOV) 및 강제 추방자(deportee)의 인수인계 및 환승승객의 재확인도 함께 실시한다.
- 일반적인 승객 하기 순서는 응급환자 ➔ VIP, CIP ➔ 일등석 승객 ➔ 비즈니스 승객 ➔ 비동반소아(UM) ➔ 일반석 승객 ➔ 장애인 승객(Wheelchair) ➔ 스트레처 환자승객(Stretcher) 순으로 하기한다.

03. 승객 유실물(Left Behind Item) 점검과 처리절차

객실승무원은 승객 하기 완료 후 유실물 점검을 최우선적으로 실시하고 특히 상위클래스는 지상조업 개시 전 유실물 점검을 하여 발견되는 유실물은 승객에게 즉시 전달될 수 있도록 하며 유실물 점검 시 좌석 주변 및 Seat Pocket을 먼저 실시하고 이후 다음의 순서에 따라서 순차적으로 점검해야 한다.

▲ 승객이 오버헤드빈에 두고 내린 가방

① 오버헤드빈(Overhead Bin)
② 코트룸(Coat Room)
③ 화장실(Lavatory-잔류 승객 유무도 함께 체크한다.)

승객 유실물 발견 시 객실사무장/캐빈매니저에게 유실물의 발견장소, 시각, 내용을 보고해야 하고 하기 중인 승객에게 기내방송을 통해 공지한다.

소유주가 나타난 경우 해당 유실물의 소유주 확인을 하여 돌려주고 소유주가 나타나지 않을 경우 습득물 인수인계서 작성 후 원본 1부는 유실물과 함께 도착지 지상 직원에게 인계하고, 사본 1부는 사무장 인수인계 서류(Purser's Flight Report)와 함께 제출한다.

▲ 기내습득물 인수인계서

▲ 정비기록부 CL

▲ 내용기록 페이지

승객 하기 후 객실승무원은 별도 보고가 필요한 사항, 모든 기내설비 문제점, 기내 낙수현상, 기내 온도 이상을 취합하여 객실사무장/캐빈매니저에게 최종 보고한다. 기내설비 문제점이란 Air-show, 객실 내 통신장치, 조명, 좌석, 헤드빈, 갤리시설, 기내 코트룸, 오디오/비디오시설, 화장실 및 객실에 장착되어 있는 모든 시설을 말하며 객실사무장/캐빈매니저

는 객실정비기록부 CL(Cabin
Log)에 상기사항을 적어 다음
비행에 이상이 없도록 정비사
에게 인계하여야 한다.

객실정비기록부는 총 3부
로 되어 있으며 제일 위쪽 부
분의 장이 노란색, 두 번째 장
이 하얀색, 세 번째 장이 분홍
색으로 되어 있으며 기재사항
기록 후 두 번째 페이지를 절

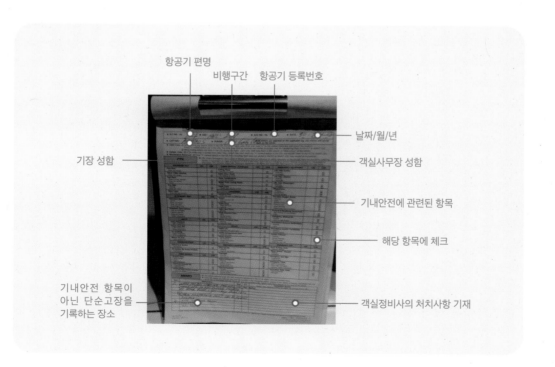

▲ 실제 저자가 기록한 정비일지

취하여 운항승무원에게 전달하고 운항승무원은 운항일지에 기록 후 폐기한다.
노란색/ 분홍색 페이지는 정비본부에서 관리한다.

항공기 편명

비행구간   항공기 등록번호

날짜/월/년

기장 성함

객실사무장 성함

기내안전에 관련된 항목

해당 항목에 체크

기내안전 항목이
아닌 단순고장을
기록하는 장소

객실정비사의 처치사항 기재

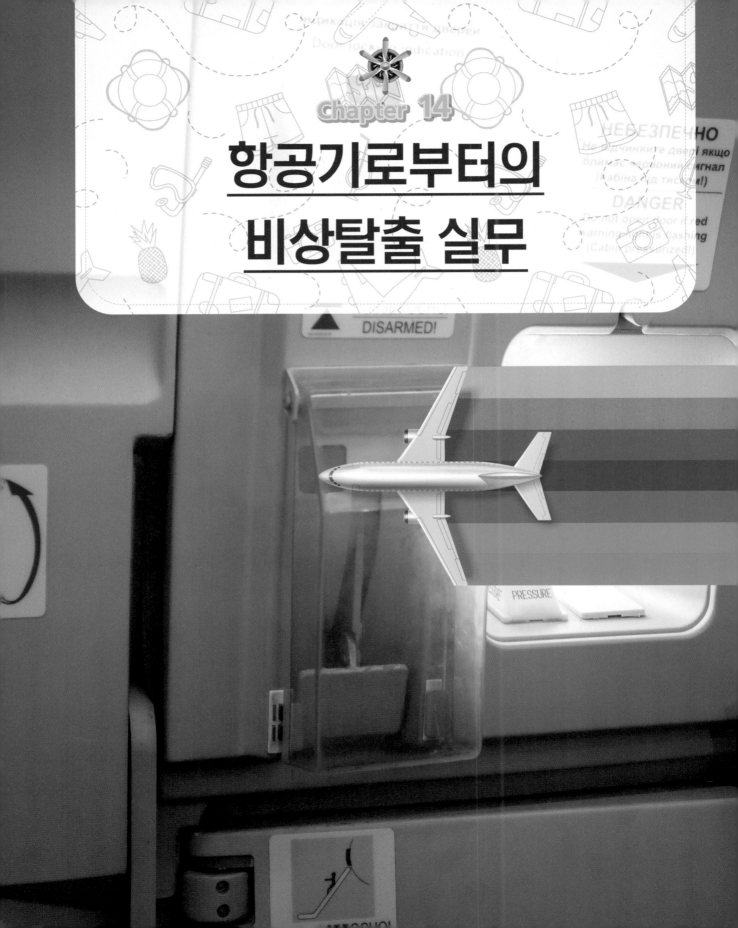

Chapter 14

항공기로부터의
비상탈출 실무

CONTENTS

본장을 학습하면 여러분은 …

객실 안전 규정에 따라 비상시 탈출 요령에 대한 절차를 학습 후, 이미지 트레이닝(Image Training)을 할 수 있다.

01. 비상착륙(Emergency Landing)과 비상착수(Emergency ditching)

항공기가 운항 중 또는 이·착륙 중 뜻하지 않은 비정상상황과 조우하게 되어 긴급히 육지에 착륙하는 것을 비상착륙(Emergency Landing)이라 하고, 육지에 착륙할 수 없는 상황에서 바다나 강, 대형호수에 착륙하는 것을 비상착수(Emergency ditching)라고 칭한다.

항공기 비상사태 중 비상착륙(수)에는 준비된 비상착륙(수)과 준비되지 않은 비상착륙(수)의 두 가지 종류가 있다.

준비된 비상착륙(수)은 조종실, 객실승무원, 탑승한 승객이 비상착륙(수)에 대한 준비를 실시할 시간이 있는 경우로 준비시간이 충분한 경우를 말한다.

비상착륙(수) 전 시간이 있다는 것은 승무원으로 하여금 비상사태에 대비하여 객실을 준비하고 승객에게 비상사태에 대한 안내방송으로 탈출을 위한 안전브리핑을 할 수 있다는 것을 의미하며, 준비되지 않은 비상착륙(수)인 경우 승무원에게 비상사태에 대비할 시간이 전혀 주어지지 않는, 즉 조종실 조차도 인지할 수 없는 비상사태의 경우를 말한다. 이러한 형태의 비상사태는 주로 이착륙 시 제일 많이 발생하고 사

전예고가 전혀 없는 경우가 일반적이다. 이러한 두 종류의 비상사태 발생 시 승무원과 승객을 위해 다음과 같은 기본원칙에 의거해 비상사태 대응절차를 수립할 수 있으며 기본적인 비상사태 처리절차는 비상착륙 시, 비상착수 시 동일하다. 그러나 비상착수인 경우 안정성이 취약한 수면 위에서 탈출한 승객과 승무원의 생존에 대한 문제가 추가로 발생한다. 따라서 비상착륙(수) 시에는 아래와 같은 3대 전제를 먼저 구상하고 비상상황 방송 및 탈출절차에 임하여야 한다.

비상탈출 시 고려사항

충격으로부터 생존(Survive the Impact)
항공기로부터 탈출(Escape from the Aircraft)
환경으로부터 생존(Survive the Elements)

객실 준비 - 준비된 비상탈출

잔여시간에 따른 준비항목

충분한 시간이 있을 경우	부족한 시간일 경우
• 승무원 간 의사소통 및 협의 • 승객브리핑 • 협조자 선정 및 브리핑 • 객실/Galley 점검 • 최종 점검	매우 부족한 경우 • 승무원 간 의사소통 및 협의 • 객실/Galley 점검 　- 좌석 등받이, 좌석벨트, Tray-table 　　원위치 • 승객브리핑 　- 구명복/비상탈출구/충격방지자세 • 최종 점검

의사소통 및 협의 – 객실 준비

기장과 객실사무장/캐빈매니저

기장은 비상사태의 유형(착륙/착수), 잔여시간, 비상신호등을 객실사무장/캐빈매니저에게 브리핑한다.

객실사무장과 승무원

- 기장과 브리핑한 정보를 객실승무원에게 전달
- 비상사태 Checklist 준수 지시
- 비상사태 유형 및 준비 가능시간을 고려하여 객실준비 절차 수립
- 신속한 탈출준비를 위한 승무원 간 상호 협의
- Duty 재확인
- 필요 시, 비상착륙(착수) 안내방송 실시
- 객실조명은 Full Bright, Entertainment System Off

승객브리핑 – 객실 준비

- 객실사무장(캐빈매니저)이 단계별 기내 방송 실시
- Catering Item 보관
- 좌석 등받이, Tray table, 개인용 Monitor, Footrest 원위치
- 탈출차림 준비
- 모든 신발을 벗음(착수 시)
- 휴대품 보관상태 확인
- 충격방지자세 시범 및 연습
- 탈출구 위치 안내
- Safety Information Card 안내

협조자 선정 및 객실 점검 – 객실 준비

> 탈출구별로 3명의 협조자 선정

> 이동 불가 승객을 위한 협조자 선정

> 객실 점검 및 고정

> Galley 내 고정

> 최종 점검

협조자
모집 방송문

손님 여러분

여러분 중에 항공사 직원, 경찰, 소방관 또는 군인이 계시면 승무원에게
알려 주시기 바랍니다. 여러분의 도움이 필요합니다.

Ladies and gentlemen

If there are any airline employees,/ law enforcement,/ fire rescuer or military personnel on board,/ please identify yourself to the Cabin Crew./ We
need your assistance.

02. 30 Seconds Review(비상탈출 절차를 상상해 보는 것)

이·착륙 안전점검이 끝난 후 전 승무원은 각
자 기종별, 담당구역별로 지정된 승무원 전용
좌석(Jump Seat)에 착석하여야 하며, 항공기 급
정거나 충돌에 의한 부상을 방지하기 위해 반
드시 승무원용 좌석벨트와 어깨안전띠(Shoulder
Harness)를 착용해야 한다. 이·착륙 시 승무원의
착석자세는

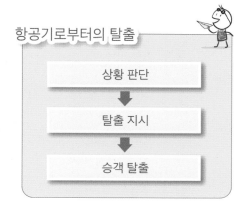

항공기로부터의 탈출

> 상황 판단

> 탈출 지시

> 승객 탈출

❶ 좌석벨트를 허리 아래쪽으로 고정하고

❷ 몸을 세워 승무원 좌석에 단단히 기대어 앉아야 하며

❸ 발바닥을 바닥에 붙인 뒤

❹ 양손의 손바닥을 위로 향하게 하여 다리 밑에 깔고 앉아야 한다.

그리고 이착륙 동안 항공기 사고 발생 시 자신의 역할에 대한 연상을 해보는 것을 30초 리뷰(30 Seconds Review)라고 하며, 30 Seconds Review 시에는 아다음 8가지 항목을 중심으로 생각해 보아야 한다.

❶ 비상장비의 위치와 작동법

❷ 비상구 위치와 작동법

❸ 비상탈출 순서

❹ 비상탈출 시 도움을 줄 수 있는 승객

❺ 충격방지자세의 명령

❻ 승객의 통제

❼ 판단 및 조정

❽ 탈출 지휘 및 대피

30 Seconds Review 시 비상시 탈출구 개방 순서를 숙지한다.

탈출구 작동 순서

- Door Mode 확인
- Door Open
- 승객 통제
- 외부 상황 판단
- Manual Inflation 당김
- 팽창 확인

30 Seconds Review 시 탈출을 위한 명령어를 숙지한다.

탈출 명령어			
탈출구 정상		탈출구 불량	
탈출구 정상	Good Exit	탈출구 불량! 화재 발생!	Bad Exit! Fire!
짐 버려	Leave Everything	건너편으로!	Cross Over!
이쪽으로	Come This Way	저쪽으로!	Go that Way!

30 Seconds Review 시 탈출구 상황 판단에 대해 숙지한다.

상황	가능한 탈출구	상황	가능한 탈출구
	모든 탈출구		화재 발생 반대쪽 탈출구
	앞쪽의 낮은 탈출구/Overwing Window Exit		뒤쪽의 낮은 탈출구/Overwing Window Exit
	수면 위의 탈출구		

03. 비상탈출 전 승객 브리핑

비상탈출 전 기내 승객브리핑은 승무원 정복을 착용(비상착륙), 구명복을 착용하고(비상착수) 승객에게 비상탈출구 위치를 확인시키며 충격방지자세 내용에 대해 설명해야 하고, ① 준비시간이 충분한 경우, ② 준비시간이 부족한 경우로 나누어 설명한다.

준비시간이 충분한 경우

- 좌석 등받이 Tray table, 개인 모니터, Footrest를 원위치시킨다.
- 탈출차림을 점검한다.
- 신발을 벗는다.(비상착수)
- 휴대수하물을 정리하여 보관한다.

- 구명복을 착용한다.(비상착수)
- 좌석벨트를 착용한다.
- 승객에게 충격방지자세를 설명한다.
- 승객에게 비상탈출구 위치를 확인시킨다.
- Safety Information Card 내용을 숙지시킨다.
- 금연을 유지시킨다.

준비시간이 부족한 경우

- 구명복을 착용한다.(비상착수)
- 승객에게 비상탈출구 위치를 확인시킨다.
- 승객에게 충격방지자세를 설명한다.
- 비상탈출 시 도움이 필요한 승객들(UM, 장애인, 노인승객 등)에게 승객브리핑 내용을 개별적으로 브리핑하여야 한다.

▲ 승객브리핑 중인 승무원

04. 충격방지자세(Brace for Impact)

준비된 비상착륙 시

- 기장이 Fasten Seatbelt Sign을 4회 점멸시키고 'Brace for Impact'라는 방송을 실시하면 즉각 충격방지자세를 취한다.
- 기장의 방송 시점은 착륙 1분 전(1,000ft)에 지시한다.
- 전 객실승무원은 승객들이 충격방지자세를 취하도록 샤우팅(Shouting : 명령어를 크게 외치는 행위)을 3회 실시한다.

> ### Shouting 내용
>
> **"충격방지자세 Brace!", "충격방지자세 Brace!", "충격방지자세 Brace!"**
>
> *Shouting : "비상착륙(수) 전, 비상탈출시 해당되는 명령어를 크게 반복하여 외치는 객실승무원의 행위

- 모든 객실승무원은 항공기가 완전히 정지할 때까지 충격방지자세를 유지해야 한다.

준비되지 않은 비상착륙 시

- 객실승무원이 비상착륙을 준비하거나 예비할 시간이 전혀 없는 경우이므로 첫 번째 충격을 받는 즉시 모든 승무원은 완벽한 충격방지자세를 취하여야 한다.

> ### Shouting 내용
>
> **"머리 숙여, 자세 낮춰! Head Down, Stay Low!"**
> **"머리 숙여, 자세 낮춰! Head Down, Stay Low!"**

● 항공기가 완전히 정지할 때까지 샤우팅(Shouting)을 반복하며 충격방지 자세
를 유지한다.

충격방지자세

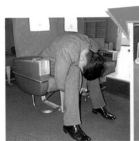
▲ Bulkhead

▲ Non-Bulkhead

▲ 어린이/아기를 안는 경우

▲ 어린이/아기가 좌석에 앉은 경우

객실승무원의 충격방지자세

▲ 임산부의 충격방지자세

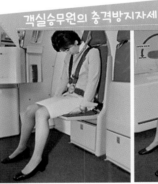
▲ 전향 Jump seat

▲ 후향 Jump seat

객실승무원	충격방지 자세
전향 Jump seat (항공기 전방을 보고 앉은 승무원)	● 발을 어깨 넓이로 벌려 약간 앞으로 내밀어 바닥을 디딘다. ● 손바닥을 위로 하여 깔고 앉는다. ● 머리를 앞으로 숙여 턱을 아래로 당긴다.
후향 Jump seat (항공기 후방을 보고 앉은 승무원)	● 발을 어깨 넓이로 벌려 약간 앞으로 내밀어 바닥을 디딘다. ● 손바닥을 위로 하여 깔고 앉는다. ● 머리를 좌석 등받이에 힘껏 기댄다.

충격방지자세(Bracing for Impact)

준비되지 않은 비상착륙 시

- 충격 즉시 완전한 충격방지자세 취함
- 항공기 정지 시까지 Shouting 반복
- 항공기 완전 정지 시까지 충격방지자세 유지

- 준비할 여유가 없는 급작스러운 상황이기 때문에 첫 번째 충격을 받는 즉시 객실승무원은 완전한 충격방지자세를 취한다.
- 항공기가 완전히 정지할 때까지 Shouting을 반복해서 외치며 충격방지자세(Brace)를 유지한다.
- 객실승무원은 준비되지 않은 비상사태 시 비상탈출을 결정하기 위해 비상신호를 이용하여 연락하거나 조종실 문을 두드림으로써 운항승무원과 객실의 손상 및 화재상황에 대해 연락을 시도한다.
- 기장의 탈출지시 방송 또는 탈출신호음이 울리면 조종실과 연락시도하던 것을 중지하고 즉시 Emergency Light를 켜고 항공기를 탈출한다.
- 객실승무원은 비정상적인 상황 아래에서 운항승무원에게 먼저 연락해보고 조종실로부터 응답이 없다면 아래와 같은 경우에 한하여 항공기가 정지되었을 때 비상탈출을 스스로 결정할 수 있다.
    - 항공기가 심각한 구조적 손상을 입었을 때
    - 위험한 화재의 발생이나 유독가스가 발생하여 승무원과 승객의 생명이 위험할 때
    - 승객들이 상당히 위험한 상태에 직면해 있는 경우
- 승객에 의한 비상탈출은 항공기 비상착륙/착수 후 승객들이 위험한 상황을 인지하여 스스로 비상구를 열고 탈출을 시도하는 것을 의미한다. 이러한 경우 객실승무원은 아래의 사항을 참조하여 정확한 상황인식, 기장 및 다른 객실승무원과의 소통을 통해 즉각적이고 적절한 조치를 취하는 것이 요구된다.

● 비상탈출이 예상되지 않은 경우 승무원의 지시에 의하지 않은 승객 탈출을 예방하기 위한 조치
　- 객실을 통제하고 승객들을 진정시킨다.
　　명령어 : 진정하세요! 자리에 앉으세요! Everything is under Control! Stay seated!

● 비상탈출이 예상되는 경우 승무원이 탈출을 지시하기 전 승객 자력으로 탈출을 시도하는 경우 객실을 통제한다.
　- 육성 또는 객실방송을 통해 기다리라는 방송을 한다.
　　명령어 : 기다리세요! Wait!

▲ 비상착륙하여 탈출한 항공기 모습

 05. 비상탈출구(Emergency Door) 작동 및 탈출

❶ 탈출구의 도어 모드가 팽창위치(Armed Position)인지 확인한다.
❷ 탈출구를 연다.
❸ 탈출구가 승객 및 승무원 탈출에 적절치 않을 때에는 "탈출구 불량" 명령어를 샤우팅(Shouting)하여 승객들을 다른 탈출구로 유도한다.
❹ 좌석 이탈 명령어를 지속 실시하여 승객 탈출을 지휘한다.

⑤ 탈출 명령어 샤우팅(Shouting)(비상착륙시)

> ### Shouting 내용
>
> "벨트 풀어, 일어나, 나와, 짐버려!
> "Release Seatbelt, Get Up, Get Out, Leave Everything!"

⑥ 탈출 명령어 샤우팅(Shouting)(비상착수시)

> ### Shouting 내용
>
> "벨트 풀어, 구명조끼 입어, 일어나, 나와!"
> "Release Seatbelt, Get Your lifevest, Get up, Get out!"

▲ B777 항공기 팽창위치   ▲ A330 항공기 팽창위치   ▲ B747 항공기 팽창위치

 ## 06. 항공기로부터의 탈출

외부 상황 판단

승무원은 항공기로부터 탈출하기 직전 항공기의 구조적 손상, 객실 화재 여부, 탈출에 이용할 비상탈출구(Emergency Door)의 사용 가능성 및 슬라이드(Escape slide)의 필요성을 확인한다.

- 비상사태의 유형을 파악하여 비상착륙 후의 항공기 정지 자세에 따라 이용할 수 있는 탈출구(Emergency Door)를 선정한다.
- 만일 기체 외부에 화재가 발생한 경우에는 반대쪽 탈출구를 이용한다.
- 비상착수(Emergency Ditching) 시 수면 위에 위치한 비상탈출구만 이용하며, 슬라이드 팽창 여부도 결정해야 한다.

비상구 개방(Emergency Door Open)

▲ A380 항공기 수동 팽창 버튼

- 비행기가 멈추면 신속히 탈출에 이용할 비상구를 개방하고 비상탈출 미끄럼대를 펴서 탈출을 돕는다. 이때 슬라이드 모드가 팽창위치인가를 확인하고 비상구를 개방해야 하며, 자동으로 팽창이 안 되어 있을 시 수동 팽창 핸들(manual inflation handle)을 잡아당겨 슬라이드를 팽창시킨다.
- 승무원이 한 개 이상의 비상구를 담당하고 있을 경우에는 필요 시 협조자에게 외부 상황을 확인하고 비상구를 개방하도록 지시한다.
- 탈출하기에 정상적인 비상구인지 다음의 사항들을 기준으로 판단할 수 있다.
  - 슬라이드의 완전한 팽창 여부
  - 안전한 각도
  - 화재 발생 여부

예

B747-400 항공기의 비상착수시 3번 출구(No.3 door)는 슬라이드만 장착되어 있으므로, 비상착수시 승객들을 슬라이드와 래프트(slide / raft)가 장착되어 있는 비상구로 유도해야 한다. 따라서 도어 모드를 수동으로 설정 후에 개방한다. U/D 비상구도 슬라이드만 장착되어 있기 때문에 비상착수시 사용할 수 없으므로 아래층의 door를 이용하여 L1으로 탈출한다.

*slide : 항공기에서 탈출시 미끄럼틀로만 사용할 수 있다.
*slide raft : 항공기에서 탈출시 미끄럼틀과 구명정으로 사용할 수 있다.

● 만일 탈출구나 슬라이드나 래프트(slide raft)의 사용이 불가능한 경우에는 승객
들을 다른 탈출구로 안내한다.

비상구 유도 명령어 샤우팅(Shouting)

승무원은 외부 상황을 파악하고 비상탈출구를 작동시킨 후에 다음과 같이 유
도 명령어를 샤우팅(Shouting)한다.

Shouting 내용

탈출구 정상

"탈출구 정상! 이쪽으로!" "Good exit! Come this way!"

탈출구 불량

"탈출구 불량! 사용 불가! 화재 발생! 저쪽으로! 건너편으로!"
"Bad exit! Door jammed! Fire! Go that way! Cross over!"

탈출 흐름 통제 명령어 샤우팅(Shouting)

승무원은 비상착륙 시 탈출구가 정상적으로 작동되면 다음과 같은 유도 명령
어를 샤우팅(Shouting)한다.

Shouting 내용

Escape Slide가 slide Type인 경우

"앉아 내려가! 한 사람씩! 양팔 앞으로!, 멀리 피해"
"Sit and slide! One at a time! Arms straight ahead!, move away"

Escape Slide가 slide/raft Type인 경우

"뛰어 내려가! 두 사람씩! 양팔 앞으로!, 멀리 피해"
"Jump and slide! Two at a time! Arms straight ahead!, move away"

비상착수 시에 탈출구가 정상적으로 작동되면 다음과 같이 샤우팅(Shouting)한다.

Shouting 내용

Escape Slide가 slide Type인 경우

"구명조끼 부풀려! 물로 뛰어들어! 헤엄쳐 가서 잡아!"

"Inflate your life vest! Jump into the water! Swim to the slide and hold on!"

Escape Slide가 slide/raft Type인 경우

"구명조끼 부풀려! 안쪽으로! 기어서 안쪽으로! 앉아! 자세 낮춰!"

"Inflate your life vest! Step into the raft! Crawl to the far side! Sit down! Stay Low"

승객 탈출을 지휘할 때, 승무원은 승객의 탈출을 방해하지 않는 위치에서 보조 핸들(assist handle)을 잡고 몸을 벽면에 붙이고 승객을 신속히 탈출시킨다.

보조 핸들(Door assist handles)

비상구 옆에 있는 핸들로서 문을 열거나 닫을 때 추락 등 사고 방지를 위해 부착된 손잡이. 객실승무원은 탈출 지휘 시 밀려나오는 승객에 부딪혀 추락할 수도 있으므로 반드시 한 손으로 도어 보조 핸들을 잡고 나머지 한 손으로 행동을 취하여야 한다.

▲ A380 항공기 도어 보조 핸들

비상착륙(Emergency landing) 후 탈출 시 점검 항목

- 항공기에 잔류 승객이 없는지 확인한다.
- 구급상자(First Aid Kit), 확성기(Megaphone), 손전등(Flash Light) 등 반출 휴대장비를 가지고 탈출한다.
- 일단 항공기 외부로 나오면 되도록 항공기 내부로 다시 들어가지 않도록 해야

한다.

- 항공기로부터 화염, 폭발을 피해 안전거리까지 대피한 후에 승객을 모은다.
- 항공기 사고 주변에서 멀어지지 않아야 구출하기 쉽다.

 ## 07. 비상착수 (Emergency Ditching)

비상착수 시 탈출

비상착수인 경우 비상착륙과 항공기 탈출준비 절차 및 항공기 탈출절차는 동일하나 바다나 호수에 착수하는 관계로 비상착륙과 다른 점이 있다. 상이점은 다음과 같다.

- 미끄럼틀 중 Slide/Raft Type의 도어를 이용해야 한다.
- 구명복을 착용한다.
- 신발을 벗는다.
- 미끄럼틀(Slide Raft)을 항공기로부터 분리해야 한다.
- 탈출 후 헬프자세(Help Position)를 취해야 한다.
- 비상착수 시에는 슬라이드나 래프트에 승객을 신속히 탈출시켜 옮겨 태우고 Mooring Line을 Slide/Raft에 탑

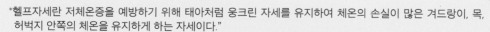

*헬프자세란 저체온증을 예방하기 위해 태아처럼 웅크린 자세를 유지하여 체온의 손실이 많은 겨드랑이, 목, 허벅지 안쪽의 체온을 유지하게 하는 자세이다."

*무어링 라인(mooring line) : 바다 위 비상착수시 항공기와 구명보트(Slide/Raft)를 연결해주는 끈. 승객 완전 탈출 후 Slide/Raft에 장착된 칼로 잘라내어야 한다.

▲ 어린이 성인용 구명복 착용

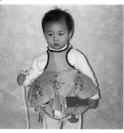
▲ 유아용 구명복 착용

▲ HELP 자세

▲ Huddle 자세

재되어 있는 Knife(칼)로 절단하여 기체에서 래프트(Raft)를 분리한다. 슬라이드 래프트가 없는 경우에는 수영으로 안전한 거리까지 이동한 후 구조(help) 자세나 웅크린(huddle) 자세를 취한다.

● 항공기가 불시착했을 때 탈출을 돕는 슬라이드 래프트, 구명정, 구명조끼, 조난된 위치를 알리는 전파 발신 장치, 발화 신호 장치, 부상한 승객을 치료할 수 있는 구급 간호 약품 세트 등이 기내에 설치 및 탑재되어 있다.

*허들(Huddle) 자세 : 저체온증을 예방하고 효과적인 구조활동을 위해 여러 명이 팔짱을 끼고 헬프자세를 취하는 것을 말한다.

비상착수 시 탈출구가 정상적으로 작동되면 다음과 같은 Shouting을 실시한다.

Shouting 내용

비상착수한 비행기의 도어 슬라이드가 구명정이 아닌 경우, Slide Only

"구명조끼 부풀려! 물로 뛰어들어! 헤엄쳐 가서 잡아!"

"Inflate your life vest! Jump into the water! Swim to the slide and hold on!"

비상착수한 비행기의 도어 슬라이드가 구명정 타입인 경우, Slide Raft Type

"구명조끼 부풀려! 안쪽으로! 기어서 안쪽으로 앉아! 자세 낮춰!"

"Inflate your life vest! Step into the raft! Crawl to the far side! Sit down! Stay low!"

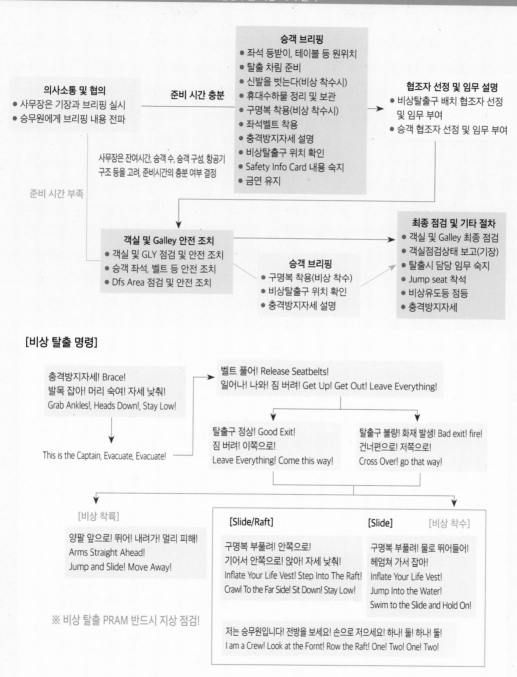

승객 브리핑
- 좌석 등받이, 테이블 등 원위치
- 탈출 차림 준비
- 신발을 벗는다(비상 착수시)
- 휴대수하물 정리 및 보관
- 구명복 착용(비상 착수시)
- 좌석벨트 착용
- 충격방지자세 설명
- 비상탈출구 위치 확인
- Safety Info Card 내용 숙지
- 금연 유지

의사소통 및 협의
- 사무장은 기장과 브리핑 실시
- 승무원에게 브리핑 내용 전파

준비 시간 충분

사무장은 잔여시간, 승객 수, 승객 구성, 항공기 구조 등을 고려, 준비시간의 충분 여부 결정

준비 시간 부족

협조자 선정 및 임무 설명
- 비상탈출구 배치 협조자 선정 및 임무 부여
- 승객 협조자 선정 및 임무 부여

객실 및 Galley 안전 조치
- 객실 및 GLY 점검 및 안전 조치
- 승객 좌석, 벨트 등 안전 조치
- Dfs Area 점검 및 안전 조치

승객 브리핑
- 구명복 착용(비상 착수)
- 비상탈출구 위치 확인
- 충격방지자세 설명

최종 점검 및 기타 절차
- 객실 및 Galley 최종 점검
- 객실점검상태 보고(기장)
- 탈출시 담당 임무 숙지
- Jump seat 착석
- 비상유도등 점등
- 충격방지자세

[비상 탈출 명령]

충격방지자세! Brace!
발목 잡아! 머리 숙여! 자세 낮춰!
Grab Ankles!, Heads Down!, Stay Low!

This is the Captain, Evacuate, Evacuate!

벨트 풀어! Release Seatbelts!
일어나! 나와! 짐 버려! Get Up! Get Out! Leave Everything!

탈출구 정상! Good Exit!
짐 버려! 이쪽으로!
Leave Everything! Come this way!

탈출구 불량! 화재 발생! Bad exit! fire!
건너편으로! 저쪽으로!
Cross Over! go that way!

[비상 착륙]

양팔 앞으로! 뛰어! 내려가! 멀리 피해!
Arms Straight Ahead!
Jump and Slide! Move Away!

※ 비상 탈출 PRAM 반드시 지상 점검!

[Slide/Raft]

구명복 부풀려! 안쪽으로!
기어서 안쪽으로! 앉아! 자세 낮춰!
Inflate Your Life Vest! Step Into The Raft!
Crawl To the Far Side! Sit Down! Stay Low!

저는 승무원입니다! 전방을 보세요! 손으로 저으세요! 하나! 둘! 하나! 둘!
I am a Crew! Look at the Fornt! Row the Raft! One! Two! One! Two!

[Slide] [비상 착수]

구명복 부풀려! 물로 뛰어들어!
헤엄쳐 가서 잡아!
Inflate Your Life Vest!
Jump Into the Water!
Swim to the Slide and Hold On!

비상착수 후 탈출 시 점검 항목

- 항공기에 잔류 승객이 없는지 점검한다.
- 반출 휴대장비(First Aid Kit, Flash Light, Megaphone)를 가지고 탈출한다.
- 일단 탈출 시에는 다시 항공기로 재진입하지 않는다.
- 안전거리까지 대피한 후 승객과 구명정을 모은다.

구명정이란?(Slide/Raft)

구명정(Slide/Raft)은 비상착수 시 승객과 승무원이 항공기로부터 신속히 탈출하고 안전하게 구조될 때까지 수면 위에 안전하게 떠 있기 위해 사용되는 장비를 말하며 탈출용 미끄럼대를 비행기에서 분리하여 구명정으로 사용할 수 있다. 구명정에는 표류하게 되는 때를 대비하여 비상용 식량, 식수제조기, 약품, 통신장비 등 생존장비가 내장되어 있다.

구명정의 부속장비는 다음과 같다.

설치, 수리용 장비

- 캐노피(Canopy) : 바람이나 햇볕을 차단하는 장치
- 앵커(Anchor) : 구명정이 떠내려 가지 않도록 해수를 이용하여 고정하는 장치
- 클램프(Clamp) : 구명정에 구멍이 생겼을 때 수리하는 장치
- 핸드펌프(Hand Pump) : 구명정에서 공기가 샐 때 보충하는 장치

▲ 구명정을 이용하여 항공기로부터 탈출하는 승무원

- 버킷(Bucket) : 구명정에 물이 찼을 때 퍼내는 장치
- 스펀지(Sponge) : 구명정에 물기가 있을 때 닦는 장치
- 히빙 라인(Heaving Line) : 물에 빠진 승객에게 던져서 구조하는 기구
- 무어링 라인(Mooring LIne) : 항공기와 구명정을 이어주는 끈
- 칼(Kinfe) : 무어링 라인을 자르거나 생존에 필요한 칼

신호용 장비

- 스모크 플레어 키트(Smoke Flare Kit) : 연기 신호 장치 - 주간에 사용
- 시 다이 마크(Sea Dye Mark) : 구명정의 위치를 알리기 위하여 바닷물을 형광색으로 염색하는 분말
- 시그널 미러(Signal Mirror) : 항공기에 구명정의 위치를 알리는 거울
- 호각(Whistle) : 신호용 호루라기

생존용 장비

- 시워터 디솔팅 키트(Seawater Desalting Kit) : 해수를 담수로 바꾸는 장치
- FAK(First Aid Kit) : 응급구호 박스
- 약간의 식량(Ration) : 캔디, 비타민으로 구성
- 서바이벌 북(Survival Book) : 생존매뉴얼
- 매뉴얼(Manual) : 구명정 이용 설명서
- 컴퍼스(Compass) : 구명정의 위치를 알 수 있는 장치
- 성경(Holy Bible) : 신약성경만 탑재

▲ 비상착수시 항공기로부터 탈출하여 착수하는 모습

08. 비상탈출 후 생존지침

환경으로부터의 생존 1

극도로 추운 경우

생존지침

- 생명유지 위해 체온을 유지한다.
- 가능한 경우 Slide/Raft에서는 Canopy를 설치한다.(햇빛, 비, 눈 피하기 위한)
- 항공유나 동물의 기름을 사용해 불을 지필 수 있으며 연기로 구조 신호를 보낼 수 있다.
- 혹한기에 옷을 말리는 경우 옷을 외부에 얼렸다가 얼음을 털어내는 방법이 효과적이다.
- 눈이나 얼음은 먹지 않는다.(식도와 위장에 상처를 줄 수 있다.)
- 항공기 잔해나 Slide Raft를 이용하여 최대한 바람을 막도록 노력한다.
- 체온 저하 승객에 대해 조치한다.

극도로 더운 경우

- 그늘에 있거나 가능할 경우 그늘을 만든다.
- 태양빛을 직접 쳐다보지 않는다.(시력 보호)
- Canopy를 설치한다.

- 사막에서는 모래를 최소한 15cm 파내고 몸을 밀착시킨다.(체온 유지)
- 활동을 제한한다.(수분 유지)
- 충분한 불빛이 있을 경우 낮에는 수면을 취하고 야간에 작업한다.
- 얇은 옷을 입는다.(몸을 태양빛에 노출시키지 않는다.)
- 열사병을 예방한다.

생존을 위한 지대공 신호코드

파손되거나 침수된 항공기에서 탈출 후 생존자 수색을 위해 항공기로 공중조사 및 촬영을 할 때 항공기에서 이해할 수 있도록 생존자들이 모여서 지면에 표시를 하는 방법

생존자가 사용하는 지대공 시각신호 코드
Ground-air visual signal code for use by survivors

번호	의미(Message)	기호
1	원조가 필요함(Rquire assistance)	V
2	의료 원조가 필요함(Rquire medical assistance)	X
3	아니오 또는 부정(No or Negative)	N
4	예 또는 긍정(Yes or Affirmative)	Y
5	이 방향으로 진행 하시오.(Proceeding in this direction)	↑

* 기호의 길이는 2.5미터(8피트) 이상이어야 하며 가능한 한 눈에 잘 보이도록 하여야 한다.(Symbols shall be at least 2.5 meters(8 feet) long and shall be made as conspicuous as possible.)

주1. 기호는 기다란 천, 낙하산, 나무조각, 바위 또는 이와 유사한 재료를 이용하거나 또는 지표면을 밟아 표시하거나 물감 등으로 착색하는 등 어떤 방법으로 든지 만들 수 있다.
 (Note 1. Symbols may be formed by any means such as: strips of fabric, parachutic material, pieces of wood, stones or such as material; marking the surface by tramping, or staining with oil, etc.)

주2. 위의 신호에 대한 주의를 끌기 위하여 전파, 조명탄, 연기, 빛의 반사 등 다른 방법을 사용할 수 있다.
 (Note 2. Attention to the above signals may be attracted by other means such as radio, flares, smoke, reflected light, etc.)

환경으로부터의 생존 2

추가적 수상 생존지침

생존자들이 물속에 있을 경우

- 가까이 모여 체온을 집중하고 가능한 신체부분을 물 밖으로 내 놓는다.(체온 유지)
- Help와 Huddle 자세를 취한다.
- 물속에서의 활동을 제한한다.(에너지 소비 방지)

생존자들이 Raft 안에 있는 경우

- 물속에 생존자 있을 경우 Heaving Line를 사용한다.

- Heaving Line을 이용하여 Raft를 서로 묶는다.(이탈 방지)
- Canopy를 설치한다.
- Slide/Raft의 적절한 팽창도의 유지를 위하여 공기압력 수시로 점검한다.

추가적 지상 생존지침

- 불을 피운다.(체온 유지)
- 불을 이용하여 몸을 보호하며 필요 시 구조신호로도 사용한다.
- 여러 개의 작은 모닥불이 효과적이다.(시각 효과)
- 식수를 위하여 물을 끓인다.(감염 방지)
- 생존교범에 적혀 있는 Survival Manual을 이용해서 극한 환경에서 불을 피우는 다양한 방법을 시도한다.

09. 운항승무원/지상직원과의 원활한 소통
(CRM : Crew Resource Management)

CRM은 인간의 실수로 발생하는 심각한 위해의 발생가능성을 최소한으로 낮추는 것을 전제로 삼고 전략적인 대응방안으로 자원, 설비, 정보 등의 이용 가능한 자원의 효과적인 활용을 포함하고 있다. 항공기 내에서는 기장이 모든 기내

▲ B747-400 기장과 저자의 소통

▲ 싱가포르행 비행기 안에서 외국인 기장과 함께

항공기 객실 구조 및 비행안전

발생 사태의 최종 결정권한이 있지만 기장이 적합한 결정을 내릴 수 있도록모든 적절한 정보를 제공하는 것은 객실승무원의 임무이다.

따라서 운항승무원과 객실승무원 간의 좋은 팀워크는 최상의 적절한 결정을 내리는 데 상당히 중요한 요소이며 운항/객실승무원 간의 협조체제 결여는 모든 비상사태에 대해 부적절한 판단 및 결정을 초래할 수 있다.

따라서 비행 전 객실승무원과 운항승무원과는 좋은 팀워크를 위해 상호 존중, 긍정적 분위기를 이용한 협조체제 구축에 노력하여야 하며, 특히 외국인 조종사가 탑승 시 정확한 의사소통 및 상황을 파악하는 부분에서 문화적인 차이로 인한 오해를 불러 일으킬 수 있으므로 이해를 하지 못하거나 불분명한 사안에 있어서는 확실한 확인 작업이 필요하고 쓸데없는 긴장감을 불러 일으키지 말아야 하며 외국어를 이해하지 못했을 때 절대 주저하지 말고 재의견 교환을 통해 정확한 사태 파악을 위한 노력을 비행 근무 모든 단계에 걸쳐 가지고 있어야 한다.

CRM의 기본 구성요소

의사소통	Communication
승무원 협동	Crew Coordination
업무관리	Planning and Workload Management
상황인식	Situation Awareness
의사결정	Decision Making 5가지 사항으로 나뉠 수 있다.

운항승무원과의 원만한 업무협조 방법

- 합동브리핑 시 운항승무원의 이름과 얼굴을 기억한다.
- 지상이동 시 규정을 준수하고 원활한 의사소통의 유지를 위해서 운항승무원의 업무를 이해하려고 노력한다.

- 지휘계통을 준수한다.
- 상대방의 업무를 이해하는 자세를 갖도록 한다.
- 운항승무원과의 문제가 발생하는 경우 근무 중에는 지휘계통을 준수하고, 근무가 종료된 후 공식적인 방법으로 보고한다.

지상직원과 소통(Communication Between Crew and Ground Staff)

항공사 객실승무원은 항공기 진입/출발/도착 시 지상직원과의 업무협조가 매우 긴밀하게 이루어져야 하나 간혹 업무 시 서로의 이해가 부족해 적지 않은 마찰과 불필요한 긴장 분위기가 조성되곤 한다. 따라서 지상직원과의 원활한 소통은 승객 및 항공기의 정시출발/도착을 위해 꼭 필요한 덕목이 아닐 수 없다. 다음의 사항을 잘 준수하여 원만한 커뮤니케이션을 이루도록 해야 한다.

지상직원과의 업무협조 시 필요한 객실승무원의 덕목

- 출발 전이나 도착 후 발생하는 업무 수행 중 필요한 경우 지상직원의 업무에 적극 협조한다.

- 상대방의 업무와 고충을 이해하도록 노력한다.

- 지상직원의 업무 진행 시 부당함이 발견되면 시정을 요구해야 하나 지상직원의 위상을 고려해 승객의 가시거리내에서는 비난하거나 논쟁하지 않는다.

- 좌석 재배치, 휠체어 등과 같이 고객과 관련된 업무가 진행될 때는 신속하게 처리될 수 있도록 적극 협조한다.

- 지상직원과의 업무 시 예의를 갖추고 신중하게 대한다.

- 지상직원과 승무원의 담당업무는 다르지만 상호 융통성 있고 협조적인 자세를 유지한다.

- 항공기 출발 전/도착 후 함께 업무를 진행하면서 가능한 한 많은 정보를 교환하고 공유하도록 한다.

참고문헌 및 자료출처

Airbus 320/330 vs Boeing 777 Best Plane

Boeing 737 Next Generation

Boeing 737 Technical Site, Boeing 777 Technical Site, Boeing
      747 Technical Site

Bombardier Phase 3 Passenger Door Training

Docs From 32 years Flight in Korean air

Knowledges From 32 years Flight in Korean air

Naver/Daum/Goggle Korea 내 항공기 소개/사진/블로그

Pictures From 32 years Flight in Korean air

www.airbus.com(에어버스사 홈페이지 for A320/330/380)

www.boeing.com(보잉항공사 홈페이지 for B737/777/747)

www.bombardier.com(봄바디어 항공사 홈페이지 for CRJ-200/1000)

www.tsa.gov 미국교통안전청(Transpotation Security Administration)
      홈페이지

검색엔진 내 대한항공 견학 블로그

국토교통부 국토교통뉴스(www.news.airport.co.kr)

대한 심폐소생협회(www.kacpr.org)

대한항공 객실승무원 교범

대한항공 객실승무원 서비스 교범

대한항공 객실승무원 업무/서비스 교범

대한항공 사무장/승무원 방송문 및 부록

대한항공 홈페이지

대한항공/아시아나/제주항공/진에어/이스타항공/Tway/유스카
　　　이항공 홈페이지

아시아나항공 홈페이지

위키백과/위키 pedia /You tube 내 항공기 소개

인천국제공항 홈페이지(www.airport.kr)

한수성의 영종 블로그(대한항공 Kalman Site 내)

항공정보 포털 시스템(Air Portal)

저자 소개

최 성 수

대한항공 승무원 입사/ 대한항공 하늘천사 단장/ 대한항공 승우회 회장

남북 최고위급회담 평양전세기 탑승근무(평양 2일 주재)

대한항공 객실승무본부 상무대우 수석사무장(31년 10개월 비행근무)

대림대학 항공서비스과 전임교수/ 한국교육학회 세종도서 교양부문 도서 심사위원

대한항공 객실승무본부 상무대우 수석사무장(31년 10개월 비행근무)

대한항공 객실승무본부 상무대우 수석사무장(31년 10개월 비행근무, 총 비행시간 3만3천 시간, 지구 867바퀴)

현) 항공서비스 연구회 이사/ 한국몽골경상학회 이사/ 한국항공보안협회 정회원

   NCS 기반자격 항공객실서비스 교육, 훈련 프로그램 개발, 검토위원

   서울호서 직업전문학교 항공서비스과, 항공경영과 전임교수/ 서울호서 직업전문학교 항공학부 학부장

   사단법인 한국항공객실안전협회 협회장

수상경력

국무총리상(항공교통부문)/ 보건복지부 장관상(사회봉사부문)

장시간 비행시간 돌파상(비행시간부문, 33,000시간, 지구 710바퀴)

대한항공 특별공로표창/ 대한항공 특별유공표창

저서

항공기 객실 구조 및 비행 안전/ 기내 식음료 서비스실무/ New 항공객실 업무론/ NCS 기내 안전관리

NCS 승객 탑승 전 준비 & 승객 탑승 및 이륙 전 서비스/ NCS 비행 중 서비스

NCS 착륙 전 서비스 & 착륙 후 서비스/ NCS 승객 하기 후 관리/ NCS 응급환자 대처

NCS 객실승무 관리/ NCS 항공 기내방송 업무

국내최초 전국 150만 고등학생 및 예비 항공인을 위한 "항공관광분야 진로, 직업 알아보기"

항공기 객실 구조 및 비행 안전

초판 1쇄 발행 2015년 8월 20일
2판 1쇄 발행 2016년 8월 25일
3판 1쇄 발행 2019년 2월 25일
4판 1쇄 발행 2021년 8월 25일

저　　자　최성수
펴 낸 이　임순재
펴 낸 곳　(주)한올출판사
등　　록　제11-403호
주　　소　서울시 마포구 모래내로 83(성산동, 한올빌딩)
전　　화　(02)376-4298(대표)
팩　　스　(02)302-8073
홈 페 이 지　www.hanol.co.kr
e - 메 일　hanol@hanol.co.kr
ISBN 979-11-6647-108-7